GANs
IN ACTION

GAN 인 액션

텐서플로 2.x와 케라스로 구축하는
생성적 적대 신경망

GAN 인 액션

텐서플로 2.x와 케라스로 구축하는 생성적 적대 신경망

초판 1쇄 발행 2020년 9월 17일

지은이 야쿠프 란그르, 블라디미르 보크 / **옮긴이** 박해선 / **펴낸이** 김태헌
펴낸곳 한빛미디어(주) / **주소** 서울시 서대문구 연희로2길 62 한빛미디어(주) IT출판부
전화 02-325-5544 / **팩스** 02-336-7124
등록 1999년 6월 24일 제25100-2017-000058호 / **ISBN** 979-11-6224-343-5 93000

총괄 전정아 / **책임편집** 이상복 / **기획·편집** 윤나리
디자인 표지 박정화 내지 김연정 조판 이경숙
영업 김형진, 김진불, 조유미 / **마케팅** 박상용, 송경석, 조수현, 이행은, 고광일 / **제작** 박성우, 김정우

이 책에 대한 의견이나 오탈자 및 잘못된 내용에 대한 수정 정보는 한빛미디어(주)의 홈페이지나 아래 이메일로
알려주십시오. 잘못된 책은 구입하신 서점에서 교환해드립니다. 책값은 뒤표지에 표시되어 있습니다.

한빛미디어 홈페이지 www.hanbit.co.kr / 이메일 ask@hanbit.co.kr

지금 하지 않으면 할 수 없는 일이 있습니다.
책으로 펴내고 싶은 아이디어나 원고를 메일(writer@hanbit.co.kr)로 보내주세요.
한빛미디어(주)는 여러분의 소중한 경험과 지식을 기다리고 있습니다.

GANs
IN ACTION

GAN 인 액션

텐서플로 2.x와 케라스로 구축하는
생성적 적대 신경망

아쿠프 란그르, 블라디미르 보크 지음
박해선 옮김

 MANNING  한빛미디어
Hanbit Media, Inc.

농담이 수학보다 더한 형벌처럼 느껴지는 이들에게

– 야쿠프 란그르

더 나은 글을 쓰도록 도와준 마이클 라이타노^{Michael Reitano}와

더 나은 사람이 되도록 도와준 시몬 라이타노^{Simone Reitano}에게

– 블라디미르 보크

지은이 · 옮긴이 소개

지은이 **야쿠프 란그르** Jakub Langr

야쿠프 란그르는 크리에이티브와 광고 분야에 GAN을 적용하는 스타트업의 공동 창업자입니다. 2013년부터 데이터 과학 분야에서 일했으며 최근에는 필터드Filtered에서 데이터 과학 분야 기술 리더로, 무다노Mudano에서는 R&D 데이터 과학자로 재직했습니다. 야쿠프는 영국 버밍엄 대학교와 다수 기업에서 데이터 과학 강의를 만들고 가르쳤습니다. 현재는 옥스퍼드 대학교에서 객원 교수로 재직 중입니다. 또 심층 기술 재능 투자사 안트러프러너 퍼스트Entrepreneur First 일곱 번째 집단의 사내 기업가Entrepreneur in Residence였습니다. 왕립통계학회Royal Statistical Society 회원이며 다양한 국제 학회에 초청 연사로 참석했습니다. 옥스퍼드 대학교를 졸업했습니다. 야쿠프는 이 책의 수익금을 모두 비영리 단체인 영국심장재단British Heart Foundation에 기부합니다.

지은이 **블라디미르 보크** Vladimir Bok

블라디미르 보크는 마이크로소프트 리서치Microsoft Research에서 스타일 트랜스퍼style transfer를 음악에 적용하는 독립 연구 프로젝트를 수행하면서 GAN의 큰 잠재력을 알아보았습니다. 와이 콤비네이터Y Combinator에서 투자받은 스타트업에서 데이터 과학자로 일한 것뿐 아니라 마이크로소프트에서 다목적 팀을 주도해본 경험까지 경력이 다양합니다. 가장 최근에는 뉴욕에 위치한 스타트업에서 데이터 과학 프로젝트 담당하면서 포천 500대 기업을 포함해 온라인 여행사, 전자상거래 업체 등에 머신러닝 기술을 제공합니다. 하버드 대학교 컴퓨터 과학과를 우등으로 졸업했습니다. 블라디미르는 이 책의 수익금을 비영리 단체인 걸스 후 코드Girls Who Code에 기부합니다.

옮긴이 **박해선** haesun.park@tensorflow.blog

ML GDE^{Machine Learning Google Developer Expert}입니다. 기계공학을 전공했지만 졸업 후엔 줄곧 코드를 읽고 쓰는 일을 했습니다. 블로그(**tensorflow.blog**)에 글을 쓰고 텐서플로 문서 번역에 기여하면서 소프트웨어와 과학의 경계를 흥미롭게 탐험하고 있습니다.

『Do it! 딥러닝 입문』(이지스퍼블리싱, 2019)을 집필했습니다.

『핸즈온 머신러닝(2판)』(한빛미디어, 2020), 『미술관에 GAN 딥러닝 실전 프로젝트』(한빛미디어, 2019), 『파이썬을 활용한 머신러닝 쿡북』(한빛미디어, 2019), 『머신 러닝 교과서 with 파이썬, 사이킷런, 텐서플로』(길벗, 2019), 『파이썬 라이브러리를 활용한 머신러닝』(한빛미디어, 2019), 『케라스 창시자에게 배우는 딥러닝』(길벗, 2018), 『핸즈온 머신러닝』(한빛미디어, 2018), 『텐서플로 첫걸음』(한빛미디어, 2016)을 우리말로 옮겼습니다.

옮긴이의 말

또 한 번 GAN 책을 번역했습니다. 최신 텐서플로 버전을 반영하였고 구글 코랩^{Colab}을 사용해 손쉽게 예제를 실행해볼 수 있습니다. 흥미로운 이 분야의 기술을 맛보는 데 안성맞춤입니다.

온라인과 오프라인에서 응원의 말을 보내주신 모든 독자분들에게 감사드립니다. 언제나 좋은 책을 믿고 맡겨주시는 한빛미디어와 번역 작업을 잘 안내해준 윤나리 님께 감사합니다.

GDE로 활동할 수 있도록 기회를 준 구글 DevRel 팀과 GDE & GDG 커뮤니티에도 감사합니다. GPU 자원을 제공해주신 래블업과 신정규 대표님께 감사드립니다. 항상 격려해주시는 니트머스 김용재 대표님께 감사합니다.

큰 슬픔을 이겨내고 있는 주연이와 훌륭한 어른이 될 진우에게 사랑한다는 말을 전합니다.

이 책의 정오표는 블로그(http://bit.ly/gan-in-action)에 등록해놓겠습니다. 책을 보기 전에 꼭 확인해주세요. 또 번역서의 모든 코드는 깃허브 저장소(https://bit.ly/gan-git)에서 주피터 노트북으로 제공합니다. 이 책에 관한 이야기라면 무엇이든 환영합니다. 언제든지 블로그나 이메일로 알려주세요.

2020년 9월

박해선

2015년에 GAN을 처음 알게 되자마자 첫눈에 반했습니다. GAN은 일종의 자기 비판적인 머신러닝 시스템입니다. 다른 머신러닝에서는 찾을 수 없어서 항상 아쉬웠던 점이지요. 사람은 끊임없이 가능한 계획을 세우고 실현 가능한지 구별합니다. 그리고 무작정 일에 뛰어드는 게 능사가 아니라는 걸 잘 알고 있지요. 그런 점에서 GAN은 한 단계 높은 수준의 인공지능을 구현하는 정말 합리적인 신경망입니다. GAN은 자동으로 학습한 표현과 머신러닝 피드백 루프를 활용할 수 있으니까요. 데이터는 비싸고 컴퓨팅 비용이 저렴해지는 상황도 관련이 있습니다.

비록 나중에 깨달은 것이긴 하지만 제가 GAN을 좋아하는 또 다른 이유는 성장 곡선에 있습니다. 머신러닝의 다른 부분에는 이제 그다지 새로울 게 없습니다. 컴퓨터 비전 분야 개념의 대부분은 이미 1998년 이전에 고안된 것입니다. 반면 GAN이 하는 일은 2014년 이전에는 불가능하던 것입니다. GAN은 탄생한 이후로 제가 이 글을 쓰는 지금 이 순간까지 끊임없이 기하급수적으로 성장하고 있습니다.

GAN은 고양이 밈meme 벡터를 포함해 지금까지 많은 것을 성취했습니다. 첫 번째 GAN 논문은 오리지널 텐서플로TensorFlow 논문보다 2.5배 이상 인용됐습니다. 맥킨지 & 컴퍼니McKinsey & Company와 주류 언론에서도 종종 언급됩니다. 즉 GAN은 단순한 기술 그 이상의 영향력을 가졌다는 뜻입니다.

GAN은 가능성이 많은 흥미로운 신세계입니다. 여러분과 이를 함께 나눌 수 있어서 영광이고 기쁩니다. 이 책을 쓰는 데 2년에 가까운 시간이 걸렸습니다. 우리가 그랬던 것처럼 여러분도 이 책과 함께 즐거운 시간을 보내길 바랍니다. 여러분이 앞으로 세상에 내놓을 놀라운 발명들을 하루빨리 보고 싶습니다.

야쿠프 란그르

SF 작가 아서 클라크Arthur C. Clarke는 "충분히 발달된 기술은 마법과 구별할 수 없다"라고 말했습니다. 이 문장은 제가 컴퓨터 과학 세계를 탐구하던 초창기에 많은 영감을 주었습니다. 하지만 머신러닝 분야에서 수년간 배우고 일하면서 인공지능의 기술적 진보에 둔감해진 자신을 발견했습니다. 2011년 IBM의 왓슨Watson이 텔레비전 퀴즈 쇼 〈제퍼디!Jeopardy!〉에서 인간을 상대로 승리했을 때 깊은 인상을 받았습니다. 불과 5년 후인 2016년에는 구글의 알파고AlphaGo가 바둑 게임에서 인간을 이겼을 때 (계산량 측면에서 더 인상적인 성취임에도 불구하고) 저는 거의 아무것도 느끼지 못했습니다. 이 성과는 감동적이지 않았고 예상 가능했습니다. 마법이 사라진 것입니다.

그때 GAN이 등장했습니다.

저는 마이크로소프트 리서치Microsoft Research에서 연구하던 중에 GAN을 처음 접했습니다. 2017년 즈음이었는데, 「데스파시토Despacito」를 듣고 또 듣는 것에 질려서 팀 동료와 함께 스펙트로그램spectrogram(음성 데이터의 시각화 인코딩)을 이용해 음악을 위한 생성 모델링 실험을 시작했습니다. 얼마 지나지 않아 GAN이 데이터를 합성하는 능력에서 다른 기법보다 훨씬 뛰어나다는 게 분명해졌습니다. 다른 알고리즘으로 생성한 스펙트로그램은 백색소음과 별반 다를 게 없었습니다. GAN이 생성한 결과물은 정말 말 그대로 음악처럼 들렸습니다. 목표가 명확한 분야(퀴즈 쇼나 바둑 게임)에서 기계가 승리하는 걸 보는 것과 알고리즘이 진짜같이 새로운 창조물을 독립적으로 만들어내는 걸 지켜보는 것은 완전히 다른 이야기였습니다.

여러분이 이 책을 읽으면서 GAN에 대한 제 열정을 함께 느끼고 인공지능의 마법을 다시 발견하게 되기를 바랍니다. 야쿠프와 저는 이 최첨단 분야를 이해하기 쉽게 만들기 위해 끊임없이 노력했습니다. 여러분이 이 책을 즐기고 많은 것을 얻기를 바랍니다. 그리고 우리의 유머를 참아주세요.

블라디미르 보크

이 책의 목표는 생성적 적대 신경망$^{\text{generative adversarial network}}$(GAN)을 기초부터 배우려는 모든 사람에게 최고의 지침을 제공하는 것입니다. 가장 간단한 사례에서 시작해 가장 혁신적인 GAN 구현과 기술을 설명합니다. 최신 신경망 기법과 그 속에 숨은 직관들을 설명하되 수학과 이론은 꼭 필요한 것만 다뤄 기술에 대한 접근성을 높이고자 노력했습니다.

필자의 궁극적인 목표는 오늘날 GAN의 성과를 이해하는 데에 꼭 필요한 지식과 도구를 설명하는 것입니다. 또한 여러분이 선택한 분야에 적용할 새로운 애플리케이션을 찾도록 도와주는 것입니다. 생성적 적대 기술의 패러다임에는 잠재력이 많이 있습니다. 여러분처럼 진취적인 사람들이 학계나 실제 애플리케이션을 통해 이를 밝혀낼 것입니다. 필자는 이 잠재력을 발견하는 과정에서 여러분과 함께한다는 사실이 매우 기쁩니다.

대상 독자

이 책은 머신러닝과 신경망을 다뤄본 경험이 어느 정도 있는 사람을 대상으로 합니다. 이 책을 읽기 전에 여러분이 알고 있어야 하는 내용을 나열하겠습니다. 책의 각 장에서 필요한 것을 설명하기 위해 최선을 다하겠지만, 최소한 아래 나열한 것들의 70% 정도는 확실히 알고 있어야 합니다.

1. 중급 이상의 파이썬 프로그램을 만들 수 있는 능력. 파이썬 마스터가 될 필요는 없지만, 파이썬을 다뤄본 경험이 최소 2년 정도는 필요합니다(데이터 과학자나 소프트웨어 엔지니어로 풀타임으로 근무했다면 이상적입니다).

2. 객체지향 프로그래밍에 대한 이해. 객체를 다루는 방법, 속성, 메서드에 대해 알아야 합니다. 전형적인 파이썬 객체(예를 들어, 판다스 데이터 프레임)나 특별한 객체(예를 들어, 케라스 레이어)를 잘 이해할 수 있어야 합니다.

3. 머신러닝 이론에 대한 기초 이해. 훈련/테스트 데이터셋 분리, 과대적합, 가중치, 하이퍼파라미터, 지도 학습, 비지도 학습, 강화 학습 등을 이해할 수 있어야 합니다. 정확도나 평균 제곱 오차와 같은 지표에도 친숙해야 합니다.

4. 확률, 밀도 함수, 확률 분포, 미분, 간단한 최적화 등과 같은 기초 통계학과 미적분학을 이해해야 합니다.

5. 행렬, 고차원 공간, (이상적으로는) 주성분 분석 같은 선형 대수에 대한 기초 이해도 필요합니다.

6. 피드포워드 신경망feed-forward network(FNN), 가중치와 편향, 활성화 함수, 규제, 확률적 경사 하강법, 역전파 등 딥러닝의 기초를 이해해야 합니다.

7. 파이썬 기반의 머신러닝 라이브러리인 케라스에 어느 정도 친숙하거나 따로 학습할 의지가 있어야 합니다.

여러분에게 겁을 주려는 게 아닙니다. 여러분이 이 책에서 최대한 많은 것을 얻기를 바라는 마음에서 나열했습니다. 기초가 없어도 이 책을 읽어나가려는 시도를 해볼 수는 있겠지만, 알고 있는 게 적으면 인터넷에서 많은 검색을 해가며 읽어야 합니다. 만약 위에서 나열한 것들이 겁나지 않는다면 이 책을 읽을 준비가 되었다는 뜻입니다.

코드에 대하여

이 책은 예제 코드를 많이 포함하고 있습니다. 번호를 매긴 목록 형태와 텍스트에 인라인으로 포함된 경우가 있습니다. 두 가지 모두 본문과 구별하기 위해 고정폭 서체로 표기했습니다. 기존 코드에 새 기능을 더하는 것처럼 이전 단계의 코드를 변경하는 경우 이를 강조하기 위해 코드가 볼드 표시되어 있는 경우도 가끔씩 있습니다.

종이책의 가독성을 높이기 위해 많은 경우에 원시 소스 코드의 포맷을 변경했습니다. 줄 바꿈을 하거나 책 여백에 맞추기 위해 들여쓰기했습니다. 또한 코드를 본문에서 설명하는 경우 소스 코드의 주석은 삭제했습니다. 코드 주석은 중요한 개념을 강조하는 많은 내용을 포함합니다.

이 책에 있는 예제 코드는 옮긴이의 깃허브(https://bit.ly/gan-git)에서 다운로드할 수 있습니다.[1]

주피터 노트북 사용

이 책에서는 데이터 과학 교육의 표준 도구라 할 수 있는 주피터 노트북Jupyter Notebook을 사용합니다. 주피터 노트북을 사용할 줄 아는 것 역시 이 책을 읽기 위한 전제 조건인데, 파이썬을 다루는 실력이 중급 이상이라면 쉽게 배울 수 있을 것입니다.

윈도우 환경에서는 GPU를 사용하거나 모든 것이 잘 작동하도록 만들기 어려운 경우가 있습니다. 이를 위해 일부 장에서는 무료 플랫폼인 구글 코랩Colab을 사용합니다(https://colab.research.google.com). 코랩에는 데이터 과학자를 위한 모든 필수 도구가 마련되어 있으며 제한된 시간 동안 GPU를 무료로 사용할 수 있습니다. 코랩에서 이 책의 예제를 바로 실행할 수 있습니다![2]

참고할 만한 온라인 자료들

GAN은 아주 활발한 분야이어서 구글 검색으로도 훌륭한 (다소 흩어져 있긴 하지만) 자료를 찾을 수 있습니다. 학술 자료를 찾고 싶다면 코넬 대학교에서 소유하고 운영하는 전자 학술 문서 보관소인 'arXiv(https://arxiv.org)'에서 최신 논문을 볼 수 있습니다. 변화무쌍한 이 분야에서 최신 결과들을 따라잡는 데 이 책이 도움이 되기를 바랍니다.[3]

이 책의 구성

이 책은 이론과 실전을 균형 있게 다루며 총 3부로 구성됩니다.

---

1 옮긴이_ 원서의 깃허브 주소는 https://github.com/GANs-in-Action/gans-in-action입니다. 번역서의 오탈자는 https://bit.ly/gan-in-action를 참고하세요.
2 옮긴이_ 원서의 노트북은 일부 코랩과 호환되지 않지만 번역서는 100% 호환되도록 개선했습니다.
3 옮긴이_ GAN에 관련한 책으로는 『미술관에 GAN 딥러닝 실전 프로젝트』(한빛미디어, 2019)를 추천합니다.

1부 GAN과 생성 모델링

1부에서는 생성 학습과 GAN의 기초 개념을 살펴보고 가장 기본적인 GAN 모델을 구현합니다.

1장 GAN 시작하기

GAN을 소개하고 작동 원리를 고수준에서 설명합니다. GAN은 두 가지 서로 다른 네트워크(생성자와 판별자)로 구성됩니다. 두 네트워크가 경쟁하며 훈련하는 방식을 알아봅니다. 1장은 이 책 전체를 이해하기 위한 기초 지식을 다룹니다.

2장 오토인코더와 생성 학습

GAN의 선구자라 할 수 있는 오토인코더^{autoencoder}를 알아봅니다. 생성 학습이 비교적 최근에 등장했다는 점을 감안하여 넓은 시각으로 GAN을 이해하는 데 도움이 되는 내용을 담았습니다.

변이형 오토인코더^{variational autoencoder}(VAE)를 이용해 손글씨 숫자를 생성하는 첫 번째 예제를 소개합니다. 이 예제는 다른 장에서 GAN을 이용해서도 만들어봅니다. 혹시 오토인코더에 대해 이미 알고 있거나 곧바로 GAN을 학습하기 원한다면 2장은 건너뛰어도 괜찮습니다.

3장 첫 번째 GAN 구현하기

GAN 및 적대 학습과 관련된 이론을 더 자세히 다룹니다. GAN과 전통적인 신경망의 핵심적인 차이를 살펴봅니다. 즉, 이들의 비용 함수와 훈련 과정의 차이점을 알아봅니다. 이 장의 끝에 있는 튜토리얼에서 앞서 배운 것을 적용해 케라스로 GAN을 구현하고 훈련시켜 손글씨 숫자를 생성합니다.

4장 DCGAN

합성곱 신경망convolutional neural network(CNN)과 배치 정규화batch normalization를 소개합니다. 그다음 합성곱 신경망을 생성자와 판별자로 사용하고 훈련 과정을 안정화하기 위해 배치 정규화를 활용한 고급 GAN 구조인 DCGANdeep convolutional generative adversarial network을 구현합니다.

2부 최신 GAN 모델

1부에서 익힌 기초를 바탕으로 2부에서는 GAN의 이론을 더 깊게 다루고, 일부 고급 GAN 구조를 구현합니다.

5장 GAN 훈련의 어려움과 노하우

GAN을 훈련하는 과정에서 자주 마주치는 이론적, 실제적 어려움을 살펴보고 이를 극복하는 방법을 알아봅니다. 관련 학술 논문과 발표 자료를 바탕으로 GAN을 훈련하는 모범 사례를 제시합니다. 또한 GAN의 성과를 측정하는 방법을 다루며 성과 측정이 중요한 이유도 살펴봅니다.

6장 ProGAN

생성자와 판별자를 훈련하는 최신 방법인 ProGANprogressive generative adversarial network(혹은 PGGAN)을 살펴봅니다. ProGAN은 훈련 과정에서 새로운 층을 더해서 우수한 품질과 해상도의 이미지를 생성합니다. ProGAN의 이론을 설명하고 텐서플로 허브TensorFlow Hub(TFHub)를 이용해 예제를 구현합니다.

7장 SGAN

GAN의 핵심 모델을 기반으로 탄생한 혁신을 살펴봅니다. 준지도 학습semi-supervised learning을 통해 적은 양의 레이블된 훈련 데이터만으로도 분류 정확도를 개선하는 방법을 배웁니다. 그다음 SGANsemi-supervised generative adversarial network을 구현하고 레이블을 활용하여 어떻게 판별자를 강력한 다중 클래스 분류기로 만드는지 살펴봅니다.

8장 CGAN

훈련 과정 중 레이블을 이용하는 또 다른 GAN 구조인 CGAN^{conditional generative adversarial network}을 소개합니다. CGAN은 생성자와 판별자를 훈련하는 과정에서 레이블이나 다른 조건 정보를 활용하여 정확히 어떤 샘플을 합성할 것인지 특정할 수 없는 생성 모델링의 결점을 극복합니다. 8장의 마지막 부분에서는 CGAN을 구현해 원하는 데이터를 직접 생성하는 과정을 살펴봅니다.

9장 CycleGAN

가장 흥미로운 구조 중 하나인 CycleGAN^{cycle-consistent adversarial network}을 다룹니다. 이 기법은 하나의 이미지를 다른 이미지로 바꾸는 데 사용할 수 있습니다. 예를 들면 말 사진을 얼룩말 사진으로 바꾸는 것입니다.

9장에서는 CycleGAN의 구조를 살펴보고 주요 구성 요소와 CycleGAN의 혁신적인 면을 설명합니다. 그다음 코드 예제에서 CycleGAN을 구현해 사과를 오렌지로 바꾸고 오렌지를 사과로 바꿉니다.

3부 앞으로 배울 것들

3부에서는 GAN 및 적대 학습을 어디에 적용할 수 있는지 활용 방법과 사례를 살펴봅니다.

10장 적대 샘플

머신러닝 모델을 의도적으로 속여 실수하게 만드는 기술인 적대 샘플을 살펴봅니다. 이론과 실용적인 예제를 통해 적대 샘플의 중요성을 설명하고 GAN과 연관성을 살펴봅니다.

11장 실용적인 GAN 애플리케이션

GAN의 실전 애플리케이션을 다룹니다. 앞서 다룬 기술들이 의료 및 패션 분야에서 어떻게 적용되는지 모범 사례를 살펴봅니다. 의료 분야에서는 분류 정확도를 향상하기 위해 적은 양의 데이터를 늘리는 데 GAN을 활용하는 방법을 알아보고 패션 분야에서는 GAN을 개인화 콘텐츠에 활용하는 방법을 살펴봅니다.

12장 향후 전망

책의 주요 내용을 요약하고 GAN의 윤리적 측면을 논하며 마무리합니다. 이 책을 넘어서 이 분야를 지속해서 탐구하고 싶은 이들을 위해 떠오르는 GAN 기법들도 언급합니다.

감사의 말

이 책은 매닝 출판사 편집팀의 지원과 안내 없이는 탄생할 수 없었을 겁니다. 편집자 크리스티나 테일러[Christina Taylor]가 보여준 성실과 헌신에 감사합니다. 더 나은 편집자를 만날 수는 없었을 겁니다. 또한 통찰력 있는 피드백으로 이 책을 최상으로 만드는 데 도움을 준 존 히아덕[John Hyaduck]과 코스타스 파사디스[Kostas Passadis]와 일한 건 행운이었습니다.

또 MEAP[Manning Early Access Program] 운영과 홍보, 그리고 이 책이 세상에 나오기까지 필요한 것을 위해 보이지 않는 곳에서 일한 매닝 출판사의 모든 분에게 감사합니다. 브라이언 소여[Brian Sawyer], 크리스토퍼 카우프만[Christopher Kaufmann], 알렉산다르 드라고사블레비치[Aleksandar Dragosavljević], 리베카 라인하트[Rebecca Rinehart], 멀리사 아이스[Melissa Ice], 캔디스 길훌리[Candace Gillhoolley] 및 여러 직원에게 감사합니다.

무엇보다도 초고를 읽고 소중한 피드백을 주었던 모든 독자에게 감사합니다.

야쿠프 란그르

피어슨[Pearson]에서 제 팀원이었고 지금까지도 훌륭한 멘토이자 친구인 앤디[Andy], 코스타스, 안드레아스[Andreas], 다리오[Dario], 마레크[Marek], 휴버트[Hubert]에게 무한한 감사의 말을 전하고 싶습니다. 2013년 이들은 제게 첫 번째 데이터 과학 인턴십을 제안해줬고 그게 제 인생과 커리어를 되돌릴 수 없을 만큼 바꿔놓았습니다.

안트러프러너 퍼스트의 모든 멋진 이들에게도 말로 표현할 수 없을 만큼 감사합니다. 멋진 친구이자 룸메이트이자 동료가 되어준 파반 쿠마르[Pavan Kumar] 박사에게 특히 감사합니다.

필터드, 옥스퍼드 대학교, ICP, 무다노 R&D 팀에서 만난 모든 멋진 친구들과 동료들에게도 고맙습니다.

이외에도 제게 긍정적인 영향을 준 사람이 훨씬 더 많지만 지면이 제한되어 다 전하지 못합니다. 제 곁을 변함없이 지켜준 가족과 친구들에게 고맙다는 말로 감사를 대신할 수 있을 뿐입니다.

이 책이 그닥 성공하지 못한다면 카르미니아로^{Carminia Road}의 여우들에게 이 책을 바치고 싶습니다. 그 이유는 첫째, 여우들은 대체 왜 새벽 2시에 그런 기분 나쁜 소음을 내는 걸까요? 둘째, 궁금해할 필요가 없지만 여우가 뭐라고 하는 걸까요?

블라디미르 보크

제임스 매카프리^{James McCaffrey}, 롤란트 페르난데츠^{Roland Fernandez}, 사얀 파탁^{Sayan Pathak}, 그 밖에도 머신러닝과 인공지능 분야에서 가장 뛰어난 분들에게 멘토링과 지도를 받을 수 있는 기회와 특권을 준 마이크로소프트 리서치의 AI-611 직원들에게 감사합니다. 이 여정을 함께해준 AI-611 팀원들, 팀 발베코프^{Tim Balbekov}, 리샤프 무케르지^{Rishav Mukherji}와 멘토로서 지도해준 네보이사 요이츠^{Nebojsa Jojic}와 포센 황^{Po-Sen Huang}에게 감사합니다.

선수 과목을 수강하지 않았음에도 대학원 연구 세미나에 등록할 수 있게 허락해준 크시슈토프 가요스^{Krzysztof Gajos} 교수님에게도 감사의 말을 드립니다. 그 세미나는 실용적인 컴퓨터 과학 연구의 세계로 첫발을 내딛는 소중한 경험이었습니다.

제게 도움과 격려를 아끼지 않은 인텐트^{Intent} 동료에게 특히 감사합니다. 저녁마다 연구와 글쓰기에 매진하느라 늦은 밤이 되어서야 이메일에 답장하는 저를 참고 견뎌주셔서 고맙습니다.

수년 전 체코의 한 고등학생을 믿고 그 아이의 인생을 바꾸어놓을 장학금을 받게 해준 킴벌리 포프^{Kimberly Pope}에게 깊이 감사합니다. 그건 제가 절대 갚을 수 없는 빚입니다.

마지막으로 항상 곁에 있어주는 가족과 친구들에게 늘 감사합니다.

표지에는 '런던에서 온 부르주아 여성Bourgeoise de Londre'이라는 설명이 붙은 그림이 들어가 있습니다. 이 그림은 1787년에 발표되었으며, 자크 그라셋 드 생 소뵈르Jacques Grasset de Saint-Sauveur (1757~1810)가 여러 나라에서 수집한 드레스 컬렉션에서 하나 가져온 것입니다. 컬렉션의 각 삽화는 아주 정교하게 그려졌으며 손으로 일일이 채색했습니다.

그라셋 드 생 소뵈르의 풍부한 컬렉션은 불과 200년 전까지도 세계 각 지역 및 마을의 문화가 얼마나 달랐는지를 생생하게 기억하게 합니다. 사람들은 교류 없이 지내면서 다른 언어와 방언을 사용했습니다. 과거에는 도시에서든 시골에서든 복장만 보고도 어디 사는 사람인지, 어떤 일을 하는지, 신분이 무엇인지 알아차리기가 쉬웠습니다.

사람들이 옷을 입는 방식은 달라졌고 풍부하던 지역적 다양성은 희미해졌습니다. 오늘날엔 다른 마을, 지역, 국가는커녕 다른 대륙의 사람들조차 구별하기가 어려워졌습니다. 어쩌면 우리는 다양한 개인 생활과 빠르게 변하는 기술을 누리는 대신 문화의 다양성을 포기했는지도 모릅니다.

요즘 컴퓨터 책들 사이에는 차이점이 별로 없습니다. 매닝 출판사는 컴퓨터 비즈니스의 독창성과 자주성을 기념하기 위해 두 세기 전 풍부한 지역 다양성을 보여주는 그라셋 드 생 소뵈르의 그림을 책 표지로 선정했습니다.

CONTENTS

PART 1 GAN과 생성 모델링

CHAPTER 1 GAN 시작하기

CHAPTER 2 오토인코더와 생성 학습

CHAPTER 3 첫 번째 GAN 구현하기

CONTENTS

CHAPTER **4** DCGAN

CHAPTER 5 GAN 훈련의 어려움과 노하우

CONTENTS

CHAPTER **8 CGAN**

CONTENTS

CHAPTER 9 **CycleGAN**

PART 3 앞으로 배울 것들

CHAPTER 10 적대 샘플

CHAPTER 11 실용적인 GAN 애플리케이션

CONTENTS

GAN과 생성 모델링

1부는 GAN의 세계를 소개하며 가장 기본적인 GAN 모델을 알아봅니다.

- 1장에서는 GAN의 기초를 익히고 GAN이 작동하는 방식을 직관적으로 이해합니다.

- 2장에서는 주제를 살짝 바꿔 오토인코더를 살펴보며 생성적 모델링에 대한 전반적인 이해를 넓혀봅니다. 오토인코더는 GAN 이전에 이론과 실무에서 가장 중요한 모델 중 하나로 아직도 널리 쓰입니다.

- 3장에서는 1장에서 다룬 주제에 이어 GAN과 적대 학습 이면에 깔려 있는 이론을 더 자세히 살펴봅니다. 또한 완전히 작동하는 GAN을 구현하고 훈련시킵니다.

- 4장에서는 DCGAN을 살펴봅니다. DCGAN은 기존의 GAN에 CNN을 추가해 신경망이 생성하는 이미지의 품질을 높입니다.

Part I

GAN과 생성 모델링

CHAPTER 1

GAN 시작하기

이 장에서는 다음 내용을 다룹니다.

- GAN의 개요
- GAN이 특별한 이유
- 이 책에서 다루는 흥미로운 GAN 애플리케이션

'기계가 사고할 수 있는가'에 관한 생각은 컴퓨터 자체보다도 오래됐습니다. 1950년에 유명한 수학자이자 논리학자, 컴퓨터 과학자였던 앨런 튜링은 후대에 그의 이름을 길이 남길 논문 「Computing Machinery and Intelligence(계산 기계와 지능)」을 발표했습니다. 물론 그는 전쟁에서 나치의 암호화 기계 에니그마Enigma를 해독한 걸로 가장 잘 알려져 있습니다.

튜링은 이 논문에서 **이미테이션 게임**imitation game이라는 실험을 제안했습니다. 오늘날에는 **튜링 테스트**Turing test라고 더 잘 알려져 있습니다. 이 테스트는 다음과 같은 가상 시나리오로 진행됩니다. 어떤 알려지지 않은 관찰자가 두 상대방과 벽을 두고 이야기합니다. 한 상대는 인간이고 다른 한 상대는 컴퓨터입니다. 튜링은 관찰자가 누가 사람이고 누가 기계인지 구분해낼 수 없다면 컴퓨터는 테스트를 통과한 것이고 지능을 가진 것이라고 여겼습니다.

자동화된 챗봇이나 음성 인식 비서와 대화해본 사람이라면 컴퓨터가 이 간단한 테스트를 통과하려면 아직 멀었다는 것을 알고 있습니다. 하지만 다른 작업에서는 컴퓨터가 인간의 능력을 훨씬 뛰어넘었습니다. 얼굴 인식이나 바둑처럼 불과 얼마 전까지만 해도 가장 훌륭한 알고리즘조차 넘보지 못할 것 같은 영역에서도 사람을 뛰어넘었습니다.[1]

---

1 "Surpassing Human-Level Face Verification Performance on LFW with GaussianFace," by Chaochao Lu and Xiaoou Tang, 2014.(https://arXiv.org/abs/1404.3840)와 『뉴욕 타임스』 기사 "Google's AlphaGo Defeats Chinese Go Master in Win for A.I.," by Paul Mozur, 2017(http://mng.bz/07WJ) 참고.

머신러닝 알고리즘은 이미 존재하는 데이터에서 패턴을 인식하고 그 통찰을 사용하여 **분류**classification(정확한 카테고리에 샘플을 할당하는 작업)나 **회귀**regression(여러 가지 입력 값을 기초로 수치를 예측하는 작업)와 같은 작업을 처리하는 데 뛰어납니다. 하지만 컴퓨터가 새로운 데이터를 생성하는 것은 쉽지 않습니다. 알고리즘은 체스 챔피언과 대결하고, 주식 가격 변동을 예측하고, 부정한 신용카드 거래인지를 분류할 수 있습니다. 하지만 아마존 알렉사나 애플 시리와는 간단한 대화를 나누기도 어렵습니다. 게다가 (유쾌한 대화를 나누거나 독창적인 무엇인가를 창조해내는 능력을 포함해) 인간의 가장 기초적이며 핵심적인 능력들은 가장 앞선 슈퍼 컴퓨터조차도 디지털 발작을 일으키게 만듭니다.

이런 상황은 2014년 당시 몬트리올 대학교에서 박사 후 연구원으로 일하던 이언 굿펠로 Ian Goodfellow가 GAN을 발명한 이후로 완전히 바뀌었습니다. GAN은 신경망 하나가 아닌 두 개의 구분된 신경망을 사용해 실제와 유사한 데이터를 생성합니다. GAN이 데이터를 생성하기 위해 사용한 첫 번째 컴퓨터 프로그램은 아닙니다. 하지만 GAN은 놀라운 결과를 냈습니다. 사실상 오랫동안 인공지능 시스템에서 불가능하다고 여겨졌던 일들입니다. 예를 들어 진짜 같은 품질의 가짜 이미지를 생성하거나, 낙서를 사진 같은 이미지로 만들거나, 말 영상을 달리는 얼룩말 영상으로 만들 수 있습니다. 모두 레이블된 훈련 데이터를 대량으로 준비하지 않아도 가능합니다.

GAN 덕분에 기계의 데이터 생성이 얼마나 발전했는지를 보여주는 가장 좋은 예는 [그림 1-1]에 있는 합성된 얼굴 이미지입니다. GAN이 막 발명된 2014년에 기계가 만든 최고의 결과물은 흐릿한 얼굴이었습니다. 당시에는 이조차도 획기적인 성과로 여겨졌습니다. 불과 3년이 지난 2017년에 GAN은 고해상도 사진 이미지에 맞먹는 가짜 얼굴을 합성했습니다. 이 책에서 이런 알고리즘의 원리를 자세히 살펴보겠습니다.

| 2014 | 2015 | 2016 | 2017 |

그림 1-1 합성된 사람 얼굴의 변화[2]

---

2 "The Malicious Use of Artificial Intelligence: Forecasting, Prevention, and Mitigation," by Miles Brundage et al., 2018, https://arxiv.org/abs/1802.07228.

1.1 GAN이란?

생성적 적대 신경망generative adversarial network(GAN)은 동시에 두 개의 모델을 훈련하는 머신러닝의 한 종류입니다. 하나(**생성자**generator)는 가짜 데이터를 생성하도록 훈련되고 다른 하나(**판별자**discriminator)는 실제 샘플과 가짜 샘플을 구분하도록 훈련됩니다.

생성적generative이라는 용어는 이 모델의 목적을 나타냅니다. 즉, 새로운 데이터를 생성하는 겁니다. GAN이 생성하기 위해 학습할 데이터는 훈련 세트에 따라 결정됩니다. 예를 들어 GAN을 이용해 레오나르도 다빈치의 작품처럼 보이는 이미지를 만들고 싶다면 다빈치의 작품을 훈련 데이터셋으로 사용해야 합니다.

적대적adversarial이라는 용어는 GAN의 뼈대를 이루는 두 모델인 생성자와 판별자 사이의 게임 같은 경쟁 구도를 나타냅니다. 생성자의 목표는 훈련 데이터셋에 있는 실제 데이터와 구분이 안 될 정도로 유사한 샘플을 만드는 것입니다. 예를 들면 다빈치의 그림처럼 보이는 그림을 생성한다는 의미입니다. 판별자의 목표는 생성자가 만든 가짜 데이터를 훈련 데이터셋에 있는 실제 데이터와 구별하는 것입니다. 예를 들어 판별자는 다빈치의 것으로 보이는 그림이 진짜인지 조사하는 미술품 감정사의 역할을 합니다. 생성자와 판별자는 서로를 이기려는 경쟁을 지속합니다. 생성자가 더 그럴듯한 데이터를 생성할수록 판별자 역시 가짜와 진짜를 구별하는 일에 탁월해져야 합니다.

마지막으로 **신경망**network은 생성자와 판별자를 만드는 데 가장 널리 사용하는 머신러닝 모델의 한 종류입니다. 신경망의 종류는 GAN 구현의 복잡성 정도에 따라서 간단한 피드포워드 신경망(FNN, 3장)에서 합성곱 신경망(CNN, 4장)까지 다양하고, U-Net(9장)같이 더 복잡한 것도 가능합니다.

1.2 GAN의 동작 방식

GAN의 수학적 기반은 복잡합니다(3장과 5장에서 살펴보겠습니다). 하지만 다행히도 현실 세계의 비유를 활용하면 GAN을 쉽게 이해할 수 있습니다. 앞서 미술품 감정사(판별자)를 속이려는 미술품 위조범(생성자)의 예시를 언급했습니다. 위조범이 위작을 더 그럴듯하게 만들수록 감정사가 진품을 판별하는 능력 또한 더 뛰어나야 합니다. 반대 상황에도 마찬가지로 적용됩니다. 감정사가 위작을 찾는 능력이 뛰어날수록 위조범 역시 잡히지 않기 위해 더 감쪽같은 위작을 만들어내야 합니다.

GAN을 설명하기 위해 흔히 사용하는 (GAN을 고안한 이언 굿펠로가 즐겨 사용하는) 비유로 지폐 위조범(생성자)과 이를 잡으려는 형사(판별자)가 있습니다. 위조 지폐가 진짜 같아 보일수록 형사가 위조 지폐를 가려내는 능력도 뛰어나야 합니다. 그 반대 역시 마찬가지입니다.

기술적인 용어로 설명하면, 생성자의 목표는 훈련 데이터와 구별이 안 될 정도로 훈련 데이터셋의 특징이 잘 나타난 샘플을 생성하는 것입니다. 생성자는 객체 탐지 모델의 반대라고 생각할 수 있습니다. **객체 탐지 알고리즘**object recognition algorithm은 이미지의 내용을 파악하기 위해 이미지의 패턴을 학습합니다. 생성자는 패턴을 인식하는 대신 이미지를 직접 처음부터 만들도록 학습합니다. 실제로 생성자에게 주어지는 입력 값은 랜덤한 숫자로 구성된 벡터에 불과합니다.

생성자는 판별자의 분류 결과에서 피드백을 받아 학습합니다. 판별자의 목표는 특정 샘플이 진짜(훈련 데이터)인지 가짜(생성자가 생성한 데이터)인지 구별하는 것입니다. 판별자가 가짜 이미지에 속아 가짜를 진짜로 분류할 때마다 생성자는 자신이 임무를 잘 수행하고 있다는 것을 알게 됩니다. 반대로 생성자가 만든 이미지가 가짜라는 걸 판별자가 포착할 때마다 생성자는 더 그럴듯한 결과물을 생성해야 한다는 피드백을 받습니다.

판별자 또한 지속해서 성능을 향상합니다. 판별자는 여타 분류기처럼 자신의 예측과 실제 레이블(진짜 혹은 가짜) 간의 차이를 통해 학습합니다. 따라서 생성자가 더 그럴듯한 데이터를 만들수록 판별자도 진짜와 가짜를 더 잘 구별하며 두 네트워크 모두 동시에 지속해서 성능이 향상됩니다.

[표 1-1]에 GAN의 두 네트워크를 요약했습니다.

표 1-1 생성자와 판별자 네트워크

	생성자	판별자
입력	랜덤한 숫자로 구성된 벡터	판별자는 두 가지 입력을 받음 • 훈련 데이터셋에 있는 실제 샘플 • 생성자가 만든 가짜 샘플
출력	최대한 진짜 같아 보이는 가짜 샘플	입력 샘플이 진짜일 예측 확률
목표	훈련 데이터셋에 있는 샘플과 구별이 불가능한 가짜 샘플 생성하기	생성자가 만든 가짜 샘플과 훈련 데이터셋의 진짜 샘플을 구별하기

1.3 GAN 시스템

이제 GAN과 이를 구성하는 네트워크에 대해 기본적인 이해를 했으므로 실제 시스템을 자세히 살펴봅시다. 예를 들어 실제 같은 손글씨 숫자 이미지를 생성하는 GAN을 훈련하는 것이 목표라고 가정하겠습니다(3장에서 이런 모델을 구현하는 방법을 배우고 4장에서 확장된 모델을 배우겠습니다). [그림 1-2]는 GAN의 핵심 구조를 보여줍니다.

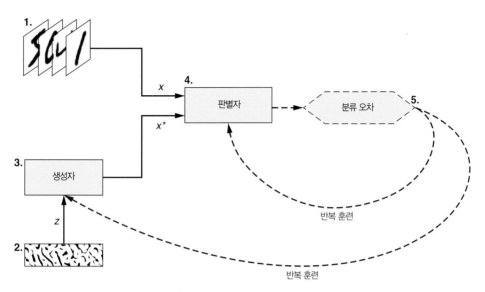

그림 1-2 두 개의 GAN 네트워크와 입력, 출력 그리고 이들 간의 상호작용

그림을 하나씩 자세히 살펴봅시다.

1. 훈련 데이터셋

생성자가 거의 완벽한 수준으로 모방하기 위해 학습하는 진짜 샘플 데이터셋입니다. 이 경우에 데이터셋은 손글씨 숫자 이미지로 이루어집니다. 이 데이터셋은 판별자 네트워크의 입력(x)으로 제공됩니다.

2. 랜덤한 잡음 벡터

생성자 네트워크의 입력(z). 이 입력은 랜덤한 숫자 벡터로 생성자가 가짜 샘플 합성의 시작점으로 사용합니다.

3. 생성자 네트워크

생성자는 랜덤한 숫자 벡터(z)를 입력으로 받아서 가짜 샘플(x^*)을 출력합니다. 생성자의 목표는 훈련 데이터셋의 진짜 샘플과 구별이 안 되는 가짜 샘플을 생성하는 것입니다.

4. 판별자 네트워크

판별자는 훈련 데이터셋의 진짜 샘플(x)과 생성자가 만든 가짜 샘플($x*$)을 입력으로 받습니다. 판별자는 각 샘플이 진짜일 확률을 계산해 출력합니다.

5. 반복 훈련

(일반적 분류기를 평가하는 것과 마찬가지로) 판별자의 예측이 얼마나 정확한지 평가합니다. 이 결과를 사용해 역전파로 판별자와 생성자 네트워크를 반복해서 훈련합니다.

- 판별자의 가중치와 편향은 분류 정확도를 최대화하도록 업데이트됩니다(x를 진짜로 판단하고 $x*$을 가짜로 판단하도록 올바른 예측의 확률을 최대화합니다).
- 생성자의 가중치와 편향은 판별자가 $x*$을 진짜로 잘못 분류할 확률을 최대화하도록 업데이트됩니다.

1.3.1 GAN 훈련하기

GAN을 구성하는 다양한 요소의 목적을 배우는 것은 마치 멈춰 있는 자동차 엔진의 사진을 보는 것처럼 느껴질 수 있습니다. 실제로 작동하는 것을 보기 전까지는 완전히 이해하기 어렵습니다. 이해를 돕기 위해 이 절을 준비했습니다. 먼저 GAN의 훈련 알고리즘을 살펴봅니다. 그다음 훈련 과정을 그림으로 나타내어 모델이 어떻게 작동하는지 알아보겠습니다.

GAN 훈련 알고리즘

매 훈련 반복에서 다음 과정을 반복합니다.

1. 판별자 훈련하기

   a. 훈련 데이터셋에서 랜덤하게 진짜 샘플 x를 선택합니다.

   b. 새로운 랜덤한 잡음 벡터 z를 얻어서 생성자 네트워크를 이용해 가짜 샘플 $x*$을 합성합니다.

   c. 판별자 네트워크를 이용해 x와 $x*$을 분류합니다.

   d. 분류 오차를 계산하고 전체 오차를 역전파해서 판별자의 훈련 가능한 파라미터를 업데이트하고 분류 오차를 **최소화**합니다.

2. 생성자 훈련하기

   a. 생성자 네트워크를 사용해 새로운 랜덤한 잡음 벡터 z에서 가짜 샘플 $x*$을 합성합니다.

   b. 판별자 네트워크를 이용해 $x*$을 분류합니다.

   c. 분류 오차를 계산하고 역전파해서 생성자의 훈련 가능한 파라미터를 업데이트하고 판별자의 오차를 **최대화**합니다.

GAN 훈련 시각화

[그림 1-3]은 GAN 훈련 알고리즘을 묘사한 것입니다. 도표 안의 글자들은 각 GAN 훈련 알고리즘 단계를 나타냅니다.

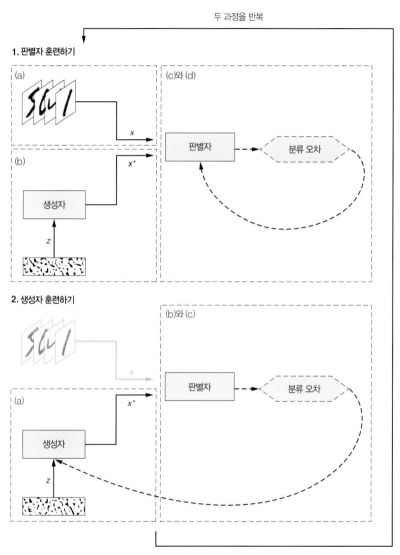

그림 1-3 GAN 훈련 알고리즘은 두 가지 주요 부분으로 이루어집니다. 이 두 판별자 훈련과 생성자 훈련 그림은 시간에 따라 훈련 과정이 달라지는 동일한 GAN 네트워크를 나타낸 것입니다.

[그림 1-3] 하위 다이어그램

1. 판별자 훈련하기

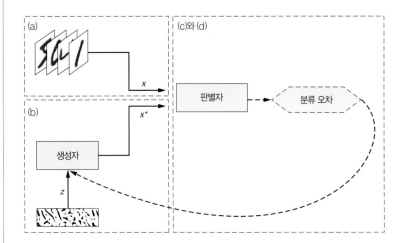

a. 훈련 데이터셋에서 랜덤하게 실제 샘플 x를 선택합니다.

b. 생성자 네트워크를 사용해 새로운 랜덤한 잡음 벡터 z에서 가짜 샘플 x^*을 합성합니다.

c. 판별자 네트워크를 사용해 x와 x^*을 분류합니다.

d. 분류 오차를 계산하고 전체 오차를 역전파해서 판별자의 훈련 가능한 파라미터들을 업데이트하고 분류 오차를 최소화합니다.

2. 생성자 훈련하기

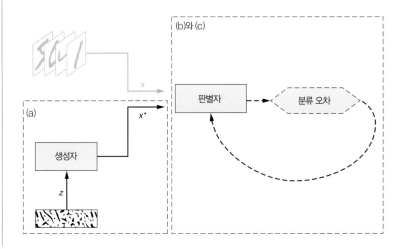

a. 생성자 네트워크를 사용해 새로운 랜덤한 잡음 벡터 z에서 가짜 샘플 x^*을 합성합니다.

b. 판별자 네트워크를 사용해 x^*을 분류합니다.

c. 분류 오차를 계산하고 역전파해서 생성자의 훈련 가능한 파라미터들을 업데이트하고 판별자의 오차를 최대화합니다.

1.3.2 균형에 도달하기

GAN 훈련 반복은 언제까지 해야 할까요? 정확히 말하자면 적절한 훈련 반복 횟수를 결정하기 위해 GAN 훈련이 완료되는 시점을 어떻게 알 수 있을까요? 일반적인 신경망에서는 측정하고 달성해야 할 명확한 목표가 있습니다. 예를 들어 분류기를 훈련할 때, 훈련과 검증 세트의 분류 오류를 측정하고 검증 오류가 나빠지면 과대적합overfitting을 피하기 위해 훈련을 중단합니다. GAN을 구성하는 두 네트워크는 목표가 서로 다릅니다. 한 네트워크가 좋아질 때 다른 하나는 나빠집니다. 언제 훈련을 중단해야 하는지 어떻게 결정할 수 있을까요?

게임 이론game theory에 익숙하다면 이런 상황을 한 사람의 이득이 곧 다른 사람의 손해가 되는 제로섬 게임zero sum game으로 인식할 것입니다. 제로섬 게임에서는 한 사람이 얻는 이득만큼 다른 사람이 손해를 봅니다. 모든 제로섬 게임은 참가자 모두 자신의 상황을 더는 개선할 수 없거나, 자신의 행위를 변경함으로써 이익을 볼 수 없는 시점에서 내시 균형Nash equilibrium에 도달합니다.

GAN은 다음 조건이 충족될 때 내시 균형에 도달합니다.

- 생성자가 훈련 데이터셋의 실제 데이터와 구별이 안 되는 데이터를 생성합니다.
- 판별자가 할 수 있는 최선이 특정 샘플이 진짜인지 가짜인지 랜덤하게 추측하는 것뿐입니다(즉, 샘플이 진짜인지 아닌지 50대 50의 확률로 추측합니다).

> **NOTE_** 내시 균형은 미국 경제학자이자 수학자인 존 포브스 내시John Forbes Nash Jr.의 이름을 따서 명명되었습니다. 내시의 인생사와 경력은 그의 전기 『뷰티풀 마인드』(승산, 2002)에 잘 그려졌으며 동명의 영화로도 제작되었습니다.

GAN이 어떻게 이런 조건하에서 균형에 도달하게 되는지 생각해봅시다. 가짜 샘플(x^*)이 훈련 데이터셋의 진짜 샘플(x)과 정말 구별이 안 된다면 판별자가 이 둘을 분간할 방법은 전혀 없습니다. 판별자가 받는 샘플의 절반이 진짜고 나머지 절반은 가짜이므로 동전 던지기를 하듯 50% 확률로 진짜 혹은 가짜로 분류하는 게 판별자가 할 수 있는 최선입니다.

추가로 튜닝을 해도 더 얻는 게 없어지는 시점이 되면 생성자도 마찬가지입니다. 생성자가 만드는 가짜 샘플이 이미 진짜 샘플과 구별이 안 된다고 가정해보죠. 이때 랜덤한 잡음 벡터(z)를 가짜 샘플(x^*)로 변환하는 과정을 약간만 바꾸더라도 판별자에게 가짜 샘플과 진짜 샘플을 구별할 수 있는 실마리를 제공합니다. 이 때문에 생성자의 성능은 더 나빠지게 됩니다.

균형에 도달하면 GAN은 수렴converged했다고 말합니다. 여기서 까다로워지기 시작합니다. 실무에서는 GAN의 내시 균형을 찾기가 불가능에 가까운데 이는 비볼록 게임nonconvex game의 수렴 도달에는 복잡성이 매우 크기 때문입니다(수렴에 대해서는 2장과 특히 5장에서 자세히 다룹니다). 실제로 GAN의 수렴은 GAN 연구에서 가장 중요한 미결 문제 중 하나입니다.

다행히도 이 문제가 GAN 연구나 여러 혁신적인 GAN 애플리케이션 개발을 방해하지는 않습니다. 수학적으로 완벽하게 보장되지 않더라도 GAN은 실제로 놀라운 결과를 달성했습니다. 이 책에서는 가장 영향력이 컸던 결과의 일부를 다룹니다. 다음 절에서 이 중 일부를 살짝 살펴보겠습니다.

1.4 왜 GAN을 공부해야 할까?

GAN이 발명된 이래로 학계 및 업계 전문가들에게서 딥러닝 분야의 가장 중요한 혁신이라는 찬사를 받았습니다. 페이스북의 AI 리서치 디렉터인 얀 르쿤Yann LuCun은 GAN이 "지난 20년간 딥러닝 분야에서 가장 멋진 아이디어"라고 언급했습니다.[3]

이런 열기에는 그럴 만한 이유가 있습니다. 머신러닝 분야의 다른 발전들은 연구자들 사이에서나 잘 알려진 것이었지만 일반 사람들에게는 어리둥절해할 만한 낯선 것이었습니다. 그런데 GAN은 연구자와 대중 모두의 상상력을 자극했고, 『뉴욕 타임스』, BBC, 『사이언티픽 아메리칸』 등 유명 언론에 소개되었습니다. 애초에 여러분이 이 책을 구입하게 된 이유도 아마 GAN이 만들어낸 흥미진진한 결과물 덕분 아니었을까요?

---

3 "Google's Dueling Neural Networks Spar to Get Smarter," by Cade Metz, Wired, 2017, `http://mng.bz/KE1X`.

가장 주목할 만한 것은 초현실적인 이미지를 생성해내는 GAN의 능력입니다. [그림 1-4]에 있는 어떤 얼굴도 실제 사람의 얼굴이 아닙니다. 모두 GAN이 생성한 가짜 얼굴입니다. 실제 사진과 동일한 수준으로 이미지를 합성할 수 있는 GAN의 성능을 보여줍니다. 이 사진들은 6장에서 다루는 ProGAN을 이용해 생성했습니다.

GAN의 또 다른 놀라운 성과는 **이미지 대 이미지**image-to-image 변환입니다. 중국어 문장을 스페인어로 번역하듯이, GAN은 한 도메인domain 내의 이미지를 다른 이미지로 변환할 수 있습니다. [그림 1-5]처럼 말 이미지를 얼룩말 이미지로 바꿀 수 있고 이를 원래대로 되돌릴 수 있습니다. 또 사진을 모네의 그림처럼 변환할 수도 있습니다. 이 모든 것엔 사실상 어떤 지도나 레이블도 필요 없습니다. 이를 가능하게 하는 GAN 모델은 **CycleGAN**으로 9장에서 다룹니다.

그림 1-4 실제 사진처럼 보이지만 모두 신경망이 생성한 가짜 얼굴입니다. 연예인의 고해상도 사진에서 훈련한 ProGAN으로 합성한 것입니다.[4]

---

4 "Progressive Growing of GANs for Improved Quality, Stability, and Variation," by Tero Karras et al., 2017, https://arxiv.org/abs/1710.10196.

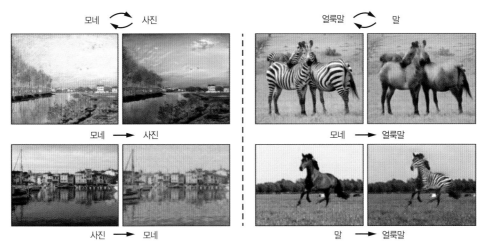

그림 1-5 GAN 모델 중 하나인 CycleGAN을 이용하여 모네의 유화를 사진으로 변환하거나, 얼룩말 이미지를 말로 변환하고 또 그 반대로 되돌릴 수 있습니다.[5]

더 실용적이고 흥미로운 GAN 활용 사례도 있습니다. 아마존은 패션 카테고리의 추천 시스템에 GAN을 이용하는 실험을 하고 있습니다. 수없이 많은 의상을 분석해 주어진 스타일에 어울리는 새 아이템을 생성하도록 훈련합니다.[6] 의료 연구에서는 진단의 정확도를 개선하고자 GAN을 이용해 합성한 데이터로 데이터셋을 증가시키기도 합니다.[7] 여러 종류의 GAN 모델을 훈련하는 방법을 익힌 후에 이 두 애플리케이션에 대해 11장에서 자세히 살펴보겠습니다.

또한 GAN은 **인공 일반 지능**artificial general intelligence[8]의 완성에 다가가는 데 중요한 디딤돌로도 평가받습니다. 인공 일반 지능이란 보행에 필요한 운동 능력, 언어 능력, 시를 쓰는 데 필요한 창의성 등 사실상 어떤 분야에서든 인간의 인지 능력에 대적할 만한 인공 시스템을 말합니다.

그러나 GAN이 새로운 데이터와 이미지를 생성해내는 능력은 위험성도 내포합니다. 또한 가짜 뉴스의 확산과 위험성에 대해 많은 논의가 있습니다. GAN으로 그럴듯한 가짜 영상을 만

5 "Unpaired Image–to–Image Translation Using Cycle–Consistent Adversarial Networks," by Jun–Yan Zhu et al., 2017, https://arxiv.org/abs/1703.10593.

6 "Amazon Has Developed an AI Fashion Designer," by Will Knight, MIT Technology Review, 2017, http://mng.bz/9w0j.

7 "Synthetic Data Augmentation Using GAN for Improved Liver Lesion Classification," by Maayan Frid–Adar et al., 2018, https://arxiv.org/abs/1801.02385.

8 "OpenAI Founder: Short–Term AGI Is a Serious Possibility," by Tony Peng, Synced, 2018, http://mng.bz/j50a. "A Path to Unsupervised Learning Through Adversarial Networks," by Soumith Chintala, f Code, 2016, http://mng.bz/W0ag.

들 수 있다는 가능성도 많은 우려를 불러일으킵니다. 2018년 『뉴욕 타임스』에서 GAN을 취재한 「How an A.I. 'Cat-and-Mouse Game' Generates Believable Fake Photos」가 보도되었습니다. 기자 케이드 메츠Cade Metz와 키스 콜린스Keith Collins는 이 기사의 말미에서 세계 정상들의 발언을 담은 가짜 영상물 등의 사례를 들어 거짓이지만 그럴듯한 정보를 생성하고 퍼뜨리는 데에 GAN이 악용될 수 있다는 점을 지적했습니다. MIT에서 발행하는 『테크놀로지 리뷰』의 샌프란시스코 보도 국장 마틴 자일스Martin Giles는 2018년에 자신의 기사 「The GANfather: The Man Who's Given Machines the Gift of Imagination」에서 우려를 표하며 다른 잠재적 위험을 언급한 바 있습니다. 능숙한 해커는 GAN을 사용해 전례 없는 규모로 시스템의 취약점을 찾아 악용할 수 있다는 것입니다. 이러한 시사점을 고려하여 12장에서는 GAN의 윤리적 측면을 다룹니다.

GAN은 세상에서 이로운 일을 많이 할 수 있을 겁니다. 하지만 기술 혁신은 악용되기도 합니다. 이 책의 밑바탕에는 어떤 기술을 아예 없애버리는 것이 애시당초 불가능하므로 기술의 빠른 출현과 엄청난 잠재력을 사람들에게 알리는 게 중요하다는 철학이 깔려 있습니다.

이 책에서는 GAN으로 할 수 있는 일의 극히 일부만을 다룰 수밖에 없습니다. 이 책이 제공하는 필수 이론과 실용 기법을 활용해 여러분이 가장 흥미를 느끼는 분야의 어떤 측면이든 계속해서 탐구해나가기를 바랍니다.

이제 더 지체할 것이 없네요. GAN의 세계로 들어가봅시다!

1.5 마치며

- GAN은 두 네트워크 간의 경쟁 구도를 이용해 진짜 같은 데이터 샘플을 합성하는 딥러닝 기법입니다. 예를 들어, 진짜 같아 보이는 가짜 이미지를 만들어내는 것입니다. GAN을 구성하는 두 가지 네트워크는 다음과 같습니다.
  - 생성자: 훈련 데이터셋의 샘플과 구별이 안 되는 데이터를 생성해 판별자를 속이는 것을 목표로 합니다.
  - 판별자: 훈련 데이터셋에 속한 진짜 데이터와 생성자가 만든 가짜 데이터를 구별하는 것을 목표로 합니다.
- GAN은 패션, 의료, 사이버 보안 등 여러 분야에서 광범위하게 응용할 수 있습니다.

CHAPTER 2

오토인코더와 생성 학습

이 장에서는 다음 내용을 다룹니다.

• 잠재 공간으로 데이터를 인코딩하고(차원 축소) 그다음 차원 확장하기

• 변이형 오토인코더를 보면서 생성 모델링의 어려움을 이해하기

• 케라스와 오토인코더를 이용한 손글씨 숫자 생성하기

• 오토인코더의 한계와 GAN의 필요성 이해하기

> *이 장의 마무리 작업 중에 돌아가신 저의 할머니 오렐리 란그로바Aurelie Langrova께 이 장을 바칩니다. 그녀를 몹시 그리워할 것입니다.*
>
> *– 야쿠프*

이번 장이 왜 이 책에 포함되었는지 의아해할 수 있습니다. 여기에는 세 가지 핵심적인 이유가 있습니다.

생성 모델은 대부분 사람들에게 새로운 분야입니다.

머신러닝을 접하는 사람들은 보통 처음에 분류 문제를 배웁니다. 아마 분류 문제가 직관적인 편에 속하기 때문일 겁니다. 자연스럽게 실제처럼 보이는 새로운 샘플을 만들어내는 생성 모델은 이해하기 어렵습니다. 그래서 GAN을 본격적으로 다루기 전에 좀 더 쉬운 생성 모델을 다루는 장을 추가했습니다. 특히 오토인코더는 GAN의 원조 격에 가장 가깝고 자료와 연구 결과가 풍부합니다.

생성 모델은 매우 도전적입니다.

생성 모델링은 그간 잘 드러나지 않았었기 때문에 대부분의 사람들은 생성 모델의 전형적인 모습이나 어려운 점을 잘 모릅니다. 오토인코더는 여러 가지 면에서 흔히 배우는 모델(추후 다루게 될 명시적으로 목적 함수를 가진 모델)과 더 가깝지만 샘플의 품질을 평가하는 어려

움 등 GAN이 마주하는 난점을 오토인코더에서도 발견할 수 있습니다. 5장에서 이에 대해 더 자세히 다룹니다.

생성 모델은 오늘날 중요한 분야입니다.

오토인코더는 나름의 용도가 있습니다. 오토인코더는 여전히 활발히 연구가 진행되는 분야이고 몇몇 분야에서 최첨단의 성과를 내며 많은 GAN 구조에 사용되고 있습니다. 9장에서 다루는 CycleGAN처럼 여러 GAN 구조가 오토인코더에서 영감을 받았습니다.

2.1 생성 모델링 시작하기

딥러닝이 픽셀 데이터를 어떻게 클래스 예측으로 바꾸는지 알고 있을 것입니다. 예를 들어, 이미지의 픽셀을 담은 행렬 세 개(색상 채널당 하나씩)를 변환 시스템에 보내서 마지막에 숫자를 하나 얻습니다. 그런데 반대 방향이 필요하다면 어떨까요?

생성하고 싶은 이미지를 먼저 계획한 다음 변환 과정의 끝에서 이미지를 얻습니다. 이것이 가장 간단한 비정형 형태의 생성 모델링입니다. 이 책에서 조금 더 깊에 다루어보겠습니다.

좀 더 형식적으로 표현해볼까요? 여러분의 특정한 계획 z가 (여기서는 0과 9 사이의 숫자에 해당하는 값을 가지고 있다고 합시다) 생성된 샘플인 $x*$에 도달하려 한다고 해봅시다. 이상적으로 이 $x*$은 실제 샘플인 x와 다를 바 없이 진짜처럼 보일 것입니다. z는 잠재 공간$^{latent\ space}$에 위치하며 항상 같은 결괏값 $x*$을 얻지 않도록 도와줍니다. 잠재 공간은 학습된 표현 방식입니다. 사람이 생각하는 방식과 비슷합니다. 다른 모델은 같은 데이터에서 다른 잠재 표현^{latent} ^{representation}을 학습할 것입니다.

1장에서 살펴본 랜덤한 잡음 벡터는 잠재 공간에서 얻은 샘플입니다. 잠재 공간은 데이터 포인트를 더 간단하게 표현한 숨겨진 표현 방식입니다. 이 잠재 공간은 z로 표시됩니다. 간단하다는 것은 더 낮은 차원이라는 뜻입니다. 예를 들어, 샘플의 차원인 768개의 숫자가 아니라 100개의 숫자를 가진 벡터 혹은 배열입니다. 데이터 포인트의 좋은 잠재 표현은 이 공간 속에서 유사한 것들끼리 묶는 데에 도움이 됩니다. 오토인코더에서 잠재^{latent}의 의미가 무엇인지에 대해서는 [그림 2-2]에서 살펴보겠습니다. 그리고 생성된 샘플에 어떻게 영향을 미치는지 [그림 2-6]

과 [그림 2-7]에서 확인할 수 있습니다. 그전에 오토인코더가 어떻게 작동하는지 알아보겠습니다.

2.2 오토인코더의 동작 방식

이름으로 추측해볼 수 있듯이 **오토인코더**autoencoder는 데이터를 자동으로 인코딩할 수 있게 도와줍니다. 오토인코더는 인코더와 디코더 두 부분으로 이루어져 있습니다. 이를 자세히 설명하기 위해 한 가지 활용 사례인 **압축**compression을 살펴봅시다.

머신러닝 개발자로서 자신의 경력에 대해 조부모님께 편지를 쓴다고 상상해봅시다. 한 페이지에 조부모님이 모든 것을 이해할 수 있도록 설명해야 합니다. 조부모님이 가지고 있는 세상에 대한 지식과 믿음도 고려해야 합니다.

조부모님께서 극심한 기억상실증으로, 여러분이 뭘 하는지 전혀 기억하지 못한다고 가정해보죠. 문제가 훨씬 어려워집니다. 아마 모든 용어를 설명해야 할 겁니다. 예를 들어 조부모님이 편지를 읽고 고양이의 일상처럼 기본적인 내용은 이해할 수 있겠지만 머신러닝 개발자라는 개념은 매우 생소하게 느낄 것입니다. 다른 말로 하면 잠재 공간 z에서 $x*$로 조부모님이 학습한 변환은 거의 무작위로 초기화된 것입니다. 설명을 하기 전에 먼저 조부모님의 정신 구조를 다시 훈련해야 합니다. 조부모님의 오토인코더에 개념 x를 전달하여 의미 있는 $x*$을 다시 만들 수 있는지 관찰하는 식으로 훈련합니다. 여기서 **재구성 손실**reconstruction loss ($\| x - x* \|$)이라 부르는 오차를 측정할 수 있습니다.

사람은 알고 있는 개념을 설명하는 데에 많은 시간을 쓰지 않기 위해 데이터나 정보를 매일 압축합니다. 인간의 의사소통은 오토인코더로 가득 차 있지만 문맥에 종속적입니다. 머신러닝 모델이 무엇인지 조부모님에게는 설명해야 하지만 개발자 동료에게는 설명할 필요가 없습니다. 즉 사람의 어떤 잠재 공간은 문맥에 따라 다른 잠재 공간보다 더 적절합니다. 상대방의 오토인코더가 이미 이해하고 있는 간결한 표현으로 바로 넘어갈 수 있기 때문입니다.

반복되는 개념은 직위나 직책같이 사전에 동의한 추상적인 표현으로 단순화하는 것이 유용하기 때문에 압축합니다. 오토인코더는 체계적이고 자동적으로 효율적인 정보 패턴을 찾아내고 이를 이용해 정보 처리량을 늘립니다. 결과적으로 보통 훨씬 낮은 차원인 z만 전송하면 되므로 대역폭^{bandwidth}을 절약할 수 있습니다.

정보 이론^{information theory}의 관점에서 보면, 이해하는 데 너무 손해보지 않으면서도 (서면 혹은 구두 의사소통의) 정보 병목^{information bottleneck} 지점을 통해서 최대한 많은 정보를 전달하려는 것입니다. 마치 가족만 이해할 수 있는, 가족 간에 자주 논의했던 주제에 최적화된 비밀스러운 방법을 생각할 수 있습니다.[1] 대부분의 단어들이 사실은 엄청나게 문맥에 의존적인 복잡성을 가지고 있지만 여기에서는 편의상 그리고 압축에 초점을 맞추기 위해서 단어가 명시적 모델이라는 사실을 무시했습니다.

> NOTE_ **잠재 공간**은 데이터의 숨겨진 표현^{hidden representation}입니다. 단어나 이미지(예를 들어 'machine learning engineer' 혹은 이미지의 JPEG 코덱 등)를 압축하지 않고 표현하는 대신 오토인코더는 데이터에 대한 이해를 기반으로 데이터를 구분하고 압축합니다.

2.3 GAN과 오토인코더 비교하기

오토인코더의 특징 중 하나는 손실 함수 하나로 모델 전체를 훈련한다는 점입니다. 반면 GAN은 생성자와 판별자에 각각 다른 손실 함수를 사용합니다. GAN과 비교했을 때 오토인코더가 어디에 위치해 있는지 알아보겠습니다. [그림 2-1]에서 볼 수 있듯이 두 생성 모델은 인공지능과 머신러닝의 부분 집합입니다. 오토인코더(혹은 변이형 오토인코더)에는 명시적인 최적화 함수(비용 함수)가 있습니다. 하지만 GAN에는 (곧 다루겠지만) 평균 제곱 오차^{mean squared error}(MSE), 정확도, ROC 곡선 아래의 면적같이 최적화하기 위한 간단한 명시적 지표가 없습니다.[2] 대신 GAN은 함수 하나가 아니라 경쟁하는 두 가지 목적을 가집니다.

---

1 실제로 유럽의 유명 금융 가문인 로스차일드 가문에서 편지를 쓸 때 가문 사람들만 이해할 수 있는 방법을 사용했습니다. 이것이 로스차일드 가문이 금융계에서 성공할 수 있었던 이유입니다.

2 비용 함수(손실 함수 혹은 목적 함수)가 최적화 또는 최소화하려는 대상입니다. 예를 들어 통계학에서는 평균 제곱근 오차(root mean square error, RMSE)가 이에 해당합니다. 평균 제곱근 오차는 샘플의 실제 값과 예측 값 사이 오차의 제곱근을 출력하는 수학 함수입니다.
   통계학에서는 일반적으로 거짓 양성과 거짓 음성을 다양하게 조합하여 분류기를 평가합니다. AUC(area under the curve) 점수를 사용하면 도움이 됩니다. 더 자세한 내용은 이 책의 범위를 넘어서므로 위키백과에 있는 훌륭한 설명을 참고하세요.

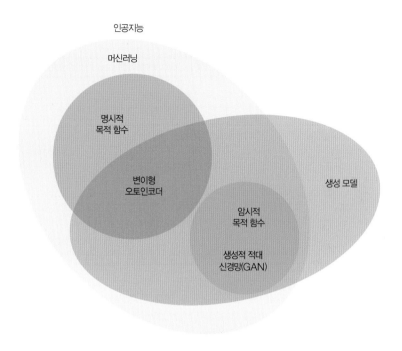

그림 2-1 인공지능 분야에서 GAN과 오토인코더의 위치. 연구자에 따라 다르게 그릴 수 있지만 이런 논쟁은 학계에 맡기 겠습니다.

2.4 오토인코더 구성

오토인코더 구조를 살펴보기 위해 이미지를 예로 들었습니다. 하지만 다른 경우에도 적용할 수 있습니다(예를 들어 조부모님께 썼던 편지 같은 언어 영역). 머신러닝 분야의 다른 많은 발전처럼 고수준 오토인코더의 개념도 직관적이고 [그림 2-2]에 있는 것처럼 간단한 단계로 구성됩니다.

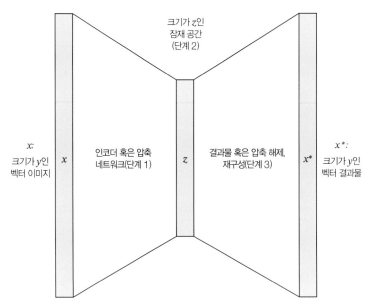

그림 2-2 앞서 다룬 편지 예시에서 오토인코더는 다음 단계를 따릅니다. 단계 1은 머신러닝에 관해 아는 것을 모두 압축하고, 단계 2는 잠재 공간을 만듭니다(할머니에게 편지를 씁니다). 디코더인 할머니의 이해력으로 편지를 읽고, 단계 3은(손실이 있지만) 의미하는 바를 재구성합니다. 원래 입력(여러분의 생각)이 (할머니 머릿속에 있는) 동일한 공간에 표현됩니다.

- 단계 1: 인코더 네트워크. 학습된 인코더(보통 단층 혹은 다층 네트워크)를 사용해 표현 x(예를 들어, 이미지)의 차원을 y에서 z로 낮춥니다.
- 단계 2: 잠재 공간(z). 훈련을 함에 따라 잠재 공간이 어떠한 의미를 가지도록 구성됩니다. 잠재 공간은 보통 작은 차원으로 표현되며 중간 단계의 역할을 합니다. 여기서 만든 데이터의 표현으로 오토인코더가 '생각을 체계화'합니다.
- 단계 3: 디코더 네트워크. 디코더를 이용해 입력 객체를 원본 차원으로 재구성합니다. 일반적으로 인코더를 거꾸로 뒤집은 네트워크로 구성합니다. 이 단계는 z에서 $x*$까지 인코딩 과정을 거꾸로 적용합니다. 예를 들어 잠재 공간의 256 픽셀 크기 벡터에서 (28 × 28 이미지의) 784 픽셀 크기로 재구성됩니다.

다음은 오토인코더 훈련의 예시입니다.

1 이미지 x를 오토인코더에 입력합니다.

2 재구성된 이미지 $x*$을 얻습니다.

3 x와 $x*$의 차이인 재구성 손실을 측정합니다.

   a. x와 $x*$의 픽셀 간 거리(예를 들어, 평균 제곱 오차)를 사용합니다.

   b. 경사하강법으로 최적화하기 위한 명시적 목적 함수($\| x - x* \|$)가 됩니다.

즉, 재구성 손실을 최소화하는 인코더와 디코더의 파라미터를 경사하강법으로 업데이트하여 찾습니다.

자, 이게 끝입니다. 오토인코더가 왜 유용하고 중요한지 이제 이해할 수 있을 겁니다. 너무 놀라지는 마세요.

2.5 오토인코더 활용

오토인코더는 간단하지만 관심을 기울여야 할 이유는 많습니다.

먼저, 공짜로 압축된 표현을 얻습니다! [그림 2-2]의 중간인 단계 2는 잠재 공간 차원에서 지능적으로 축소된 이미지 또는 객체이기 때문입니다. 이론상으로 원본의 입력보다 수십 배 작을 수 있습니다. 손실이 없는 것은 아니지만 필요하면 이 부수 효과를 사용할 수 있습니다.

잠재 공간을 사용하면 많은 실용적인 애플리케이션을 생각해볼 수 있습니다. 예를 들어 축소된 잠재 공간에서 아이템과 타깃 클래스의 유사도를 빠르게 확인할 수 있는 **1 클래스 분류기**one-class classifier(이상치 탐지 알고리즘)가 있습니다. 검색(정보 검색) 혹은 이상치 탐지(잠재 공간 안에서 거리 비교) 분야에 적용할 수 있습니다.

또 다른 사용 예는 데이터 노이즈 제거 및 흑백 이미지 채색입니다.[3] 제2차 세계 대전 당시의 옛날 사진이나 영상에 있는 노이즈를 제거하고 흑백 사진에 색을 입힐 수 있습니다. 비슷하게 GAN도 이런 종류의 애플리케이션에 뛰어난 성능을 보입니다.

BEGAN[4] 같은 일부 GAN은 오토인코더를 구조의 일부로 사용해 훈련을 안정화합니다. 뒤에서 다루겠지만 이는 매우 중요합니다.

오토인코더 훈련은 레이블된 데이터가 필요하지 않습니다. 다음 절에서 이 내용과 비지도 학습의 중요성에 관해 이야기할 것입니다. 이는 **자기 훈련**self-training이고 레이블링하지 않아도 되므로 편리합니다.

3　흑백 이미지 채색에 관해서는 에밀 월너(Emile Wallner)의 깃허브 저장소 'Coloring Greyscale Images(http://mng.bz/6jWy)'를 참고하세요.
4　BEGAN은 경계 평형(boundary equilibrium generative adversarial network)의 머리글자입니다. 이 흥미로운 GAN 구조는 오토인코더를 사용한 최초의 GAN 중 하나입니다.

마지막으로 오토인코더를 사용해 새로운 이미지를 생성할 수 있습니다. 오토인코더는 숫자에서 얼굴, 침실까지 어디에나 적용할 수 있습니다. 보통 이미지의 해상도가 높을수록 결과물은 흐릿해져 성능이 떨어집니다. 잠시 후에 보겠지만 MNIST 데이터셋이나 다른 저해상도 이미지에서는 오토인코더가 잘 작동합니다. 곧 코드를 살펴보겠습니다!

> NOTE_ **MNIST 데이터 베이스**Modified National Institute of Standards and Technology database는 손글씨 숫자 데이터셋입니다. 이 데이터셋은 컴퓨터 비전 논문에서 자주 사용됩니다. 위키백과(https://ko.wikipedia.org/wiki/MNIST_데이터베이스)의 설명을 참고하세요.

이 모든 것은 보유한 데이터에서 새로운 표현을 찾기 때문에 가능합니다. 이 표현은 압축된 핵심 정보를 제공합니다. 하지만 잠재 공간의 표현을 기반으로 새로운 데이터를 생성하거나 조작하는 것도 쉽습니다.

2.6 비지도 학습

이전 장에서 용어를 언급하지는 않았지만 이미 비지도 학습에 대해 이야기했습니다. 이번 절에서 조금 더 자세히 알아보겠습니다.

> NOTE_ **비지도 학습**unsupervised learning은 데이터의 의미를 나타내는 레이블 없이 데이터 자체에서 학습하는 머신러닝 기법입니다. 예를 들어 군집은 데이터에 내재된 구조를 발견하는 비지도 학습 방법입니다. 하지만 이상치 탐지는 비정상 행위에 대한 레이블이 필요하므로 일반적으로 지도 학습입니다.

이번 절에서는 비지도 학습의 다른 점을 배웁니다. 비지도 학습에서는 특정한 목적으로 레이블링할 필요 없이 어떤 데이터든 사용할 수 있습니다. 각 샘플에 대해 주석을 달 필요 없이 인터넷에서 다운받은 이미지를 모두 넣어 관심 있는 표현을 얻을 수 있습니다. 예를 들면 '이 사진에 강아지가 있나요?' '자동차가 있나요?' 등입니다.

반면 지도 학습에서는 정확한 목적에 맞게 레이블을 달지 않으면 (거의) 모든 레이블이 쓸모 없습니다. 만약 구글 스트리트 뷰에서 자동차를 분류하는 분류기를 만드는 데 동물 이미지를 위한 레이블이 없다면, 동일한 데이터셋으로 동물을 분류하는 분류기를 훈련시키는 것은 불가능합니다. 동물들이 샘플 데이터에 자주 등장한다면 구글 스트리트 뷰 데이터셋에 동물을 위해 다시 레이블링해달라고 요청해야 합니다.

본질적으로 사용 사례를 알기 전에 먼저 데이터의 응용법에 대해 고민해봐야 하는데, 이는 어려운 문제입니다. 압축과 같은 종류의 작업에는 레이블링된 데이터가 항상 있습니다. 데이터 자체가 레이블입니다. 구글 연구 과학자이자 케라스 창시자인 프랑수아 숄레François Chollet와 같은 일부 연구자들은 이런 종류의 머신러닝 기법을 **자기 지도 학습**self-supervised learning이라고 부릅니다. 이 책에서 다루는 대부분의 레이블은 샘플 그 자체이거나 다른 데이터셋의 샘플입니다.

이 책에서 다루는 훈련 데이터는 레이블의 역할도 하므로 중요한 한 관점에서 보면 알고리즘 훈련이 훨씬 쉽습니다. 작업할 수 있는 데이터가 많을 뿐 아니라 레이블된 데이터를 얻기 위해 큰 금액을 지불하고 오랜 시간을 기다리지 않아도 됩니다.

2.6.1 오래된 아이디어에서 얻은 새로운 방법

머신러닝이란 분야의 역사를 생각하면 오토인코더 자체는 꽤 오래된 발상입니다. 하지만 요즘엔 모두가 딥러닝을 다루고 있기 때문에 인코더와 디코더에 성공적으로 딥러닝을 적용했다는 것이 놀랍지는 않습니다.

오토인코더는 네트워크 두 개로 이루어져 있습다. 인코더와 디코더입니다. 두 네트워크 모두 **활성화 함수**activation function[5]와 중간층을 가집니다. 이는 네트워크마다 2개의 가중치 행렬이 있다는 뜻입니다. 하나는 입력에서 중간층 사이에 있고 다른 하나는 중간층에서 잠재 표현 층 사이에 있습니다. 그다음 잠재 표현 층에서 중간층 사이에 그리고 중간층에서 출력층 사이에 있습니다. 만약 하나의 가중치 행렬만 갖고 있다면 이 과정은 **주성분 분석**principal component analysis (PCA)이라 부르는 분석 기법과 비슷합니다. 선형대수학을 알고 있다면 대체적으로 친숙한 분야일 것입니다.

---

5 이전 층에서의 계산 결과를 다음 층으로 전달하기 전에 활성화 함수를 통과시킵니다. 종종 $max(0, x)$로 정의된 ReLU(rectified linear unit) 함수를 활성화 함수로 선택합니다. 활성화 함수는 그 자체로 긴 설명이 필요하므로 여기서 깊이 다루지는 않습니다.

2.6.2 오토인코더를 사용해 데이터 생성하기

이 장의 서두에서 오토인코더를 사용해 데이터를 생성할 수 있다고 말했습니다. 정말 관심 있는 독자들은 잠재 공간을 뭔가 다른 목적으로 활용할 수 있지 않을까 생각했을지 모릅니다. 실제로 가능합니다(만약 이런 생각을 했다면 스스로 칭찬해도 좋습니다)!

그럼 본론으로 들어가봅시다. 조부모님께 쓴 편지 예시로 돌아가 이번에는 약간 다른 관점으로 생각해보겠습니다. 오토인코더를 생성 모델로 사용하는 것을 이해하는 것부터 시작하겠습니다. 예를 들어 직업이라는 개념이 디코더 네트워크의 입력이 되는 것을 상상해보세요. 종이에 쓰인 직업이라는 단어가 잠재 공간의 입력이고 조부모님의 머릿속에 있는 직업이라는 개념이 출력이 됩니다.

이때 잠재 공간 인코딩(조부모님의 독해력과 개념을 이해하는 능력이 연결된 종이에 쓰인 단어)이 조부모님 머릿속에서 개념을 생성하는 생성 모델이 됩니다. 편지는 영감 혹은 일종의 잠재 벡터의 역할을 합니다. 여기서 개념에 해당하는 출력은 원본 입력과 같은 고차원 공간에 존재합니다. 조부모님의 개념이 비록 약간은 다를지라도 여러분의 개념만큼이나 복잡합니다.

이미지 예시로 돌아와봅시다. 이미지 데이터셋에서 오토인코더를 훈련합니다. 인코더와 디코더를 튜닝하여 두 네트워크에 적합한 파라미터를 찾습니다. 또한 샘플이 잠재 공간에 표현되는 방식도 이해했습니다. 생성을 위해서는 인코더 부분을 잘라내고 잠재 공간과 디코더만을 활용합니다. 이 생성 과정을 [그림 2-3]에 그림으로 표현했습니다.

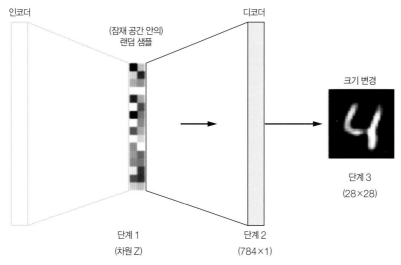

인코더

(잠재 공간 안의)
랜덤 샘플

디코더

크기 변경

단계 1
(차원 Z)

단계 2
(784×1)

단계 3
(28×28)

그림 2-3 훈련을 통해 샘플이 잠재 공간 안의 어디에 놓이는지 알고 있기 때문에, 모델이 이미 본 적이 있는 것과 유사한 샘플을 쉽게 생성할 수 있습니다. 그렇지 않더라도 잠재 공간에서 반복이나 그리드 탐색을 통해 모델이 생성할 수 있는 표현의 종류를 결정할 수 있습니다.[6]

2.6.3 변이형 오토인코더

변이형 오토인코더variational autoencoder(VAE)와 일반 오토인코더의 차이는 무엇일까요? 이는 잠재 공간과 관련이 있습니다. 변이형 오토인코더는 잠재 공간을 단순한 수의 집합이 아닌 학습된 평균과 표준편차를 지닌 분포로 표현합니다. 일반적으로는 다변수 가우스 분포multivariate Gaussian distribution를 택하는데, 이게 정확히 무엇인지 왜 다른 분포가 아닌 이 분포를 택하는지가 지금 중요한 것은 아닙니다. 가우스 분포가 무엇인지 알고 싶다면 [그림 2-5]를 참고하세요.

통계를 잘 아는 사람이라면 눈치챘겠지만 변이형 오토인코더는 베이즈Bayesian 이론에 기반한 머신러닝 기법입니다. 실제로 이는 분포를 학습해야 한다는 뜻입니다. 이 때문에 제약이 추가됩니다. 다른 말로 하면 빈도 기반 오토인코더는 잠재 공간을 숫자의 배열로 학습하지만 변이형 오토인코더 같은 베이즈 오토인코더는 분포를 정의하는 데에 알맞은 파라미터를 찾습니다.

그다음 잠재 분포에서 샘플링하여 어떤 숫자를 얻습니다. 이 숫자를 디코더에 주입합니다. 이제 이 모델을 사용해 새로 생성했지만 원본 데이터셋에서 나온 듯한 샘플을 얻을 수 있습니다.

---

6 매트 레너드(Matt Leonard)의 깃허브에 게시된 단순 오토인코더 프로젝트에서 차용한 이미지 http://mng.bz/oNXM.

2.7 코드가 핵심이다

이 책에서는 인기 있는 고수준 딥러닝 API인 케라스Keras를 사용합니다. 케라스를 잘 배워두는 것이 좋습니다. 만약 아직 케라스를 써보지 않았다면, 필자가 종종 기고하는 'Towards Data Science'(http://towardsdatascience.com)를 비롯해 무료로 학습할 수 있는 자료가 온라인에 많이 있으니 참고하세요. 책으로 케라스를 배우고 싶다면 케라스 창시자인 프랑수아 솔레가 직접 쓴『케라스 창시자에게 배우는 딥러닝』(길벗, 2018)을 추천합니다.

케라스는 텐서플로, 마이크로소프트 CNTKMicrosoft Cognitive Toolkit, 시애노Theano와 같은 여러 가지 딥러닝 프레임워크를 위한 고수준 API입니다.[7] 케라스는 사용하기 쉽고 고수준에서 추상적으로 작업할 수 있기 때문에 곱셈, 편향biasing, 활성화, 풀링pooling[8] 연산을 일일이 기록하거나 변수 범위에 대해 걱정할 필요 없이 개념에 집중할 수 있습니다.

그림 2-4 컴퓨터 비전 연구자들의 사고 방식을 충분히 보여주는 사진[9]

---

7 옮긴이_ 이를 멀티백엔드(multi-backend) 케라스라고 부릅니다. 케라스 2.4 버전부터는 멀티백엔드를 지원하지 않습니다. 케라스의 공식적인 권고 사항에 맞춰 번역서는 텐서플로 2.x에 포함된 tf.keras를 사용합니다.

8 풀링은 여러 개의 입력을 더 적게 만들어주는 층 연산입니다. 예를 들어, 4개의 수를 가진 행렬에서 최댓값 하나를 얻는 것입니다. 복잡도를 줄이기 위해 컴퓨터 비전에서 흔히 행하는 작업입니다.

9 Artificial Intelligence Memes for Artificial Intelligence Teens on Facebook, http://mng.bz/vNjM.

케라스의 장점과 케라스로 얼마나 간단하게 신경망을 작성할 수 있는지 보여주기 위해 가장 간단한 변이형 오토인코더를 예로 살펴보겠습니다.[10] 이 튜토리얼에서는 함수 지향적 접근 방식을 사용하는 케라스의 함수형functional API로 딥러닝 코드를 작성합니다. 하지만 더 복잡해지면 나중에 다른 튜토리얼에서 시퀀셜sequential API를 사용하는 법도 소개하겠습니다.

이 예제의 목적은 잠재 공간을 기반으로 손글씨 숫자를 생성하는 것입니다. 잠재 공간 벡터를 입력으로 받는 predict() 메서드를 사용해 새로운 손글씨 숫자 샘플을 생성하는 생성자 또는 디코더를 만들겠습니다. 물론 다른 데이터셋을 생각하길 원치 않으므로 MNIST를 이용합니다. [그림 2-4]를 참고하세요.

다음 코드와 같이 먼저 필요한 모든 라이브러리를 임포트import합니다. 참고로 이 코드는 텐서플로 2.2.0 버전에서 테스트했습니다.[11]

코드 2-1 기본 임포트

```
from tensorflow.keras.layers import Input, Dense, Lambda
from tensorflow.keras.models import Model
from tensorflow.keras import backend as K
from tensorflow.keras import metrics
from tensorflow.keras.datasets import mnist
import numpy as np
```

다음 단계는 [코드 2-2]에서 볼 수 있듯이 전역 변수와 하이퍼파라미터hyperparameter를 설정하는 것입니다. 아마 이 값들이 눈에 익을 것입니다. 원래 이미지 크기는 28 × 28입니다. 그다음 MNIST 데이터셋의 이미지를 평평하게 만들어 784(28 × 28) 크기의 벡터를 얻습니다. 여기에서는 256개의 노드를 가진 하나의 중간층을 사용합니다. 하지만 다른 크기도 실험해보세요. 그게 바로 하이퍼파라미터를 사용하는 이유니까요!

---

10 이 예제는 케라스 깃허브에 있는 코드(http://mng.bz/nQ4K)를 간소화한 것입니다.

11 옮긴이_ 번역서의 코드는 최신 텐서플로에 맞춰 업데이트됩니다. 번역서 깃허브(https://bit.ly/gan-git)를 참고하세요.

코드 2-2 하이퍼파라미터 설정하기

```
batch_size = 100
original_dim = 784        ◀━┤ MNIST 이미지의 높이 × 너비
latent_dim = 2
intermediate_dim = 256
epochs = 50               ◀━┤ 에포크 횟수
epsilon_std = 1.0
```

[코드 2-3]에서 인코더를 만들기 시작합니다. 이를 위해 케라스의 함수형 API를 사용합니다.

> **NOTE_** 함수형 API는 파이썬의 특수 메서드인 **__call__()** 메서드를 사용합니다. 이 메서드는 객체를 함수처럼 사용할 때 호출됩니다.

간단히 말해 이전 출력을 매개변수로 사용하여 각 층을 호출합니다. 예를 들어 h층은 x를 입력으로 받습니다. 마지막에 모델을 컴파일하고 시작 지점(x)과 끝나는 지점([z_mean, z_log_var, z])을 알려주면 케라스는 입력과 최종 출력이 어떻게 연결되는지 이해하게 됩니다. [그림 2-2]에서 z는 잠재 공간이고 평균과 분산에 의해 정의되는 정규분포에 해당한다는 것을 기억하세요. 이제 인코더를 정의해보겠습니다.[12]

코드 2-3 인코더 만들기

```
x = Input(shape=(original_dim,), name="input")   ◀━┤ 인코더 입력
h = Dense(intermediate_dim, activation='relu', name="encoding")(x)   ◀━┤ 중간층
z_mean = Dense(latent_dim, name="mean")(h)        ◀━┤ 잠재 공간의 평균을 정의합니다.
z_log_var = Dense(latent_dim, name="log-variance")(h) ◀━┐
                           잠재 공간의 로그 분산을 정의합니다. │

z = Lambda(sampling, output_shape=(latent_dim,))([z_mean, z_log_var]) ◀━┐
                  텐서플로 백엔드를 사용할 때는 output_shape이 꼭 필요한 것은 아닙니다. │

encoder = Model(x, [z_mean, z_log_var, z], name="encoder") ◀━┐
                           케라스 모델로 인코더를 정의합니다. │
```

---

12 이는 브란코 블라고예비치(Branko Blagojevic)에게서 영감을 얻은 것입니다. 이런 제안을 해준 브란코에게 고맙습니다.

이제 조금 까다로운 부분입니다. 잠재 공간에서 샘플링한 정보를 디코더에 주입하겠습니다. z_mean과 z_log_var가 어떻게 연결되어 있는지 생각해보세요. 둘 다 노드가 2개인 밀집 층에 연결되어 있습니다. 이 노드는 정규분포의 특징을 정의하는 평균과 분산입니다. 앞의 샘플링 함수는 다음 코드와 같이 구현되어 있습니다.

코드 2-4 샘플링 함수 만들기

```
def sampling(args: tuple):
    z_mean, z_log_var = args
    epsilon = K.random_normal(shape=(K.shape(z_mean)[0], latent_dim), mean=0.,
                              stddev=epsilon_std)
    return z_mean + K.exp(z_log_var / 2) * epsilon
```

다른 말로 하면 평균(μ)과 표준편차(σ)를 학습하는 것입니다. 하나의 z가 샘플링 함수를 통해 z_mean, z_log_var와 연결되어 있습니다.

이 구현으로 효율적인 훈련과 샘플링을 할 수 있고 결국 멋진 그림을 얻게 됩니다. 생성 단계에서는 학습된 파라미터로 정의된 분포에서 샘플링을 하고 이 값을 디코더에 주입하여 출력을 얻습니다. 나중에 그림으로 확인해보겠습니다. 분포 또는 **확률 밀도 함수**^{probability density function}가 가물가물한 독자를 위해 [그림 2-5]에 2차원 가우스 분포의 예시 몇 개를 그려놓았습니다.

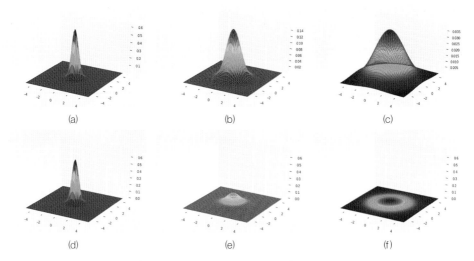

그림 2-5 다변수(multivariate, 2D) 분포의 모습을 상기하기 위해 이변수(bivariate) 가우스 분포의 확률 밀도 함수를 그래프로 그렸습니다. 분산이 다른 것을 제외하고는 상관관계가 없는 2D 정규분포입니다. (a)는 분산이 0.5이고 (b)는 1, (c)는 2입니다. (d), (e), (f)는 각각 (a), (b), (c)와 같은 분포입니다. 다만 z축을 0.7로 제한했습니다. 이 함수는 각 포인트가 일어날 확률을 나타냅니다. 따라서 (a)와 (d)가 중앙 부분에 가능성이 집중되어 있고 (c)와 (f)는 원점 (0, 0)에서 멀리 떨어진 값이 발생할 가능성이 있습니다. 하지만 발생 가능성은 낮습니다.

이제 잠재 공간을 정의하는 것이 무엇이고 이 분포들이 어떻게 생겼는지 이해했으니 디코더를 작성해보겠습니다. 변수로 각 층을 선언했기 때문에 나중에 생성 과정에 재활용할 수 있습니다.

코드 2-5 디코더 만들기

```
input_decoder = Input(shape=(latent_dim,), name="decoder_input")    ◀── 디코더 입력
decoder_h = Dense(intermediate_dim, activation='relu',    ◀── 잠재 공간을 중간층의 차원으로
                  name="decoder_h")(input_decoder)              변환합니다.
x_decoded = Dense(original_dim, activation='sigmoid',    ◀── 원본 차원으로 변환합니다.
                  name="flat_decoded")(decoder_h)
decoder = Model(input_decoder, x_decoded, name="decoder")    ◀──
                                    케라스 모델로 디코더를 정의합니다.
```

이제 인코더와 디코더를 연결하여 하나의 변이형 오토인코더 모델을 만듭니다.

코드 2-6 모델 결합

```
output_combined = decoder(encoder(x)[2])    ◀──┤ 인코더의 출력을 디코더에 사용합니다.
vae = Model(x, output_combined) ◀──┤ 입력과 출력을 연결합니다.    인코더의 3번째 반환 값이 z입니다.
vae.summary() ◀──┤ 모델 구조를 출력합니다.
```

그다음 머신러닝에서 익숙한 부분입니다. 오토인코더를 훈련하기 위해 손실 함수를 정의합니다.

코드 2-7 손실 함수를 정의합니다.

```
kl_loss = -0.5 * K.sum(
    1 + z_log_var - K.exp(z_log_var) - K.square(z_mean),
    axis=-1)

vae.add_loss(K.mean(kl_loss) / 784.)
vae.compile(optimizer='rmsprop', loss="binary_crossentropy")    ◀──┤ 마지막으로 모델을 컴파일합니다.
```

여기서 **이진 교차 엔트로피**binary cross-entropy와 **쿨백–라이블러 발산**Kullback–Leibler divergence(이하 KL 발산)을 더해서 전체 손실을 만듭니다. KL 발산은 분포 간의 차이를 측정합니다. [그림 2-5]에서 두 분포의 부피를 계산한 다음 겹치는 부분의 부피를 측정한다고 생각하세요. 이진 교차 엔트로피는 클래스가 두 개인 분류 문제에서 사용하는 전형적인 손실 함수 중 하나입니다. 여기서 단순히 x의 흑백 픽셀 값을 재구성된 x_decoded_mean의 값과 각각 비교합니다. 다음 노트를 읽고도 여전히 이 문단을 이해하기 어려워도 괜찮습니다. 분포 간의 차이를 측정하는 방법에 관해서는 5장에서 자세히 다루겠습니다.

> **NOTE_** 자세한 내용을 알고 싶거나 정보 이론에 익숙한 독자를 위해 설명하면 **상대적 엔트로피**relative entropy라고도 부르는 **KL 발산**은 두 분포 간의 교차 엔트로피와 자기 자신의 엔트로피 간의 차이를 측정하는 것입니다. 정보 이론에 익숙하지 않다면 두 분포를 그렸을 때 겹치지 않는 부분이 KL 발산에 비례하는 면적이라고 이해하면 됩니다.

그리고 모델이 x에서 시작해 **x_decoded_mean**에서 끝나도록 정의합니다. 이 모델은 RMSprop 을 사용해 컴파일하지만 Adam이나 기본 확률적 경사 하강법stochastic gradient descent (SGD)을 이용할 수도 있습니다. 다른 딥러닝 시스템과 같이 오차를 역전파하여 파라미터 공간을 탐색합니다. 항상 어떤 종류의 경사 하강법을 사용하지만 일반적으로 Adam, SGD, RMSprop 이외의 것을 사용하는 경우는 드뭅니다.

> NOTE_ **확률적 경사 하강법**은 오차에 기여한 정도를 바탕으로 가중치를 업데이트하여(예측이 100% 맞았을 경우 업데이트되지 않습니다) 복잡한 모델을 훈련할 수 있는 최적화 기법입니다. 이와 관련해서는 『케라스 창시자에게 배우는 딥러닝』(길벗, 2018)과 같은 책을 참고하세요.

모델을 훈련하기 전에 훈련/테스트 세트를 분할하고 입력을 정규화화하는 기본 과정을 따르겠습니다.

코드 2-8 훈련/테스트 세트 분할하기

```
(x_train, y_train), (x_test, y_test) = mnist.load_data()

x_train = x_train.astype('float32') / 255.
x_test = x_test.astype('float32') / 255.
x_train = x_train.reshape((len(x_train), np.prod(x_train.hape[1:])))
x_test = x_test.reshape((len(x_test), np.prod(x_test.shape[1:])))
```

데이터를 정규화하고 훈련 세트와 테스트 세트의 크기를 바꾸어 하나의 샘플이 28 × 28 행렬이 아니라 784 크기의 배열로 만듭니다.

그리고 실제와 같은 (정렬되지 않은) 데이터셋을 만들기 위해 데이터를 섞는 옵션(**shuffle**)과 함께 **fit** 메서드를 적용합니다.

```
vae.fit(x_train, x_train,
        shuffle=True,
        epochs=epochs,
        batch_size=batch_size)
```

다 됐습니다!

전체 코드는 이 잠재 공간를 흥미롭게 시각화합니다. 주피터 노트북이나 구글 코랩으로 살펴보기 바랍니다. 자 이제 긴장 풀고 쉬면서 진행 과정을 지켜봅시다. 훈련이 끝나면 [그림 2-6]에 나와 있는 것처럼 2D 평면에 그려진 잠재 공간의 값을 볼 수 있습니다.

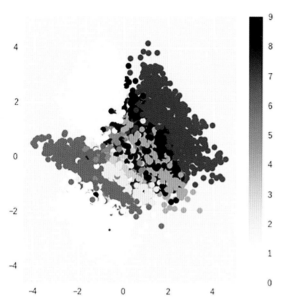

그림 2-6 테스트 세트의 모든 포인트를 잠재 공간으로 클래스를 유지하면서 이차원 투영했습니다. 이 그림은 2차원 잠재 공간을 그래프에 보여줍니다. 우측의 범례에 맞춰 생성된 샘플의 클래스를 색으로 표현했습니다. 클래스별로 잘 무리지어 있으므로 이 잠재 공간은 좋은 표현입니다.

또한 잠재 공간에서 일정한 간격으로 값을 증가시켜 생성한 출력을 살펴볼 수 있습니다. 예를 들어 두 차원에서 0.15씩 선형적으로 늘리는 식으로 0.05에서 0.95까지 바뀌었을 때 시각화가 [그림 2-7]에 나타나 있습니다. 이 경우 두 축을 반복하기 위해 2차원 가우스 분포를 사용한다는 것을 기억하세요. 한 번 더 언급하지만 시각화 코드는 주피터 노트북이나 구글 코랩을 참고하길 바랍니다.

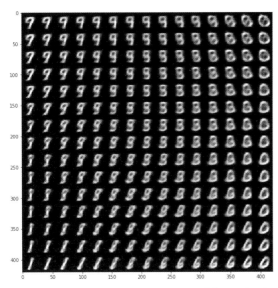

그림 2-7 일정한 간격으로 나눈 잠재 공간의 값을 추출하고 디코더로 전달해 이 그림을 생성했습니다. 이 그림은 z에 따라 결과가 얼마나 달라지는지 잘 보여줍니다.

2.8 왜 GAN일까?

이쯤해서 책을 마무리해도 될 것 같은 느낌입니다. 성공적으로 MNIST 이미지를 생성했고 다른 예제를 위한 테스트로 충분할 것입니다. 여기서 책을 끝내기 전에 이 책의 나머지 부분에서는 무엇을 다루는지 설명하겠습니다.

[그림 2-8]과 같은 1차원 **양봉**bimodal 분포가 있다고 가정해봅시다(이전처럼 주어진 점에서 0과 1 사이의 확률을 나타내는 간단한 수학 함수로 생각하세요. 함수 값이 높을수록 더 많은 점들이 샘플링됩니다).

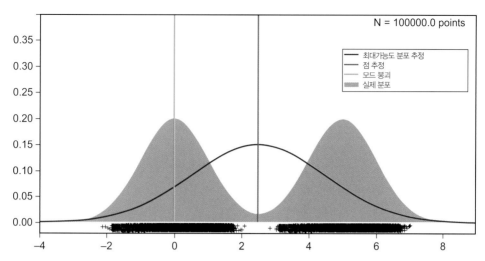

그림 2-8 최대 가능도, 점 추정, 실제 분포. (이론상의) 회색 분포는 모드(mode)가 하나가 아니라 두 개입니다. 하지만 가정을 하기 때문에 잘못된 모델을 만듭니다. 아니면 모드 붕괴가 일어납니다. 5장을 위해 기억해두세요. VAE나 초기 GAN처럼 KL을 사용할 때 일어납니다.

실제 분포에서 여러 샘플을 뽑아야 하지만 이를 구성하는 실제 모델은 모릅니다. 어떤 분포가 이런 샘플을 생성하는지 추론하지만 몇 가지 이유로 실제 분포는 단순한 가우스 분포라고 가정하고 평균과 분산을 추정합니다. 하지만 모델이 올바르지 않기 때문에(이 경우 이 샘플의 모드에 대한 가정이 틀렸습니다) 많은 문제에 봉착하게 됩니다. 예를 들어, 전통적인 통계 기법인 **최대 가능도 추정**maximum likelihood estimation을 적용해 이 분포의 모드가 하나라고 추정하면 (어떤 면에서는 이것이 변이형 오토인코더가 하는 일입니다) 잘못된 추정을 하게 됩니다. 모델을 잘못 설정했으므로[13] 두 분포의 평균에 가까운 정규분포를 추정합니다. 이를 **점 추정**point estimate이라 부릅니다. 최대 가능도 추정은 서로 다른 두 분포가 있다는 점을 알지 못합니다. 따라서 오류를 최소화하려고 점 추정 근처에 **꼬리가 두꺼운**fat-tailed 정규분포를 형성합니다. 이것이 사소하게 보일 수 있지만 매우 고차원 공간에서 모델을 만든다는 점을 항상 기억하세요. 이 때는 간단하지 않습니다!

> **NOTE_ 양봉**이란 정점 혹은 모드가 두 개 있는 것을 말합니다. 이 개념은 5장에서 유용하게 쓰일 것입니다. 위 예시에서는 평균이 0과 5인 두 개의 정규분포로 전체 분포를 구성했습니다.

---

13 크리스토퍼 비숍(Christopher Bishop)의 『Pattern Recognition and Machine Learning』(Springer, 2011) 참고.

흥미롭게도 점 추정 또한 틀릴 것이며 실제 분포에서 샘플링할 데이터가 없는 곳에 위치해버릴 수 있습니다. 샘플(검정색 + 기호)을 살펴보면 평균으로 추정한 곳에는 실제 샘플들이 나타나지 않습니다. 꽤나 골칫거리입니다. 앞서 다룬 오토인코더로 돌아가 [그림 2-6]을 보면 잠재 공간의 원점 주변에서 학습된 2차원 정규분포가 보이나요? 만약 연예인 얼굴 사진들을 훈련 데이터에 추가하면 어떨까요? 두 데이터 분포에 생각한 것보다 더 많은 모드가 있을 수 있으므로 쉽게 중심을 추정하지 못합니다. 결과적으로 변이형 오토인코더가 어떻게든 이 두 데이터셋을 분리하려고 시도하기 때문에 분포의 중심 주변에서도 두 데이터셋을 이상하게 혼합한 결과를 만들 수 있습니다.

지금까지는 통계적 가정을 실수했을 때 미치는 영향에 대해서만 논의했습니다. 이것을 오토인코더가 생성한 이미지와 연관 짓기 위해 가우스 잠재 공간 z가 할 수 있는 것을 생각해봐야 합니다. 변이형 오토인코더는 가우스 분포를 사용해 바라보고 있는 데이터를 표현합니다. 하지만 가우스 분포는 중앙에서 3-표준편차 안에 99.7%의 확률 질량을 가지기 때문에 변이형 오토인코더 또한 안전한 중간 지대를 선택합니다. 변이형 오토인코더는 가우스 분포에 기반한 모델을 직접 만들려고 합니다. 하지만 현실은 꽤 복잡할 수 있기 때문에 변이형 오토인코더는 시나리오를 선택할 수 있는 GAN만큼 규모를 확대하지 못합니다.

[그림 2-9]에서 변이형 오토인코더가 안전한 중간 지대를 선택할 때 어떤 일이 벌어지는지 볼 수 있습니다. 연예인 얼굴 부분을 잘라내 정렬한 CelebA 데이터셋에서 변이형 오토인코더 모델은 계속 눈이나 입 같은 얼굴의 특징을 잘 드러내지만 배경에는 실수가 있습니다.

한편 GAN은 실제 데이터 분포를 함축적이고 분석하기 까다롭게 이해하고 있습니다. 5장에서 보겠지만 변이형 오토인코더는 직접 최대 가능도를 추정하는 방법에 속합니다.

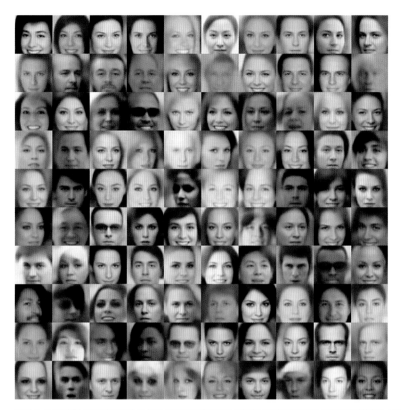

그림 2-9 변이형 오토인코더로 생성한 가짜 연예인 얼굴 사진들. 가장자리가 꽤 흐릿하게 배경과 섞여 있습니다. CelebA 데이터셋은 눈과 입과 같은 특징이 잘 나타나도록 정렬된 이미지이지만 배경은 다양하기 때문입니다. 변이형 오토인코더는 안전한 방식을 선택합니다. 안전한 픽셀 값을 선택하기 때문에 배경이 흐릿합니다. 이 픽셀 값은 손실을 줄이지만 좋은 이미지를 만들지는 못합니다.[14]

이 절의 내용이 타깃 데이터의 분포와 훈련 과정에서 분포가 의미하는 것에 대해 생각하는 데 도움이 되었길 바랍니다. 10장에서 이 가정에 대해 더 자세히 살펴보겠습니다. 여기에서 모델이 분포를 어떻게 채우는지 가정하고, 이 가정이 머신러닝 모델을 실패시키기 위해 악용되는 적대 샘플이 될 수 있는지 알아보겠습니다.

---

14 Zhenliang He의 VAE-TensorFlow, 깃허브 저장소, https://github.com/LynnHo/VAE-Tensorflow.

2.9 마치며

- 고수준에서 오토인코더는 인코더, 잠재 공간, 디코더로 구성됩니다. 오토인코더는 재구성된 데이터와 원본 데이터 사이의 거리를 측정하는 목표 함수를 사용해 훈련합니다.

- 오토인코더는 많은 애플리케이션이 있으며 생성 모델로 사용할 수 있습니다. 실제로는 GAN 같은 다른 방법이 생성 작업에 더 뛰어나기 때문에 오토인코더가 생성 모델로 주로 사용되지는 않습니다.

- 케라스(텐서플로의 고수준 API)를 이용해 손글씨 숫자를 생성하는 간단한 변이형 오토인코더를 만들었습니다.

- 변이형 오토인코더의 한계때문에 GAN을 사용해야 할 동기를 얻습니다.

CHAPTER 3

첫 번째 GAN 구현하기

이 장에서는 다음 내용을 다룹니다.

• GAN과 적대적 훈련의 이면에 있는 이론을 살펴봅니다.

• GAN과 합성곱 신경망의 차이점을 이해합니다.

• 케라스로 GAN을 구현하고 훈련하여 손글씨 숫자를 생성합니다.

이 장에서 기본적인 GAN 이론을 살펴봅니다. 자주 사용하는 수학 표기법도 소개합니다. 이 분야를 자세히 공부하려고 마음먹었다면 조금 더 이론적인 책이나 학술 논문을 읽을 때 이런 표기법을 만나게 됩니다. 5장같이 특히 조금 더 어려운 장을 위해 배경지식도 제공합니다.

하지만 실용적인 관점으로 보면 수학 표기법이나 배경지식 때문에 걱정할 필요가 없습니다. 마치 차를 운전하기 위해 내연 기관이 어떻게 작동하는지 알 필요가 없는 것과 같습니다. 케라스나 텐서플로는 이런 수학 개념을 패키지화하여 재사용할 수 있는 코드로 제공합니다.

이런 가이드는 이 책 전반에 걸쳐 반복됩니다. 또한 일반적인 머신러닝과 딥러닝 분야에서도 마찬가지입니다. 따라서 실전에 바로 뛰어들고 싶다면 이론 부분을 건너뛰고 코드 예제를 봐도 좋습니다.

3.1 GAN 기초: 적대적 훈련

생성자와 판별자는 신경망과 같은 미분가능한 함수로 표현됩니다. 이 신경망은 각자 자신만의 비용 함수를 가집니다. 판별자의 손실을 사용해 역전파로 두 네트워크를 훈련합니다. 판별자는 진짜와 가짜 샘플에 대한 손실을 최소화하려고 노력합니다. 반면 생성자는 자신이 생성한 가짜 샘플에 대해 판별자의 손실이 최대화되도록 노력합니다.

이 구조가 [그림 3-1]에 요약되어 있습니다. GAN이 무엇인지 어떻게 작동하는지 처음 설명한 1장의 그림보다 더 일반적인 버전입니다. 구체적인 손글씨 숫자 샘플 대신에 이 그림에서 일반적인 어떤 훈련 데이터셋도 이론적으로 가능합니다.

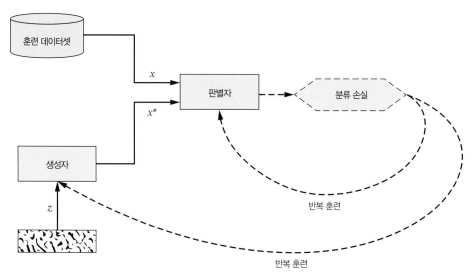

그림 3-1 GAN 구조 다이어그램. 생성자와 판별자 모두 판별자 손실을 사용해 훈련합니다. 판별자는 이 손실을 최소화하고 생성자는 자신이 생성한 가짜 샘플에 대해 이 손실을 최대화하려고 노력합니다.

생성자가 흉내 내려는 샘플의 종류는 훈련 데이터셋으로 결정됩니다. 예를 들어, 실제와 같은 고양이 이미지를 만드는 것이 목적이라면 GAN에 고양이 이미지 데이터셋을 주입해야 합니다.

조금 더 기술적으로 말하면 생성자의 목적은 훈련 데이터셋의 데이터 분포를 흉내 내는 샘플을 생성하는 것입니다.[1] 컴퓨터 입장에서 보면 이미지는 값을 담은 행렬에 불과합니다. 흑백 이미지는 2차원이고 컬러(RGB) 이미지는 3차원 행렬입니다. 화면에 그려질 때 이 행렬에 있는 픽셀 값이 이미지의 모든 시각적 요소를 표현합니다. 선, 모서리, 곡선 등입니다. 이 값들은 데이터셋에 있는 각 이미지에 복잡하게 걸쳐 있는 어떤 분포를 따릅니다. 어떤 분포도 따르지 않는다면 이미지는 랜덤한 잡음과 다를 바가 없습니다. **객체 인식**object recognition 모델은 이미지 콘텐츠를 이해하기 위해 이미지에 있는 패턴을 학습합니다. 이런 작업의 역과정으로 생성자를 생각할

---

1 "Generative Adversarial Networks," by Ian J. Goodfellow et al., 2014, https://arxiv.org/abs/1406.2661.

수 있습니다. 패턴을 인식하는 것이 아니라 패턴을 합성하는 것을 학습합니다.

3.1.1 비용 함수

표준 표기법을 따라서 $J^{(G)}$는 생성자의 비용 함수이고 $J^{(D)}$는 판별자의 비용 함수입니다. 두 네트워크의 훈련 파라미터(가중치와 절편)는 그리스 문자 세타(θ)로 나타냅니다. 생성자의 파라미터는 $\theta^{(G)}$이고 판별자의 파라미터는 $\theta^{(D)}$입니다.

GAN이 합성곱 신경망과 다른 점은 크게 두 가지입니다. 첫째, 전통적인 신경망의 비용 함수 J는 훈련 파라미터 θ의 항으로 정의합니다. 수학적으로 $J(\theta)$로 표현합니다. 이에 반해서 GAN의 두 네트워크는 비용 함수가 두 네트워크의 파라미터에 모두 의존합니다. 즉 생성자의 비용 함수는 $J^{(G)}(\theta^{(G)}, \theta^{(D)})$이고 판별자의 비용 함수는 $J^{(D)}(\theta^{(G)}, \theta^{(D)})$입니다.[2]

(첫 번째와 연관된) 두 번째 차이점은 전통적인 신경망은 훈련하는 동안 파라미터 θ를 모두 튜닝할 수 있습니다. GAN에서 각 네트워크는 자신의 가중치와 절편만 튜닝할 수 있습니다. 훈련하는 동안 생성자는 $\theta^{(G)}$만 튜닝할 수 있고 판별자는 $\theta^{(D)}$만 튜닝할 수 있습니다. 따라서 각 네트워크는 손실을 정의하는 것 중에 일부분만 제어합니다.

이를 조금 더 구체적으로 설명하기 위해 다음 비유를 생각해보죠. 회사에서 집까지 가는 길을 선택한다고 가정해보겠습니다. 교통 체증이 없다면 가장 빠른 방법은 고속도로입니다. 하지만 출퇴근 시간 동안에는 주변 도로가 더 나을 수 있습니다. 더 길고 구불구불하더라도 교통 체증으로 꽉 막힌 고속도로보다 더 빨리 집으로 갈 수 있습니다.

수학 문제로 바꾸어 말해보죠. 비용 함수 J를 집으로 가는 시간으로 정의하겠습니다. J를 최소화하는 것이 목적입니다. 회사를 떠나는 시간이 정해져 있어서 러시아워보다 일찍 떠나거나 늦게 떠날 수 없다고 가정하겠습니다. 따라서 바꿀 수 있는 파라미터 θ는 경로뿐입니다.

도로에 내 차뿐이라면 비용은 일반적인 신경망과 비슷합니다. 경로만 영향을 미치기 때문에 내 노력만으로 $J(\theta)$를 최적화할 수 있습니다. 하지만 이 방정식에 다른 차가 끼어들자마자 상황이 복잡해집니다. 집으로 가는 데 걸리는 시간은 내 결정뿐만 아니라 다른 운전자의 행동에 영향을 받기 때문입니다. 즉 $J(\theta^{(나)}, \theta^{(다른 운전자)})$가 됩니다. 생성자와 판별자 네트워크와 비슷하게

---

2 "NIPS 2016 Tutorial: Generative Adversarial Networks," by Ian Goodfellow, 2016, https://arxiv.org/abs/1701.00160.

이 '비용 함수'는 상호작용 인자에 영향을 받습니다. 이런 인자 중 어떤 것은 제어할 수 있지만 그렇지 않은 것도 있습니다.

3.1.2 훈련 과정

앞서 설명한 두 가지 차이점은 GAN 훈련 과정에 큰 영향을 가져올 수 있습니다. 전통적인 신경망 훈련은 최적화 문제입니다. 파라미터 공간에서 비용이 감소되는 근방의 포인트로 이동하는 식으로 일련의 파라미터를 찾아 비용 함수를 최적화합니다. 최적화하려는 비용 함수가 정의한 파라미터 공간에서 **지역 최소점**local minimum 또는 **전역 최소점**global minimum에 도달할 수 있습니다. [그림 3-2]는 비용 함수를 최소화하는 최적화 과정을 보여줍니다.

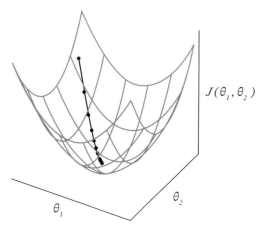

$J(\theta_1, \theta_2)$

θ_1

θ_2

그림 3-2 오목한 모양의 그물은 파라미터 공간 θ_1과 θ_2에 있는 비용 함수 J를 나타냅니다. 검은 점선은 최적화를 통해 파라미터 공간에서 비용을 최소화하는 과정을 나타냅니다.[3]

생성자와 판별자는 자신의 파라미터만 튜닝하고 상대방의 파라미터는 튜닝할 수 없기 때문에 GAN 훈련을 최적화보다 게임으로 더 잘 설명할 수 있습니다.[4] 이 게임의 선수는 GAN의 두 네트워크입니다.

---

3 "Adversarial Machine Learning" by Ian Goodfellow. ICLR Keynote, 2019. www.iangoodfellow.com/slides/2019-05-07.pdf

4 이전 출처와 동일

1장에서 두 네트워크가 내시 균형에 도달할 때 GAN 훈련이 끝난다고 언급한 것을 기억하세요. 이 지점은 게임에서 어느 선수도 전략을 바꾸어 현재 상황을 향상할 수 없을 때입니다. 수학적으로는 생성자의 훈련 파라미터 $\theta^{(G)}$에 대한 생성자의 비용 함수 $J^{(G)}(\theta^{(G)}, \theta^{(D)})$가 최소화되고 동시에 판별자의 파라미터 $\theta^{(D)}$에 대한 판별자의 비용 함수 $J^{(D)}(\theta^{(G)}, \theta^{(D)})$가 최소화될 때 일어납니다. [그림 3-3]은 두 선수가 **제로섬**zero-sum 게임 상태에서 내시 균형에 도달하는 과정을 나타냅니다.[5]

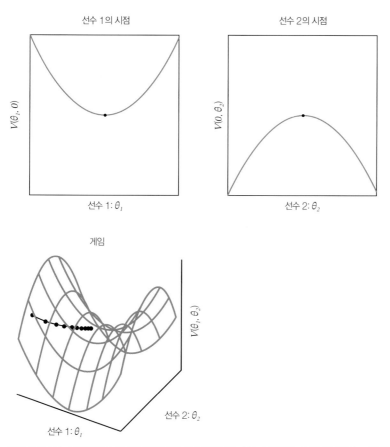

그림 3-3 선수 1(왼쪽)은 θ_1을 튜닝하여 V를 최소화합니다. 선수 2(중간)는 θ_2를 튜닝하여 $-V$를 최소화(V를 최대화)합니다. 말안장 모양의 그물(오른쪽)은 파라미터 공간 $V(\theta_1, \theta_2)$에 결합된 비용 함수를 나타냅니다. 점선은 말안장 중심에 있는 내시 균형에 수렴하는 것을 보여줍니다.[6]

---

5 이전 출처와 동일

6 Goodfellow, 2019, www.iangoodfellow.com/slides/2019-05-07.pdf

다시 비유로 돌아와보면 내시 균형은 나와 길 위의 모든 운전자에 대해 집으로 돌아오는 모든 길이 동일한 시간이 걸릴 때 일어납니다. 조금 더 빠른 길은 그만큼 늘어난 교통량으로 효과가 상쇄되고 모든 사람을 딱 그만큼 느리게 만듭니다. 예상할 수 있듯이 실제 세상에서는 이런 상태가 가능하지 않습니다. 실시간 교통 정보를 제공하는 **구글 맵**Google Map같은 도구를 사용하더라도 최적의 퇴근길을 완벽하게 평가하는 것이 불가능합니다.

고차원의 볼록하지 않은 비용 함수를 가진 GAN을 훈련하는 것도 마찬가지입니다. MNIST 데이터셋에 있는 것처럼 28×28 픽셀의 작은 회색 이미지더라도 $28 \times 28 = 784$ 차원을 가집니다. 컬러(RGB) 이미지라면 차원은 3배가 늘어나 2,352가 됩니다. 훈련 세트에 있는 모든 이미지에서 이런 분포를 감지해내는 것은 매우 어렵습니다. 특히 적대적인 상대(판별자)에서 배우는 것이 최선의 방법일 경우입니다.

GAN을 성공적으로 훈련하려면 시행착오가 필요합니다. 모범적인 사례가 있지만 여전히 과학보다는 예술에 가깝습니다. 5장에서 GAN의 수렴에 대한 주제를 더 자세히 다루어보겠습니다. 지금은 이것이 생각만큼은 나쁘지 않은 상황이라고 믿어주세요. 1장과 이 책 전반에 걸쳐 볼 수 있듯이, 생성 분포를 근사하는 엄청난 복잡도나 GAN이 수렴하는 조건을 완벽하게 이해하지 못하는 것이 GAN의 유용성이나 실제와 같은 샘플을 생성하는 능력을 훼방하지 못합니다.

3.2 생성자와 판별자

기호를 사용해 배운 것을 정리해보겠습니다. 생성자(G)는 랜덤한 잡음 벡터 z를 받고 가짜 샘플 $x*$을 생성합니다. 수학적으로 나타내면 $G(z) = x*$입니다. 판별자(D)는 실제 샘플 x 또는 가짜 샘플 $x*$을 받습니다. 각 입력에 대해 판별자는 진짜일 확률인 0과 1 사이 값을 출력합니다. [그림 3-4]는 여기서 소개한 용어와 기호를 사용해 GAN의 구조를 그린 것입니다.

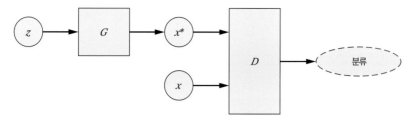

그림 3-4 생성자 네트워크 G는 랜덤한 잡음 벡터 z를 가짜 샘플 x^*로 변환합니다. 즉 $G(z) = x^*$입니다. 판별자 네트워크 D는 입력 샘플이 진짜인지 아닌지 분류 결과를 출력합니다. 진짜 샘플 x에 대해서는 판별자가 가능한 한 1에 가까운 값을 출력하기 위해 노력합니다. 이와 반대로 생성자는 $D(x^*)$이 가능한 한 1에 가깝게 되기를 원합니다. 즉 판별자가 가짜 샘플을 진짜라고 잘못 분류하기를 원합니다.

3.2.1 상충되는 목적

판별자의 목적은 가능한 한 정확하게 구별하는 것입니다. 진짜 샘플 x일 경우 $D(x)$는 가능한 한 1(양성 클래스의 레이블)과 가까워야 합니다. 가짜 샘플 x^*일 경우 $D(x^*)$는 가능한 한 0(음성 클래스의 레이블)과 가까워야 합니다.

생성자의 목적은 이와 반대입니다. 훈련 세트에 있는 진짜 샘플과 구분하기 힘든 가짜 샘플 x^*을 만들어 판별자를 속여야 합니다. 수학적으로 보면 생성자는 $D(x^*)$이 가능한 한 1이 되도록 가짜 샘플 x^*을 만들어야 합니다.

3.2.2 오차 행렬

판별자의 분류는 오차 행렬로 표현할 수 있습니다. 오차 행렬은 이진 분류의 모든 출력을 나타내는 표입니다. 판별자의 경우 다음과 같습니다.

- **진짜 양성:** 진짜로 분류한 진짜 샘플. $D(x) \approx 1$
- **거짓 음성:** 가짜로 분류한 진짜 샘플. $D(x) \approx 0$
- **진짜 음성:** 가짜로 분류한 가짜 샘플. $D(x^*) \approx 0$
- **거짓 양성:** 진짜로 분류한 가짜 샘플. $D(x^*) \approx 1$

[표 3-1]에 이 값이 나타나 있습니다.

표 3-1 판별자 출력의 오차 행렬

입력	판별자 출력	
	1에 가까움(진짜)	0에 가까움(가짜)
진짜(x)	진짜 양성	거짓 음성
가짜(x^*)	거짓 양성	진짜 음성

오차 행렬 용어를 사용하면 판별자는 진짜 양성과 진짜 음성 분류를 최대화하려고 노력합니다. 또는 같은 의미로 거짓 양성과 거짓 음성 분류를 최소화합니다. 반대로 생성자의 목적은 판별자의 거짓 양성 분류를 최대화하는 것입니다. 거짓 양성은 판별자가 가짜 샘플을 진짜로 속이는 생성자의 샘플입니다. 생성자는 판별자가 얼마나 진짜 샘플을 잘 분류하는지 관심이 없습니다. 오직 가짜 샘플에 대한 판별자의 분류만 생각합니다.

3.3 GAN 훈련 알고리즘

1장에서 보았던 GAN 훈련 알고리즘을 다시 살펴보고 이 장에서 소개한 기호로 정리해보겠습니다. 1장의 알고리즘과 달리 이번에는 한 번에 하나의 샘플이 아니라 미니배치를 사용합니다.

GAN 훈련 알고리즘

매 훈련 반복마다 다음을 수행합니다.

단계 1: 판별자 훈련

   a. 랜덤한 진짜 샘플의 미니배치 x를 받는다.

   b. 랜덤한 잡음 벡터 z의 미니배치를 받고 가짜 샘플의 미니배치를 생성한다. $G(z) = x^*$

   c. $D(x)$와 $D(x^*)$에 대한 분류 손실을 계산하고 전체 오차를 역전파하여 분류 손실을 최소화되도록 $\theta^{(D)}$를 업데이트한다.

단계 1에서 판별자를 훈련하는 동안 생성자의 파라미터는 변경하지 않습니다. 비슷하게 단계 2에서 생성자를 훈련하는 동안 판별자의 파라미터를 그대로 유지합니다. 훈련하는 네트워크의 가중치와 절편만 업데이트하는 이유는 이 네트워크가 제어할 수 있는 파라미터만 바꾸기 위해서입니다. 이렇게 하면 각 네트워크는 다른 네트워크의 업데이트에 간섭받지 않고 자신에게 관련된 신호만 업데이트에 적용할 수 있습니다. 이를 마치 번갈아 플레이하는 게임으로 생각할 수 있습니다.

물론 한 선수가 다른 선수의 향상을 원상 복구하기만 하는 시나리오를 생각할 수 있으므로 턴^{turn} 방식 게임이더라도 쓸모 있는 결과를 만들지 못합니다. (GAN 훈련이 아주 어렵다고 이야기했었죠?) 5장에서 성공할 가능성을 최대로 높이는 기법에 대해 자세히 설명하겠습니다.

지금까지 잠시 이론을 다루었습니다. 이제 배운 것을 실전에 적용해서 첫 번째 GAN을 만들어 보죠.

3.4 튜토리얼: 손글씨 숫자 생성하기

이 튜토리얼에서는 진짜 손글씨 숫자처럼 보이는 이미지를 생성하는 GAN을 만들겠습니다. 파이썬 신경망 라이브러리인 텐서플로의 케라스 API를 사용합니다.[7] 만들고자 하는 GAN의 구조는 [그림 3-5]에 있습니다.

7　옮긴이_ 앞 장에서 언급했듯이 원서는 텐서플로 백엔드를 사용하는 멀티백엔드 케라스 구현을 사용합니다. 번역서는 최신 텐서플로에 포함된 케라스를 사용합니다. 또한 구글 코랩에서도 실행할 수 있습니다.

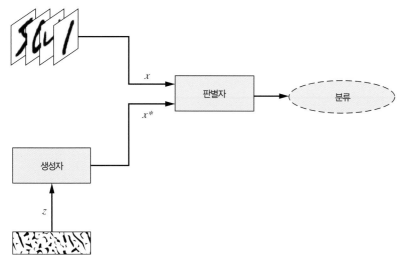

그림 3-5 훈련 과정 동안 생성자는 랜덤한 잡음 입력을 훈련 데이터인 MNIST 손글씨 숫자 데이터셋처럼 보이는 이미지로 바꾸는 방법을 학습합니다. 동시에 판별자는 생성자가 만든 가짜 이미지를 훈련 데이터셋에 있는 진짜 이미지와 구별하는 방법을 학습합니다.

이 튜토리얼에 사용된 많은 코드(특히 훈련 반복에 사용된 기본 코드)는 에리크 린데르-노렌[Erik Linder-Norén]의 케라스 GAN 구현 깃허브 저장소인 Keras-GAN(`https://github.com/eriklindernoren/Keras-GAN`)을 참고했습니다. 이 저장소는 고급 GAN 알고리즘도 일부 포함합니다. 이 중에 몇 개는 이 책에서 나중에 다룹니다. 코드와 신경망 구조를 바꾸고 단순화했고 이 책의 표기법과 맞추기 위해 변수 이름을 바꾸었습니다.

훈련 과정의 출력 이미지를 포함해 전체 구현이 담긴 주피터 노트북은 이 책의 깃허브 저장소(`https://github.com/rickiepark/gans-in-action`)에 있는 chapter-3 폴더에서 확인할 수 있습니다. 이 코드는 파이썬 3.6, TensorFlow 2.2.0을 사용하여 테스트했습니다.

3.4.1 모듈 임포트와 모델 입력 차원 설정

첫째, 모델 실행에 필요한 모든 패키지와 라이브러리를 임포트합니다. 또한 `tensorflow.keras.datasets`에서 MNIST 손글씨 숫자 데이터셋을 바로 임포트합니다.

코드 3-1 모듈 임포트

```
%matplotlib inline

import matplotlib.pyplot as plt
import numpy as np

from tensorflow.keras.datasets import mnist
from tensorflow.keras.layers import Dense, Flatten, Reshape
from tensorflow.keras.layers import LeakyReLU
from tensorflow.keras.models import Sequential
from tensorflow.keras.optimizers import Adam
```

둘째, 모델의 입력과 데이터셋의 차원을 지정합니다. MNIST는 하나의 채널(흑백 이미지이기 때문입니다)을 가진 28×28 픽셀의 이미지입니다. 변수 z_dim는 잡음 벡터 z의 크기를 결정합니다.

코드 3-2 모델 입력 차원

```
img_rows = 28
img_cols = 28
channels = 1

img_shape = (img_rows, img_cols, channels)    ←┤ 입력 이미지 차원

z_dim = 100    ←┤ 생성자의 입력으로 사용될 잡음 벡터의 크기
```

그다음 생성자와 판별자 네트워크를 구현합니다.

3.4.2 생성자 구현

간단하게 만들기 위해서 생성자 네트워크는 하나의 은닉층을 가집니다. z 벡터를 입력받아 28 $\times$ 28 $\times$ 1 크기 이미지를 생성합니다. 은닉층은 **LeakyReLU** 활성화 함수를 사용합니다. 음수 입력을 모두 0으로 만드는 일반적인 ReLU 함수와 달리 LeakyReLU는 작은 기울기를 사용합니다. 이 함수는 훈련 중에 **그레이디언트**gradient가 사라지는 것을 막기 때문에 훈련 결과를

향상시키는 경향이 있습니다.[8]

출력층에는 tanh 활성화 함수를 사용하여 출력 값을 [−1, 1] 범위로 조정합니다. tanh를 사용하는 이유는 (0과 1 범위로 출력하는 일반적인 **시그모이드**sigmoid 함수보다) 조금 더 또렷한 이미지를 만들기 때문입니다.

다음은 생성자를 만드는 코드입니다.

코드 3-3 생성자

```
def build_generator(img_shape, z_dim):
    model = Sequential()

    model.add(Dense(128, input_dim=z_dim))          ◀── 완전 연결층
    model.add(LeakyReLU(alpha=0.01))                ◀── LeakyReLU 활성화 함수
    model.add(Dense(28 * 28 * 1, activation='tanh'))   ◀── tanh 활성화 함수를
    model.add(Reshape(img_shape))   ◀── 생성자 출력을      사용한 출력층
    return model                        이미지 차원으로 변경
```

3.4.3 판별자 구현

판별자는 28 × 28 × 1 크기의 이미지를 받아 가짜와 비교해 얼마나 진짜인지를 나타내는 확률을 출력합니다. 판별자는 2개의 층으로 구성된 네트워크입니다. 은닉층은 LeakyReLU 활성화 함수와 128개의 은닉 유닛을 가집니다.

간단하게 만들기 위해 판별자 네트워크는 생성자와 거의 비슷하게 보입니다. 하지만 꼭 이렇게 만들 필요는 없습니다. 실제로 대부분의 GAN 구현에서 생성자와 판별자 네트워크 구조는 크기와 복잡도가 매우 다릅니다.

생성자와 달리 다음 코드에서 판별자의 출력층에 시그모이드 활성화 함수를 적용했습니다. 이는 출력 값을 0과 1사이로 만들기 때문에 판별자가 입력을 진짜로 생각하는 확률로 해석할 수 있습니다.

---

8 옮긴이_ LeakyReLU 활성화 함수와 ReLU를 사용했을 때 문제에 대한 자세한 설명은 『핸즈온 머신러닝(2판)』(한빛미디어, 2020)에서 11.1.2절을 참고하세요.

```
def build_discriminator(img_shape):
    model = Sequential()
    model.add(Flatten(input_shape=img_shape))       ◀── 입력 이미지를 일렬로 펼치기
    model.add(Dense(128))       ◀── 완전 연결층
    model.add(LeakyReLU(alpha=0.01))       ◀── LeakyReLU 활성화 함수
    model.add(Dense(1, activation='sigmoid'))       ◀── 시그모이드 활성화 함수를 사용한 출력층
    return model
```

3.4.4 모델 생성

[코드 3-5]에서 앞서 구현한 생성자와 판별자 모델을 만들고 컴파일합니다. 생성자를 훈련하기 위해 연결된 모델에서는 판별자의 파라미터를 동결하기 위해 `discriminator.trainable`을 False로 지정합니다. 판별자를 훈련하지 않도록 설정한 이 연결된 모델은 생성자만 훈련하기 위해 사용됩니다. 판별자는 독립적으로 컴파일된 모델로 훈련합니다(훈련 반복을 살펴볼 때 명확해집니다).

이진 교차 엔트로피를 훈련하는 동안 최소화할 손실 함수로 사용합니다. 이진 교차 엔트로피는 두 개의 클래스만 있는 예측에서 계산된 확률과 진짜 확률 사이의 차이를 측정합니다. 교차 엔트로피 손실이 클수록 예측이 정답 레이블과 차이가 큽니다.

각 네트워크를 최적화하기 위해 **Adam 최적화 알고리즘**Adam optimization algorithm을 사용합니다. 이 이름은 **적응적 모멘트 추정**adaptive moment estimation에서 따온 것으로 고급 경사 하강법 기반의 옵티마이저입니다. 이 알고리즘의 작동 방식은 이 책의 범위를 넘어섭니다. 하지만 뛰어난 성능 덕분에 Adam이 대부분 GAN 구현의 기본 옵티마이저입니다.[9]

코드 3-5 GAN 모델 만들기와 컴파일

```
def build_gan(generator, discriminator):

    model = Sequential()

    model.add(generator)       ◀── 생성자 + 판별자 모델 연결
```

---

9 옮긴이_ Adam 알고리즘에 대한 자세한 설명은 『핸즈온 머신러닝(2판)』(한빛미디어, 2020)에서 11.3.5절을 참고하세요.

```
    model.add(discriminator)

    return model

discriminator = build_discriminator(img_shape)      ◀──┤ 판별자 모델 만들고 컴파일하기
discriminator.compile(loss='binary_crossentropy',
                      optimizer=Adam(),
                      metrics=['accuracy'])

generator = build_generator(img_shape, z_dim)      ◀──┤ 생성자 모델 만들기

discriminator.trainable = False      ◀──┤ 생성자 훈련할 때 판별자 파라미터 동결하기

                                                          생성자를 훈련하기 위해 동결한 판별자로
gan = build_gan(generator, discriminator)      ◀──┤ GAN 모델 만들고 컴파일하기
gan.compile(loss='binary_crossentropy', optimizer=Adam())
```

3.4.5 훈련

[코드 3-6]에 있는 훈련 코드는 GAN 훈련 알고리즘을 구현한 것입니다. 랜덤한 MNIST 이미지의 미니배치를 진짜 샘플로 받고 랜덤한 잡음 벡터 z로부터 가짜 이미지의 미니배치를 생성합니다. 그다음 이를 사용해 생성자의 파라미터를 고정한 채로 판별자 네트워크를 훈련합니다. 그다음 가짜 이미지의 미니배치를 생성하고 이를 사용해 판별자의 파라미터를 고정한 채로 생성자 네트워크를 훈련합니다. 그리고 이 과정을 반복합니다.

원-핫^{one-hot} 인코딩된 레이블을 사용합니다. 1은 진짜 이미지이고 0은 가짜 이미지를 나타냅니다. 준정규분포(평균이 0이고 표준편차가 1인 종 모양의 곡선)에서 샘플링하여 z 벡터를 생성합니다. 판별자는 가짜 이미지에 0 레이블을 할당하고 진짜 이미지에 1 레이블을 할당하도록 훈련됩니다. 생성자는 자신이 만든 가짜 샘플에 판별자가 1 레이블을 할당하게끔 훈련됩니다.

훈련 데이터셋에 있는 진짜 이미지를 −1에서 1까지 범위로 스케일을 조정했습니다. 앞서 코드에서 보았듯이 생성자는 출력층에 tanh 활성화 함수를 사용하기 때문에 가짜 이미지는 (−1, 1) 범위의 값을 가집니다. 따라서 모든 판별자의 입력을 동일한 범위로 바꿔야 합니다.

코드 3-6 GAN 훈련 반복

```
losses = []
accuracies = []
iteration_checkpoints = []

def train(iterations, batch_size, sample_interval):

    (X_train, _), (_, _) = mnist.load_data()      ◀─┤ MNIST 데이터셋 로드

    X_train = X_train / 127.5 - 1.0               ◀─┤ [0, 255] 흑백 픽셀 값을
    X_train = np.expand_dims(X_train, axis=3)         [-1, 1] 사이로 스케일 조정

    real = np.ones((batch_size, 1))        ◀─┤ 진짜 이미지 레이블: 모두 1

    fake = np.zeros((batch_size, 1))       ◀─┤ 가짜 이미지 레이블: 모두 0

    for iteration in range(iterations):

        idx = np.random.randint(0, X_train.shape[0], batch_size)  ◀─┤ 진짜 이미지에서
        imgs = X_train[idx]                                           랜덤 배치 가져오기

        z = np.random.normal(0, 1, (batch_size, 100))  ◀─┤ 가짜 이미지 배치 생성
        d_loss_real = discriminator.train_on_batch(imgs, real)   ◀─┤ 판별자 훈련
        d_loss_fake = discriminator.train_on_batch(gen_imgs, fake)
        d_loss, accuracy = 0.5 * np.add(d_loss_real, d_loss_fake)

        z = np.random.normal(0, 1, (batch_size, 100))  ◀─┤ 가짜 이미지 배치 생성
        gen_imgs = generator.predict(z)

        g_loss = gan.train_on_batch(z, real)          ◀─┤ 생성자 훈련

        if (iteration + 1) % sample_interval == 0:
            losses.append((d_loss, g_loss))          ◀─┤ 훈련이 끝난 후 그래프를 그리기
            accuracies.append(100.0 * accuracy)          위해 손실과 정확도 저장
            iteration_checkpoints.append(iteration + 1)

            print("%d [D 손실: %f, 정확도: %.2f%%] [G 손실: %f]" % ◀─┤ 훈련 과정 출력
                (iteration + 1, d_loss, 100.0 * accuracy, g_loss))

            sample_images(generator)     ◀─┤ 생성된 이미지 샘플 출력
```

3.4.6 샘플 이미지 출력

생성자 훈련 코드에서 sample_images() 함수를 호출합니다. 이 함수를 모든 sample_interval 반복 동안 호출하여 생성자가 합성한 4 × 4 이미지 그리드를 출력합니다. 모델을 실행하고 나서 이 이미지를 통해 중간 출력과 최종 출력을 점검하겠습니다.

코드 3-7 생성된 이미지 출력

```
def sample_images(generator, image_grid_rows=4, image_grid_columns=4):

    z = np.random.normal(0, 1, (image_grid_rows * image_grid_columns, z_dim))
    랜덤한 잡음 샘플링

    gen_imgs = generator.predict(z)          ←─┤ 랜덤한 잡음에서 이미지 생성

    gen_imgs = 0.5 * gen_imgs + 0.5          ←─┤ 이미지 픽셀 값을 [0, 1]
                                                  범위로 스케일 조정
    fig, axs = plt.subplots(image_grid_rows,    ←─┤ 이미지 그리드 설정
                            image_grid_columns,
                            figsize=(4, 4),
                            sharey=True,
                            sharex=True)

    cnt = 0
    for i in range(image_grid_rows):
        for j in range(image_grid_columns):                      이미지 그리드
            axs[i, j].imshow(gen_imgs[cnt, :, :, 0], cmap='gray')  ←─┤ 출력
            axs[i, j].axis('off')
            cnt += 1
```

3.4.7 모델 실행

[코드 3–8]이 마지막 단계입니다. 훈련 하이퍼파라미터인 반복 횟수, 배치 크기를 설정하고 모델을 훈련합니다. 올바른 반복 횟수나 배치 크기를 결정할 수 있는 믿을 만한 방법이 없습니다. 훈련 과정을 보면서 시행착오를 통해 결정해야 합니다.

하지만 이 숫자들에 대한 실용적인 제약 조건이 있습니다. 미니배치는 프로세스 메모리에 들어갈 수 있도록 충분히 작아야 합니다(일반적으로 사용하는 미니배치 크기는 2의 배수입니다. 32, 64, 128, 256, 512입니다). 반복 횟수도 실용적인 제약이 있습니다. 반복을 많이 할수록 훈련 과정이 깁니다. GAN처럼 복잡한 딥러닝 모델에서는 많은 컴퓨팅 파워를 가지고 있더라도 금방 소진됩니다.

적절한 반복 횟수를 결정하려면 훈련 손실을 모니터링하고 손실이 평탄해지는 부근에서 반복 횟수를 정합니다. 이 지점에서는 훈련을 계속하더라도 크게 향상되지 않습니다(GAN은 생성 모델이기 때문에 지도 학습 알고리즘만큼 과대적합을 중요하게 여깁니다).

코드 3-8 모델 실행

```
iterations = 20000         ◀─┤ 하이퍼파라미터 설정
batch_size = 128
sample_interval = 1000

train(iterations, batch_size, sample_interval)     ◀─┤ 지정된 횟수 동안 GAN 훈련
```

3.4.8 결과 점검

[그림 3–6]은 훈련 과정에서 생성자가 생성한 샘플 이미지로 훈련 반복 순서대로 나열한 것입니다.

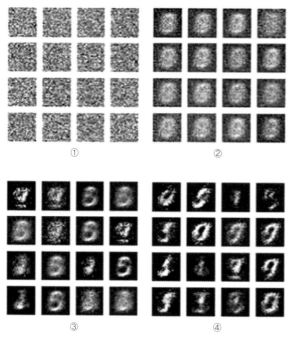

그림 3-6 랜덤한 잡음으로만 보이는 이미지에서 시작해서 생성자가 점진적으로 손글씨 숫자 훈련 데이터셋의 특징을 흉내 내도록 학습합니다.

여기서 볼 수 있듯이 생성자는 처음에 랜덤한 잡음 정도만 생성합니다. 훈련 반복이 진행되면 서 훈련 데이터의 특징을 점점 더 잘 흉내냅니다. 판별자가 생성된 이미지를 가짜라고 거부하 거나 진짜라고 승인할 때마다 생성자는 조금씩 향상됩니다. [그림 3-7]은 훈련이 모두 끝난 후 생성자가 합성한 샘플 이미지입니다.

그림 3-7 완벽하지는 않지만 2개의 층을 가진 생성자가 9와 1같이 실제처럼 보이는 숫자를 만드는 것을 학습했습니다.

비교를 위해 [그림 3-8]은 MNIST 데이터셋에서 무작위로 선택한 진짜 이미지를 보여줍니다.

그림 3-8 GAN 훈련에 사용한 MNIST 데이터셋의 진짜 손글씨 숫자 샘플. 생성자가 훈련 데이터를 흉내 내도록 많이 발전했지만 생성된 숫자와 진짜 사람이 쓴 숫자 사이에는 뚜렷한 차이가 있습니다.

3.5 결론

GAN이 생성한 이미지가 완벽하지는 않지만 이 중 여러 개는 진짜 숫자처럼 보입니다. 생성자와 판별자에 2개의 층이 있는 간단한 신경망 구조를 사용하여 놀라운 성과를 냈습니다. 다음 장에서 생성자와 판별자에 조금 더 복잡하고 강력한 신경망 구조인 합성곱 신경망을 사용해 생성 이미지의 품질을 높이는 방법을 배우겠습니다.

3.6 마치며

- GAN은 생성자(G)와 판별자(D) 두 개의 네트워크로 구성됩니다. 두 네트워크는 각자의 손실 함수를 가지고 있습니다. $J^{(G)}(\theta^{(G)}, \theta^{(D)})$와 $J^{(D)}(\theta^{(G)}, \theta^{(D)})$입니다.
- 훈련하는 동안 생성자와 판별자는 자신의 파라미터인 $\theta^{(G)}$와 $\theta^{(D)}$만 조정할 수 있습니다.
- GAN의 두 네트워크는 게임 같은 방식으로 동시에 훈련됩니다. 생성자는 판별자의 거짓 양성 분류가 최대가 되게 합니다(즉 생성된 이미지를 진짜로 분류합니다). 반면 판별자는 거짓 양성과 거짓 음성 분류를 최소화하길 원합니다.

CHAPTER 4

DCGAN

이 장에서는 다음 내용을 다룹니다.

- 합성곱 신경망의 주요 개념을 이해합니다.
- 배치 정규화를 사용합니다.
- 고급 GAN 구조인 심층 합성곱 신경망을 구현합니다.

이전 장에서 구현한 GAN의 생성자와 판별자는 하나의 은닉층을 가진 단순한 피드포워드 신경망이었습니다. 간단한 구조이지만 훈련이 모두 끝난 후 GAN 생성자가 만든 손글씨 숫자 이미지 대부분은 매우 놀라운 수준입니다. 사람이 쓴 숫자처럼 보이지 않는 이미지조차도 선이나 형태 등에서 손글씨 숫자의 특징을 많이 가지고 있습니다. 랜덤한 잡음을 생성자의 입력으로 사용했다는 것을 생각하면 특히 그렇습니다.

더 강력한 신경망 구조를 가진다면 어떤 성과를 얻을 수 있을까요? 이 장에서 도전해보겠습니다. 간단한 2개 층의 피드포워드 신경망 대신에 생성자와 판별자를 합성곱 신경망convolutional neural network(CNN 또는 ConvNet)으로 구현하겠습니다. 이런 GAN 구조를 심층 합성곱 GANdeep convolutional generative adversarial network(DCGAN)이라고 합니다.

상세 DCGAN 구현으로 들어가기 전에 ConvNet의 주요 개념과 DCGAN을 발견하게 된 역사를 알아보겠습니다. 그리고 DCGAN 같은 복잡한 신경망 구조를 실전에 가능하게 만든 혁신 중 하나인 배치 정규화를 다루겠습니다.

4.1 합성곱 신경망

여러분은 이미 합성곱 신경망에 대해 들어보았을 것입니다. 만약 이 기술을 처음 접하더라도 걱정하지 마세요. 이 절에서 필요한 주요 개념을 모두 다루겠습니다.

4.1.1 합성곱 필터

일반적인 피드포워드 신경망은 뉴런이 일렬로 놓여 있고 층이 완전히 연결되어 있습니다. 이와 달리 ConvNet의 층은 3차원으로 구성됩니다(너비 × 높이 × 깊이)[1]. 하나 이상의 **필터**[filter]가 입력층 위를 슬라이딩하면서 합성곱을 수행합니다. 각 필터는 비교적 작은 **수용장**[receptive field][2] (너비 × 높이)을 가집니다. 하지만 항상 입력 배열의 전체 깊이에 적용됩니다.[3]

입력 위를 슬라이딩할 때마다 각 필터는 하나의 활성화 값을 출력합니다. 이 값은 입력과 필터 사이의 **점곱**[dot product]으로 계산합니다. 이 과정에서 필터마다 2차원 활성화 맵이 만들어집니다. 각 필터가 만든 활성화 맵을 차례대로 쌓아 3차원 출력층을 만듭니다. 따라서 출력의 깊이는 사용한 필터의 수와 같게 됩니다.

4.1.2 파라미터 공유

특정 필터의 파라미터가 모든 입력 값에 공유된다는 점이 중요합니다. 이는 직관적이고 실용적인 장점이 있습니다. 파라미터 공유를 통해 (선과 모서리 같은) 시각적인 특징과 모양이 입력 이미지의 어느 부분에 있는지에 상관없이 효율적으로 학습할 수 있습니다. 실용적인 측면을 보면 파라미터 공유는 훈련할 파라미터의 개수를 크게 감소시킵니다. 이렇게 하면 과대적합의 위험이 줄어듭니다. 또한 완전 연결 신경망의 경우처럼 훈련 파라미터 개수를 기하급수적으로 늘리지 않고 스케일을 키워 고해상도 이미지를 만들 수 있습니다.

---

1 옮긴이_ 깊이 대신 채널(channel)이라고도 씁니다.
2 옮긴이_ 시각 피질의 수용장은 빛에 반응하는 망막의 영역을 말합니다. 여기에서는 필터와 곱해지는 입력의 영역을 의미합니다.
3 옮긴이_ 각 채널에 적용되는 분리 합성곱도 있습니다. 『핸즈온 머신러닝(2판)』에서 14.4.6절을 참고하세요.

4.1.3 그림으로 ConvNet 이해하기

모든 것이 혼란스럽다면 그림으로 이 개념을 조금 더 구체화해보겠습니다. 그림은 (우리를 포함하여) 대부분 사람들이 이해하기가 훨씬 쉽습니다. [그림 4-1]은 합성곱 연산 하나를 보여줍니다. [그림 4-2]는 ConvNet에 있는 입력과 출력층 관점에서 합성곱 연산을 그린 것입니다.

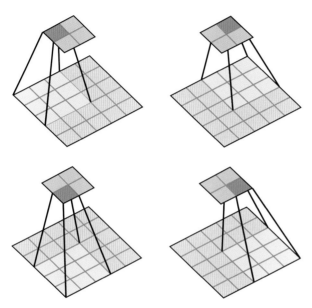

그림 4-1 3 × 3 합성곱 필터가 왼쪽에서 오른쪽으로 위에서 아래로 5 × 5 입력 위를 슬라이딩합니다. 각 단계에서 필터는 2개의 픽셀씩 건너뜁니다. 따라서 총 단계는 4번이므로 2 × 2 활성화 맵이 출력됩니다. 각 단계에서 필터 전체가 하나의 활성화 값을 만듭니다.[4]

[그림 4-1]은 2차원 입력 위에 수행되는 필터 하나의 합성곱 연산을 나타냅니다. 실제로는 입력이 보통 3차원 배열이므로 여러 개의 3차원 필터를 사용합니다. 하지만 기본적인 구조는 동일합니다. 입력 배열의 깊이에 상관없이 각 필터가 단계마다 하나의 값을 만듭니다. 출력되는 활성화 맵이 순서대로 쌓이기 때문에 필터의 개수에 따라 출력 배열의 깊이가 결정됩니다. 이과정을 [그림 4-2]에 표현했습니다.

---

4 "A Guide to Convolution Arithmetic for Deep Learning," by Vincent Dumoulin and Francesco Visin, 2016, https://arxiv.org/abs/1603.07285.
옮긴이_ 이 논문은 옮긴이의 블로그에 번역되어 있습니다. http://bit.ly/conv_guide

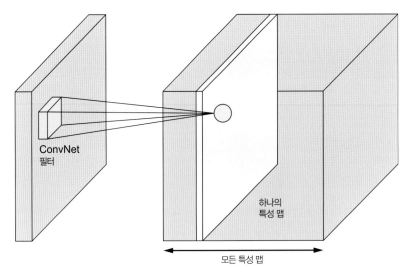

ConvNet
필터

하나의
특성 맵

모든 특성 맵

그림 4-2 활성화 맵(특성 맵)과 입력, 출력 배열로 표현된 하나의 합성곱 단계에서 만들어진 활성화 값. ConvNet 필터의 깊이는 입력 배열의 전체 깊이와 동일합니다. 출력 배열의 깊이는 활성화 맵을 쌓은 결과입니다.[5]

> **NOTE_** 합성곱 신경망과 관련된 개념을 깊이 알고 싶다면 프랑수아 숄레가 쓴 『케라스 창시자에게 배우는 딥러닝』(길벗, 2018)에서 이와 관련된 장을 읽어보는 것이 좋습니다. 이 책은 ConvNet을 포함해 딥러닝의 모든 주요 개념과 기법을 실습과 함께 훌륭하게 소개합니다. 조금 더 학술적인 자료를 원한다면 안드레이 카르파트히[Andrej Karpathy]의 스탠퍼드 대학 강의 노트인 'Convolutional Neural Networks for Visual Recognition'[6]가 아주 좋습니다.

---

5 "Convolutional Neural Network," by Nameer Hirschkind et al., Brilliant.org, retrieved November 1, 2018, `http://mng.bz/8zJK`.

6 `http://cs231n.github.io/convolutional-networks`

4.2 DCGAN의 간략한 역사

알렉 래드퍼드^{Alec Radford}, 루케 메츠^{Luke Metz}, 수미스 친탈라^{Soumith Chintala}가 2016년에 소개한 DCGAN은 2년 전 GAN이 시작된 이래 가장 중요한 혁신 중 하나입니다.[7] 이때가 연구자들이 GAN에 ConvNet을 처음 사용한 것은 아닙니다. 하지만 ConvNet을 완전한 GAN 모델에 통합한 것은 처음이었습니다. ConvNet을 사용하면서 GAN 훈련의 어려움은 가중되었습니다. 여기에는 불안정함과 **그레이디언트 포화**^{gradient saturation}[8]가 포함됩니다. 이런 문제 때문에 일부 연구자들이 LAPGAN 같은 다른 방식을 사용하게 만들었습니다. LAPGAN은 **라플라스 피라미드**^{Laplacian pyramid} 안에 합성곱 신경망을 폭포수처럼 쌓습니다. 각 단계에 있는 합성곱은 GAN 프레임워크를 사용해 독립적으로 훈련합니다.[9] 이 방법을 모르더라도 괜찮습니다. 더 좋은 방식이 나왔기 때문에 LAPGAN은 역사 속에 묻혀버렸습니다. 따라서 내부 동작 방식을 아는 것이 중요하지 않습니다.

구조가 우아하지 않고 복잡하며 계산 비용이 많이 들지만, LAPGAN은 그 당시 가장 높은 품질의 이미지를 만들었습니다. 원본 GAN보다 4배나 성능이 높았습니다(생성된 이미지 중에 사람이 진짜로 속은 비율이 10%에서 40%로 늘었습니다). 그런 면에서 LAPGAN이 GAN와 ConvNet의 결합에 큰 잠재성을 보여주었습니다.

래드퍼드와 연구진들은 DCGAN에서 ConvNet을 사용해 완전한 GAN 프레임워크의 스케일을 키울 수 있는 기법과 최적화 방법을 소개했습니다. 여기에서는 GAN 내부 구조를 수정하거나 LAPGAN처럼 복잡한 모델 프레임워크를 사용할 필요가 없습니다. 래드퍼드와 연구진이이 사용한 핵심 기법 중 하나는 **배치 정규화**입니다. 배치 정규화는 각 층의 입력을 정규화하여 안정적으로 훈련하는 것을 도와줍니다. 배치 정규화가 무엇인지 어떻게 동작하는지 조금 더 자세히 알아보겠습니다.

---

7 "Unsupervised Representation Learning with Deep Convolutional Generative Adversarial Networks," by Alec Radford et al., 2015, https://arxiv.org/abs/1511.06434.

8 옮긴이_ 그레이디언트 포화는 그레이디언트가 너무 작아 학습이 느려지는 현상을 말합니다.

9 "Deep Generative Image Models Using a Laplacian Pyramid of Adversarial Networks," by Emily Denton et al., 2015, https://arxiv.org/abs/1506.05751.

4.3 배치 정규화

배치 정규화batch normalization는 2015년 구글 연구원인 세르게이 이오페Sergey Ioffe와 치리슈티언 세게지Christian Szegedy가 소개했습니다.[10] 이 아이디어는 획기적인 만큼 간단했습니다. 신경망의 입력을 정규화하기 때문에 신경망을 통과하는 훈련 미니 배치를 위해 각 층의 입력을 정규화하자고 제안했습니다.

4.3.1 정규화 이해하기

여기서는 정규화가 무엇이고 왜 입력 특성 값을 처음에 정규화하는지 다시 상기해보겠습니다. **정규화**normalization는 평균이 0이고 단위 분산을 가지도록 데이터의 스케일을 조정하는 것입니다. [식 4-1]처럼 입력 데이터 포인트 x에서 평균 μ를 뺀 값을 표준편차 σ로 나누어 계산합니다.

식 4-1

$$\hat{x} = \frac{x - \mu}{\sigma}$$

정규화에는 여러 가지 장점이 있습니다. 가장 중요한 것은 스케일이 다른 특성을 쉽게 비교하고 더 나아가 특성의 스케일에 훈련 과정이 민감하지 않게 만듭니다. (조금 어색하지만) 다음 예를 생각해봅시다. 가족의 연간 수입과 구성원 수로 가족의 월 지출을 예측한다고 가정해보죠. 일반적으로 가족의 소득이 높고 가족 구성원이 많을수록 소비가 더 많다고 기대할 수 있습니다.

하지만 이 특성의 스케일이 매우 다릅니다. 연간 수입이 10달러 늘어나도 가족의 지출에는 큰 영향을 미치지 않겠지만 가족 수가 10명이 늘어난다면 예산이 쉽게 초과될 것입니다. 정규화는 이 문제를 해결하기 위해 각 특성 값을 표준 스케일로 조정합니다. 각 데이터 포인트를 액면가가 아니라 평균에서 몇 표준편차만큼 떨어져 있는지 나타내는 상대적인 점수로 표현합니다.

배치 정규화의 아이디어는 많은 층을 가진 심층 신경망을 다룰 때 입력을 정규화하는 것이 충분하지 않다는 것에서 출발합니다. 입력 값이 네트워크를 통과하여 한 층에서 다음 층으로 전

---

10 "Batch Normalization: Accelerating Deep Network Training by Reducing Internal Covariate Shift," by Sergey Ioffe and Christian Szegedy, 2015, https://arxiv.org/abs/1502.03167.

달될 때 각 층에 있는 훈련된 파라미터에 의해 스케일이 바뀝니다. 이 파라미터가 역전파에 의해 조정되기 때문에 연속적으로 훈련이 반복되는 동안 각 층의 입력의 분포가 바뀌기 쉬워 학습 과정을 불안정하게 만듭니다. 학계에서는 이 문제를 **공변량 변화**covariate shift라고 부릅니다. 배치 정규화는 각 미니 배치의 평균과 분산으로 미니 배치 데이터의 스케일을 조정하여 이 문제를 해결합니다.

4.3.2 배치 정규화 계산하기

배치 정규화를 계산하는 방식은 앞서 소개한 간단한 정규화 식과는 몇 가지 점에서 다릅니다. 단계별로 살펴보겠습니다.

μ_B를 미니 배치 B의 평균이고 $\sigma_B{}^2$를 미니 배치 B의 분산(평균 제곱 편차)으로 둡니다. 그다음 정규화된 값 $\hat{x}$을 [식 4-2]와 같이 계산합니다.

식 4-2

$$\hat{x} = \frac{x - \mu_B}{\sqrt{\sigma^2 + \varepsilon}}$$

0으로 나누는 것을 피해서 안정적으로 계산하기 위해 ε(입실론epsilon) 항을 추가하고 0.001과 같이 작은 양의 상수 값으로 설정합니다.

배치 정규화에서는 정규화된 값을 바로 사용하지 않습니다. 대신 이 값을 다음 층의 입력으로 전달하기 전에 [식 4-3]과 같이 γ(감마gamma)를 곱하고 β(베타beta)를 더합니다.

식 4-3

$$y = \gamma \hat{x} + \beta$$

γ와 β가 가중치나 편향처럼 신경망이 훈련되는 동안 훈련되는 파라미터라는 점이 중요합니다. 이렇게 하는 이유는 0이 아닌 평균과 1이 아닌 분산으로 표준화된 중간층의 입력 값에 도움이 되기 때문입니다. γ와 β가 훈련되기 때문에 신경망이 어떤 값이 최선인지 학습할 수 있습니다.

다행히도 이에 대해 신경 쓸 필요가 전혀 없습니다. 케라스의 `keras.layers.BatchNormal`

ization 함수는 모든 미니 배치 계산과 업데이트를 자동으로 처리합니다.

배치 정규화는 이전 층의 파라미터 업데이트가 현재 층의 입력 분포에 미치는 영향을 제한합니다. 층 간의 원치 않는 파라미터 상호 의존성을 줄여서 신경망의 훈련 속도를 높이고 안정적으로 만듭니다. 특히 신경망 파라미터 초기화에 대해 안정적입니다.

배치 정규화는 DCGAN을 비롯해 많은 딥러닝 구조를 구현하기 위해 필수적입니다. 다음 튜토리얼에서 직접 확인해보겠습니다.

4.4 튜토리얼: DCGAN으로 손글씨 숫자 생성하기

이 튜토리얼에서 3장에서 본 MNIST 손글씨 숫자 데이터셋을 다시 사용하겠습니다. 하지만 이번에는 DCGAN 구조를 사용하므로 [그림 4-3]에서와 같이 생성자와 판별자를 합성곱 신경망으로 표현합니다. 이 변화를 제외하고 신경망의 나머지 구조는 동일합니다. 튜토리얼 끝에서 두 GAN 모델이 만든 손글씨 숫자의 품질을 비교해보겠습니다. 고급 신경망 구조를 사용했을 때 성능이 얼마나 향상되는지 볼 수 있을 것입니다.

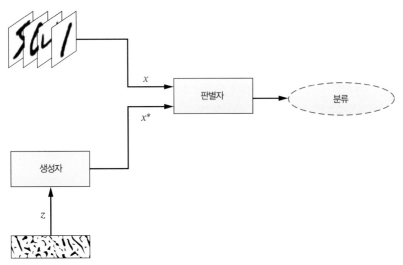

그림 4-3 이 장 튜토리얼의 전체 모델 구조는 3장에서 구현한 GAN과 동일합니다. 차이점은 (이 고수준 그림에서는 보이지 않지만) 생성자와 판별자 네트워크의 내부 구조(생성자와 판별자 상자의 안쪽)입니다. 잠시 후 튜토리얼에서 이 신경망을 자세히 다룹니다.

3장에서처럼 이 튜토리얼 코드의 상당 부분은 에리크 린데르-노렌의 케라스 GAN 모델 오픈소스 깃허브 저장소(https://github.com/eriklindernoren/Keras-GAN)에서 가져왔고 상세 구현과 신경망 구조를 많이 변경하고 향상했습니다. 전체 구현과 훈련이 진행되는 동안 출력된 그림을 포함한 주피터 노트북은 이 책의 깃허브 저장소(https://github.com/rickiepark/gans-in-action)에 있는 chapter-4 폴더에서 확인할 수 있습니다. 이 코드는 파이썬 3.6.x, 텐서플로 2.2.0을 사용하여 테스트했습니다. 훈련 속도를 높이려면 GPU에서 노트북을 실행하는 것이 좋습니다.

4.4.1 모듈 임포트와 모델 입력 차원 설정

먼저 모델을 훈련하고 실행에 필요한 모든 패키지와 모듈, 라이브러리를 임포트합니다. 3장에서처럼 MNIST 손글씨 숫자 데이터셋을 keras.datasets에서 바로 임포트합니다.

코드 4-1 임포트하기

```
%matplotlib inline

import matplotlib.pyplot as plt
import numpy as np

from tensorflow.keras.datasets import mnist
from tensorflow.keras.layers import Activation, BatchNormalization, Dense,
Dropout, Flatten, Reshape
from tensorflow.keras.layers import LeakyReLU
from tensorflow.keras.layers import Conv2D, Conv2DTranspose
from tensorflow.keras.models import Sequential
from tensorflow.keras.optimizers import Adam
```

또한 모델의 입력 차원을 지정합니다. 이미지 크기와 잡음 벡터 z의 길이입니다.

코드 4-2 모델의 입력 차원

```
img_rows = 28
img_cols = 28
channels = 1
```

```
img_shape = (img_rows, img_cols, channels)    ◀─┤ 입력 이미지 차원

z_dim = 100    ◀─┤ 생성자의 입력으로 사용할 잡음 벡터의 크기
```

4.4.2 생성자 구현

ConvNet은 전통적으로 이미지 분류 작업에 사용됩니다. 이 네트워크는 '높이 × 너비 × 컬러 채널 수' 차원을 가진 이미지를 입력으로 받아 일련의 합성곱 층을 통과시킵니다. 그다음 클래스 점수를 담은 $1 \times n$ 차원의 벡터 하나를 출력합니다. 여기에서 n은 클래스 레이블의 수입니다. ConvNet 구조를 사용해 이미지를 생성하려면 이 과정을 거꾸로 하면 됩니다. 이미지를 받아 처리하여 벡터로 만드는 것이 아니락 벡터를 받아 크기를 늘려서 이미지로 만듭니다.

이 과정의 핵심 요소는 전치 합성곱transposed convolution입니다. 일반적인 합성곱은 전형적으로 깊이를 늘리면서 입력 너비와 높이를 줄이기 위해 사용합니다. 전치 합성곱은 반대로 동작합니다. 깊이를 줄이는 동안 너비와 높이를 증가시킵니다. [그림 4-4]에 있는 생성자 네트워크 그림에서 이 과정이 나타나 있습니다.

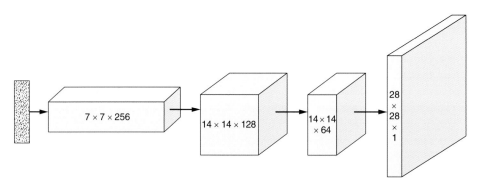

그림 4-4 생성자는 랜덤한 잡음 벡터를 입력으로 받아 28 × 28 × 1 크기의 이미지를 생성합니다. 전치 합성곱 층을 여러 개 사용하여 이 과정을 처리합니다. 합성곱 층 사이에는 배치 정규화를 적용하여 훈련을 안정적으로 수행합니다(이 층에서는 이미지를 늘리지 않습니다).

생성자는 잡음 벡터 z에서 출발합니다. 완전 연결 층을 사용해 이 벡터를 작은 면적(높이 × 너비)과 큰 깊이를 가진 3차원 출력으로 바꿉니다. 전치 합성곱을 사용해 이 출력의 깊이는 줄이고 면적은 늘리도록 점진적으로 바꾸어갑니다. 최종 층에 도달할 때 이미지의 크기는 우리가

필요한 $28 \times 28 \times 1$ 크기가 됩니다. 각 전치 합성곱 층 다음에는 배치 정규화와 LeakyReLU 활성화 함수를 적용합니다. 마지막 층에서는 배치 정규화를 적용하지 않고 LeakyReLU 대신에 tanh 활성화 함수를 사용합니다.

이 과정을 정리하면 다음과 같습니다.

1 랜덤 잡음 벡터를 받아 완전 연결 층으로 $7 \times 7 \times 256$ 크기의 텐서로 바꿉니다.

2 전치 합성곱을 사용해 $7 \times 7 \times 256$ 크기의 텐서를 $14 \times 14 \times 128$ 텐서로 변환합니다.

3 배치 정규화와 LeakyReLU 활성화 함수를 적용합니다.

4 전치 합성곱을 사용해 $14 \times 14 \times 128$ 크기의 텐서를 $14 \times 14 \times 64$ 텐서로 변환합니다. 너비와 높이 차원은 바뀌지 않습니다. 이렇게 하려면 Conv2DTranspose 클래스에서 스트라이드 매개변수를 1로 지정합니다.

5 배치 정규화와 LeakyReLU 활성화 함수를 적용합니다.

6 전치 합성곱을 사용해 $14 \times 14 \times 64$ 크기의 텐서를 출력 이미지 크기인 $28 \times 28 \times 1$ 로 변환합니다.

7 tanh 활성화 함수를 적용합니다.

다음 코드는 케라스로 구현한 생성자 네트워크입니다.

코드 4-3 DCGAN 생성자

```
def build_generator(z_dim):

    model = Sequential()

    model.add(Dense(256 * 7 * 7, input_dim=z_dim))    ◀─┐ 완전 연결 층을 사용해 입력을
    model.add(Reshape((7, 7, 256)))                      └ 7 × 7 × 256 크기 텐서로 바꿉니다

    model.add(Conv2DTranspose(128, kernel_size=3, strides=2, padding='same'))    ◀─┐
                           7 × 7 × 256에서 14 × 14 × 128 크기 텐서로 바꾸는 전치 합성곱 층 ┘

    model.add(BatchNormalization())    ◀─┤ 배치 정규화

    model.add(LeakyReLU(alpha=0.01))    ◀─┤ LeakyReLU 활성화 함수

    model.add(Conv2DTranspose(64, kernel_size=3, strides=1, padding='same'))    ◀─┐
                          14 × 14 × 128에서 14 × 14 × 64 크기 텐서로 바꾸는 전치 합성곱 층 ┘

    model.add(BatchNormalization())    ◀─┤ 배치 정규화

    model.add(LeakyReLU(alpha=0.01))    ◀─┤ LeakyReLU 활성화 함수
```

```
model.add(Conv2DTranspose(1, kernel_size=3, strides=2, padding='same'))    ◄─┐
                                    14 × 14 × 64에서 28 × 28 × 1 크기 텐서로 바꾸는 전치 합성곱 층
model.add(Activation('tanh'))  ◄─┐  tanh 활성화 함수를
                                    사용하는 출력층
return model
```

4.4.3 판별자 구현

판별자는 이미지를 받아 예측 벡터를 출력하는 합성곱 신경망과 비슷한 ConvNet입니다. 이 경우 이진 분류기는 입력 이미지가 가짜인지 진짜인지 나타냅니다. [그림 4-5]는 우리가 구현할 판별자 네트워크를 나타냅니다.

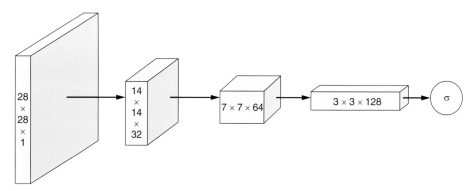

그림 4-5 판별자는 28 × 28 × 1 크기 이미지를 입력으로 받아 몇 개의 합성곱 층을 적용합니다. 시그모이드 활성화 함수 σ를 사용해 입력 이미지가 가짜가 아닌 진짜일 확률을 출력합니다.

판별자 입력은 28 × 28 × 1 크기 이미지입니다. 합성곱을 적용하여 이미지는 면적(너비 × 높이)이 점차 줄어들고 깊이는 점점 깊어지는 식으로 변환됩니다. 모든 합성곱 층에 **LeakyReLU** 활성화 함수를 적용합니다. 출력층에는 완전 연결 층과 **시그모이드** 활성화 함수를 사용합니다.

이 과정을 정리하면 다음과 같습니다.

  1 합성곱 층을 사용해 28 × 28 × 1 입력 이미지를 14 × 14 × 32 크기 텐서로 변환합니다.

  2 LeakyReLU 활성화 함수를 적용합니다.

  3 합성곱 층을 사용해 14 × 14 × 32 크기 텐서를 7 × 7 × 64 크기 텐서로 변환합니다.

4 LeakyReLU 활성화 함수를 적용합니다.[11]

5 합성곱 층을 사용해 7 × 7 × 64 크기 텐서를 3 × 3 × 128 크기 텐서로 변환합니다.

6 LeakyReLU 활성화 함수를 적용합니다.

7 3 × 3 × 128 크기 텐서를 3 × 3 × 128 = 1152 크기 벡터로 펼칩니다.

완전 연결 층과 시그모이드 활성화 함수를 사용해 입력 이미지가 진짜일 확률을 계산합니다.

다음 코드는 케라스로 구현한 판별자 네트워크입니다.

코드 4-4 DCGAN 판별자

```
def build discriminator(img_shape):

    model = Sequential()

    model.add(          ◄─┤ 28 × 28 × 1 텐서에서 14 × 14 × 32 크기 텐서로 바꾸는 합성곱 층
        Conv2D(32,
                kernel_size=3,
                strides=2,
                input_shape=img_shape,
                padding='same'))

    model.add(LeakyReLU(alpha=0.01))   ◄─┤ LeakyReLU 활성화 함수

    model.add(          ◄─┤ 14 × 14 × 32 텐서에서 7 × 7 × 64 크기 텐서로 바꾸는 합성곱 층
        Conv2D(64,
                kernel_size=3,
                strides=2,
                padding='same'))

    model.add(LeakyReLU(alpha=0.01))   ◄─┤ LeakyReLU 활성화 함수

    model.add(          ◄─┤ 7 × 7 × 64 텐서에서 3 × 3 × 128 크기 텐서로 바꾸는 합성곱 층
        Conv2D(128,
                kernel_size=3,
                strides=2,
                padding='same'))

    model.add(LeakyReLU(alpha=0.01))   ◄─┤ LeakyReLU 활성화 함수
```

---

11 옮긴이_ 원서는 두 번째와 세 번째 합성곱 다음에 배치 정규화 층을 추가했습니다. 하지만 이 때문에 GAN의 고질적인 문제인 모드 붕괴(mode collapse)에 빠지므로 번역서에서는 이 층을 뺐습니다. 모드 붕괴에 대해서는 5장을 참고하세요.

```
    model.add(Flatten())          ◀──┤ 시그모이드 활성화 함수를 사용하는 출력층
    model.add(Dense(1, activation='sigmoid'))

    return model
```

4.4.4 DCGAN 모델 생성과 실행

생성자와 판별자를 위해 사용한 네트워크 구조를 제외하고 나머지 DCGAN 신경망의 설정과
구현은 3장의 GAN에서 사용했던 것과 동일합니다. 이는 GAN 구조의 유연함을 잘 보여줍니
다. [코드 4−5]는 모델을 만들고 [코드 4−6]은 이 모델을 훈련합니다.

코드 4-5 DCGAN 모델 생성과 컴파일

```
def build_gan(generator, discriminator):

    model = Sequential()

    model.add(generator)          ◀──┤ 생성자 + 판별자 모델 연결
    model.add(discriminator)

    return model

discriminator = build_discriminator(img_shape)     ◀──┤ 판별자 모델 생성과 컴파일
discriminator.compile(loss='binary_crossentropy',
                      optimizer=Adam(),
                      metrics=['accuracy'])

generator = build_generator(z_dim)                  ◀──┤ 생성자 모델 생성

                                                         생성자 훈련시에는 판별자의
discriminator.trainable = False                     ◀──┤ 파라미터를 고정합니다.

                                                         생성자를 훈련하기 위해 판별자를 고정한
gan = build_gan(generator, discriminator)           ◀──┤ GAN 모델을 생성하고 컴파일합니다.
gan.compile(loss='binary_crossentropy', optimizer=Adam())
```

```python
losses = []
accuracies = []
iteration_checkpoints = []

def train(iterations, batch_size, sample_interval):

    (X_train, _), (_, _) = mnist.load_data()        ◄─┤ MNIST 데이터셋 로드

    X_train = X_train / 127.5 - 1.0        ◄─┤ [0, 255] 흑백 픽셀 값을 [-1, 1]로 스케일 조정
    X_train = np.expand_dims(X_train, axis=3)

    real = np.ones((batch_size, 1))        ◄─┤ 진짜 이미지의 레이블: 모두 1

    fake = np.zeros((batch_size, 1))        ◄─┤ 가짜 이미지의 레이블: 모두 0

    for iteration in range(iterations):

        idx = np.random.randint(0, X_train.shape[0], batch_size)   ◄─┤ 진짜 이미지의
        imgs = X_train[idx]                                              랜덤 배치 얻기

        z = np.random.normal(0, 1, (batch_size, 100))        ◄─┤ 가짜 이미지
        gen_imgs = generator.predict(z)                           배치 만들기

        d_loss_real = discriminator.train_on_batch(imgs, real)    ◄─┤ 판별자
        d_loss_fake = discriminator.train_on_batch(gen_imgs, fake)     훈련하기
        d_loss, accuracy = 0.5 * np.add(d_loss_real, d_loss_fake)

        z = np.random.normal(0, 1, (batch_size, 100))◄─┤ 가짜 이미지 배치 만들기
        gen_imgs = generator.predict(z)

        g_loss = gan.train_on_batch(z, real)    ◄─┤ 생성자 훈련하기

        if (iteration + 1) % sample_interval == 0:

            losses.append((d_loss, g_loss))
            accuracies.append(100.0 * accuracy)          │ 훈련이 끝난 후에 그래프로 그리기
            iteration_checkpoints.append(iteration + 1)  │ 위해 손실과 정확도를 저장하기

            print("%d [D 손실: %f, 정확도: %.2f%%] [G 손실: %f]" %  ◄─┤ 훈련 진행
                  (iteration + 1, d_loss, 100.0 * accuracy, g_loss))       과정 출력

            sample_images(generator)        ◄─┤ 생성된 이미지 샘플 출력
```

완전한 예제를 위해 다음 코드에 나오는 `sample_images()` 함수를 구현했습니다. 3장과 마찬가지로 이 함수가 훈련이 반복되는 동안 생성자가 만든 4 × 4 이미지 그리드를 출력합니다.

코드 4-7 생성된 이미지 출력

```
def sample_images(generator, image_grid_rows=4, image_grid_columns=4):

    z = np.random.normal(0, 1, (image_grid_rows * image_grid_columns, z_dim))   ← 랜덤한 잡음 샘플링

    gen_imgs = generator.predict(z)        ← 랜덤한 잡음에서 이미지 생성

    gen_imgs = 0.5 * gen_imgs + 0.5        ← 이미지 픽셀 값을 [0, 1] 범위로 스케일 조정

    fig, axs = plt.subplots(image_grid_rows,      ← 이미지 그리드 설정
                            image_grid_columns,
                            figsize=(4, 4),
                            sharey=True,
                            sharex=True)

    cnt = 0
    for i in range(image_grid_rows):
        for j in range(image_grid_columns):
            axs[i, j].imshow(gen_imgs[cnt, :, :, 0], cmap='gray')   ← 이미지 그리드 출력
            axs[i, j].axis('off')
            cnt += 1
    plt.show()
```

이제 다음 코드에서 이 모델을 실행합니다.

코드 4-8 모델 실행

```
iterations = 20000       ← 하이퍼파라미터 설정
batch_size = 128
sample_interval = 1000

train(iterations, batch_size, sample_interval)    ← 지정된 반복 횟수만큼 DCGAN 훈련
```

4.4.5 모델 출력

[그림 4-6]은 DCGAN 훈련이 모두 끝난 다음 생성자가 만든 손글씨 숫자 샘플입니다. 비교를 위해 [그림 4-7]에 3장의 GAN이 만든 숫자 샘플과 [그림 4-8]에 MNIST 데이터셋에서 진짜 숫자 샘플을 나타냈습니다.

그림 4-6 훈련이 끝난 DCGAN이 생성한 손글씨 숫자 샘플

그림 4-7 3장에서 구현한 GAN이 생성한 손글씨 숫자 샘플

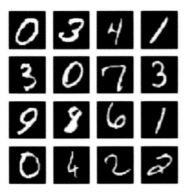

그림 4-8 DCGAN을 훈련하기 위해 사용한 MNIST 데이터셋에서 랜덤하게 선택한 진짜 손글씨 숫자 이미지. 3장에서 구현한 간단한 GAN이 만든 이미지와 달리 충분히 훈련된 DCGAN이 생성한 손글씨 숫자는 훈련 데이터와 구분하기 어렵습니다.

앞의 그림으로 미루어보아 DCGAN 구현에 투자한 노력은 충분한 가치가 있습니다. 충분히 훈련한 이 신경망이 만든 손글씨 숫자 이미지는 사실상 사람이 쓴 숫자와 구분이 어렵습니다.

4.5 결론

DCGAN은 GAN 프레임워크의 유연성을 잘 보여줍니다. 이론적으로 판별자와 생성자는 미분 가능한 어떤 함수로도 표현할 수 있습니다. 심지어 다층 합성곱 신경망처럼 복잡한 것도 가능합니다. 하지만 DCGAN은 실전에서 더 복잡한 구현을 만드는 데 어려움이 있다는 것도 보여줍니다. 배치 정규화와 같은 혁신적인 아이디어가 없다면 DCGAN은 잘 훈련되지 못할 것입니다.

다음 장에서 GAN 훈련을 어렵게 만드는 이론적이고 실제적인 제약을 알아보고 이를 극복하기 위한 방법도 살펴보겠습니다.

4.6 마치며

- 합성곱 신경망(ConvNet)은 하나 이상의 합성곱 필터를 사용해 입력 텐서 위를 슬라이딩합니다. 입력 위를 슬라이딩하는 각 단계마다 필터는 일련의 파라미터 집합을 사용해 하나의 활성화 값을 만듭니다. 필터가 만드는 활성화 값을 모두 모아서 출력을 생성합니다.

- 배치 정규화는 신경망에서 공변량 변화(훈련하는 동안 층 간의 입력 분포 변화)를 감소시키는 방법입니다. 입력을 다음 층으로 전달하기 전에 각 층의 출력을 정규화합니다.

- 심층 합성곱 GAN(DCGAN)은 생성자와 판별자에 합성곱 신경망을 사용하는 생성적 적대 신경망입니다. 튜토리얼에서 구현했던 이 구조는 손글씨 숫자 생성과 같은 이미지 처리 작업에서 뛰어난 성능을 달성합니다.

Part **II**

최신 GAN 모델

2부는 GAN의 고급 주제에 대해 살펴보겠습니다. 1장에서 배운 기본 개념을 바탕으로 GAN을 이론적으로 더 깊이 이해하고 GAN을 구현하기 위한 실용적인 방법을 배웁니다.

- 5장은 GAN 훈련의 이론적이고 실제적인 어려움을 소개하고 이를 극복하는 방법을 다룹니다.

- 6장은 **ProGAN**progressive generative adversarial network이라는 혁신적인 훈련 방법을 소개합니다. ProGAN은 전례 없는 놀라운 해상도의 이미지를 생성합니다.

- 7장은 준지도 학습(일부 샘플만 레이블을 가지고 있을 때 분류기를 훈련하는 방법)에서 GAN을 사용하는 법을 다룹니다. 준지도 학습은 실용적으로 매우 중요한 분야입니다.

- 8장은 생성자와 판별자를 훈련하는 동안 레이블(또는 다른 조건)을 사용해 타깃 데이터를 생성할 수 있는 기법인 **CGAN**conditional generative adversarial network을 소개합니다.

- 9장에서는 (사과 사진 같은) 한 이미지를 (오렌지 사진 같은) 다른 이미지로 변환하는 이미지 대 이미지 변환을 위한 다목적 기법인 **CycleGAN**을 살펴봅니다.

Part II

최신 GAN 모델

CHAPTER 5

GAN 훈련의 어려움과 노하우

이 장에서는 다음 내용을 다룹니다.

· GAN 평가의 어려움 이해하기

· 최소-최대 GAN, 비포화 GAN, WGAN

· 여러 팁과 기법을 사용하여 성공적으로 GAN 훈련하기

> **NOTE_** 이 장을 읽을 때 GAN은 훈련하고 평가하기가 어렵기로 유명하다는 것을 기억하세요. 보통 최신 분야가 그렇듯 최선의 방법에 대한 논의는 계속 진행 중입니다.

「How to Train Your DRAGAN」[1]과 같은 논문은 머신러닝 연구자들이 얼마나 썰렁한 농담을 하는지와 생성적 적대 신경망을 훈련하는 것이 얼마나 어려운지 보여주는 증거입니다. 수십 개의 아카이브 arXiv 논문이 GAN 훈련을 향상하는 목적을 위해 작성되었고 (유명한 머신러닝 콘퍼런스 중 하나인 〈NIPS^Neural Information Processing Systems〉를 포함하여)[2] 최고의 학술 콘퍼런스에서 열린 많은 워크숍에서 다양한 GAN 훈련 방법을 다루었습니다.

GAN 훈련의 어려움은 계속 바뀝니다. 따라서 논문과 콘퍼런스에 소개된 것을 포함해 많은 자료들에 어느 정도 업데이트가 필요합니다. 이 장에서는 광범위한 최신의 훈련 기법을 다룹니다. 또 이 장에서 우리는 모두 수학을 미워할 수밖에 없게 될지도 모릅니다(하지만 꼭 필요한 이상은 사용하지 않겠습니다).

---

1 옮긴이_ 이 논문은 처음 발표된 후 「On Convergence and Stability of GANs」(https://arxiv.org/abs/1705.07215)로 이름을 바꾸었습니다.

2 〈NIPS 2016〉은 유명한 관련 연구자들과 함께 GAN 훈련 워크숍을 열었습니다. 이 장은 이 워크숍의 내용을 기반으로 합니다. 〈NIPS〉는 최근에 〈NeurIPS〉로 이름을 바꾸었습니다.

2부 최신 GAN 모델의 첫 번째 장인 5장은 꽤 어렵습니다. 앞으로 돌아가 하이퍼파라미터를 이리저리 바꾸면서 모델을 테스트해보세요. 그다음 여기로 돌아오면 GAN의 구성 요소뿐만 아니라 훈련의 어려움을 직접 이해하고 이 장을 읽을 수 있습니다.

2부의 다른 장과 마찬가지로 이 장에서는, 기술을 배울 뿐만 아니라 향후 수년간 유용할 참고 자료를 얻을 수 있습니다. 이 장에서는 사람들의 경험과 블로그, 가장 관련이 높은 논문에서 얻은 팁과 기법을 정리합니다(여러분이 학술적인 성향이 아니라면 펜을 들고 각주에 낙서를 할 시간이 되겠네요). 이 장은 GAN의 현재 그리고 미래의 놀라운 발전을 명확하게 안내하는 이론을 간단히 소개합니다.

이장을 읽으며 앞으로 발표될 새로운 논문을 이해하는 데 필요한 기본 개념을 얻기를 바랍니다. 여러 많은 책에서 제시하는 장단점을 나열한 목록만으로는, 어떤 선택을 해야 할지 고수준에서 완전히 이해하지 못합니다. GAN은 새로운 분야이기 때문에 간단한 목록으로 해결이 안 됩니다. 학계가 아직 특정 부분에 완전히 합의하지 못했기 때문입니다. 또 GAN은 빠르게 발전하는 분야이므로 금방 구식이될 정보를 주는 것보다 새로운 정보를 탐색할 수 있는 능력을 갖추는 것이 훨씬 바람직합니다.

앞서 설명한 이 장의 목적에 맞게 GAN이 어디에 위치하는지 알아보죠. [그림 5-1]은 2장의 그림을 확장하여 모델의 분류 체계를 보여줍니다. 이 그림에서 어떤 생성 모델이 있는지 알 수 있고 서로 비슷한 것과 비슷하지 않은 것을 확인할 수 있습니다.

이 그림에 두 가지 중요한 점이 있습니다.

- 모든 생성 모델은 적어도 암묵적으로 최대 가능도에서 유도되었습니다.
- 2장에서 소개한 변이형 오토인코더는 이 분류의 명시적인 부류에 속합니다.
  변이형 오토인코더는 명확한 손실 함수(재구성 손실)를 가진다는 것을 기억하나요? GAN은 이런 것이 없습니다. 나중에 자세히 다루겠지만 오히려 경쟁하는 손실 함수 두 개가 있습니다. 하지만 이 시스템에는 한 가지 해석적인 해법이 없습니다.

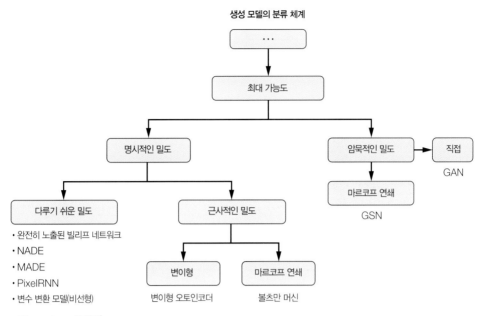

그림 5-1 GAN의 위치[3]

이 그림에 있는 다른 기술을 안다면 아주 좋습니다. 중요한 점은 우리가 명시적이고 다루기 쉬운 것에서 암묵적인 방법을 사용해 훈련하는 영역으로 이동한다는 것입니다. 하지만 이제 궁금한 점이 생길 겁니다. (3.2.1절 '상충되는 목적'에서 소개한 충돌하는 두 개의 손실이 있지만) 명시적인 손실 함수가 없다면 어떻게 GAN을 평가할까요? 어떻게 대규모 실험을 병렬로 수행할 수 있을까요?

[그림 5-1]에 있는 모든 기술이 딥러닝에서 출발하지 않습니다. 따라서 변이형 오토인코더와 GAN을 제외하고 나머지는 몰라도 괜찮습니다!

---

3 "Generative Adversarial Networks (GANs)," by Ian Goodfellow, NIPS 2016 tutorial, `http://mng.bz/400V`.

5.1 평가

다빈치 그림을 위조하는 1장의 비유를 다시 생각해보죠. 위조범(생성자)은 전시회에 들어갈 가짜 그림을 만들기 위해 다빈치를 흉내 내려고 합니다. 이 위조범은 전시회에 진짜 그림만 받아들이려는 미술품 감정사(판별자)와 경쟁합니다. 이 상황에서 여러분이 감정사를 속이기 위해 완벽한 다빈치 스타일로 이 위대한 예술가의 '잃어버린 작품'[4]을 만들려고 하는 위조범이라고 가정해보죠. 어떻게 잘하고 있는지를 평가할 수 있을까요? 위조범과 감정사가 어떻게 자신의 성능을 평가할 수 있을까요?

GAN은 위조범과 미술품 감정사 사이의 끝없는 경쟁 문제를 풀려고 합니다. 일반적으로 판별자보다 생성자가 더 관심의 대상이라는 것을 생각하면 생성자에 대한 평가는 아주 주의 깊어야 합니다. 하지만 어떻게 위대한 화가의 스타일을 정량화할 수 있을까요? 또는 얼마나 비슷하게 흉내 냈는지 정량화할 수 있을까요? 생성자의 전체적인 품질을 어떻게 정량화할 수 있을까요?

5.1.1 평가 프레임워크

가장 좋은 방법은 다빈치가 그릴 수 있는 모든 그림을 그리고 GAN이 생성한 이미지가 이 안에 포함되는지 확인하는 것입니다. 이 과정을 **최대 가능도 최대화**maximum likelihood maximization의 **비근사**nonapproximate 버전으로 생각할 수 있습니다. 사실 이미지가 이 집합에 포함되는지 아닌지 알 수 있으므로 가능도와 관련이 없습니다. 하지만 실제로는 이런 방식은 절대 불가능합니다.

그다음 차선책은 이미지를 평가하고 찾고자 하는 것을 정의한 다음, 오류나 인공적으로 보이는 것을 헤아리는 것입니다. 이는 매우 지엽적입니다. 궁극적으로 미술품을 검토하기 위해 항상 평가자가 필요합니다. 이 방법은 두 번째로 좋은 솔루션이지만 근본적으로 확장하기는 어렵습니다.

우리는 생성된 샘플의 품질을 평가하는 통계적인 방법을 원합니다. 확장이 용이하고 실험 결과를 평가할 수 있기 때문입니다. 계산하기 좋은 평가 지표가 없다면 향상되는지 모니터링할 수 없습니다. 이는 특히 다른 실험을 평가할 때 문제가 됩니다. 예를 들어 하이퍼파라미터 초기화

---

4 옮긴이_ 레오나르도 다빈치의 「앙기아리 전투」 벽화를 말합니다.

를 바꿀 때마다 측정이나 역전파에 사람이 참여해야 한다고 상상해보세요. GAN은 하이퍼파라미터에 매우 민감하기 때문에 특히 문제가 됩니다. 통계적인 지표를 준비하지 않으면 매우 어렵습니다. 훈련 품질을 평가하기 위해 매번 사람이 확인해야 하기 때문입니다.

최대 가능도와 같이 그냥 이미 알고 있는 것을 사용하면 어떨까요? 이 방법은 통계적이고 어느 정도 원하는 것을 측정합니다. 어쨌든 암묵적으로 여기에서 모두 파생되었습니다. 그럼에도 최대 가능도는 사용하기 어렵습니다. 내재된 분포와 가능도를 잘 추정해야 하기 때문입니다. 이는 수십억 개 이상의 이미지가 필요하다는 것을 의미합니다.[5] 실제 훈련 세트에 좋은 샘플을 가지고 있더라도 최대 가능도보다 더 나은 것이 필요한 이유도 있습니다.

최대 가능도에 있는 문제는 무엇일까요? 최대 가능도는 많은 머신러닝 연구에서 잘 정립된 지표입니다. 일반적으로 최대 가능도는 바람직한 성질을 많이 가지고 있습니다. 하지만 앞서 언급했듯이 GAN 평가 방법으로는 사용하기 쉽지 않습니다.

게다가 실전에서 최대 가능도 근사는 과도하게 일반화하여 현실적이지 않게 다양한 샘플을 만듭니다.[6] 최대 가능도를 사용하면 실제 세상에서 절대 발견할 수 없는 샘플을 찾을 수 있습니다. 머리가 여러 개인 강아지나 수십 개의 눈을 가지고 몸은 없는 기린 같은 것입니다. GAN이 악몽을 꾸게 만드는 것을 원치 않기 때문에 손실 함수나 평가 방법으로 너무 일반화된 샘플을 제거해야 합니다.

과잉 일반화overgeneralization를 생각하는 다른 방법은 (예를 들면 이미지 같은) 가짜 데이터와 진짜 데이터의 확률 분포에서 시작해서 확률 질량이 0일 경우 거리 함수(진짜 이미지와 가짜 이미지의 분포 사이 거리를 측정하는 방법)가 무엇을 할 수 있는지 살펴보는 것입니다. 예를 들어 이렇게 과도하게 일반화된 샘플로 인해 추가된 손실은 샘플이 너무 다르지 않다면 작을 수 있습니다. 머리가 여러 개인 것처럼 몇 가지 주요한 문제를 제외하고는, 생성된 샘플의 종류가 실제 데이터와 가깝기 때문입니다. 따라서 과잉 일반화 지표를 사용하면 진짜 데이터 생성 과정에서 머리가 여러 개인 소 같은 있어서는 안 될 샘플을 생성합니다.

이것이 최대 가능도를 항상 효과적으로 잘 사용함에도 불구하고 연구자들이 다른 평가 방법이 필요하다고 느끼는 이유입니다. 우리는 다른 방법으로 평가해보겠습니다. 관심이 있다면 잠시

---

5 10장에서 차원 문제에 대해 자세히 설명합니다.

6 "How (Not) to Train your Generative Model: Scheduled Sampling, Likelihood, Adversary?" by Ferenc Huszár, 2015, http://arxiv.org/abs/1511.05101.

후에 볼 KL 발산과 JS 발산도 최대 가능도를 기반으로 합니다. 따라서 이를 같은 개념으로 다룰 수 있습니다.

따라서 샘플을 평가할 수 있어야 하고 이를 위해 단순하게 최대 가능도를 사용할 수 없음을 이해했습니다. 다음 페이지에서 생성된 샘플의 품질을 확률적으로 평가하기 위해 널리 사용되는 지표 두 개를 소개하겠습니다. **인셉션 점수**inception score (IS)와 프레셰 인셉션 거리입니다. 이 두 지표는 이미지의 사실성이나 시각적인 호소력과 같이 어느 정도 필요한 성질과 크게 관련이 있다고 광범위하게 검증되었습니다. 인셉션 점수는 샘플이 인식될 수 있어야 한다는 아이디어를 바탕으로 고안되었지만 아마존 메커니컬 터크Amazon Mechanical Turk[7] 사용자들이 검증한 것처럼 실제 이미지 구성에 대한 사람의 직관과 연관되어 있습니다.

5.1.2 인셉션 점수

당연히 좋은 확률적 평가 방법이 필요합니다. 먼저 이상적인 평가 방법이 어떤 것인지 고수준에서 희망 목록을 나열해보겠습니다.

생성된 샘플은 실제 사물과 같고 구분이 가능해야 합니다.

예를 들어 양동이나 소 같은 것입니다. 이 샘플이 실제처럼 보이면 데이터셋에 있는 샘플을 생성할 수 있습니다. 또한 분류기가 보고 있는 것을 인식하고 있다고 확신할 수 있습니다. 다행히 이미지가 특정 클래스에 속하는지 일정한 신뢰도로 분류하는 컴퓨터 비전 분류기를 이미 가지고 있습니다. 사실 이 점수는 이런 분류기 중 하나인 인셉션 신경망에서 따왔습니다.

생성된 샘플은 다양하고 이상적으로 원본 데이터셋에 있는 모든 클래스를 포함해야 합니다.

샘플이 주어진 데이터셋을 대표해야 하기 때문에 이런 점은 매우 바람직합니다. MNIST 데이터를 생성하는 GAN이 항상 숫자 8을 놓친다면 좋은 생성 모델이라 말할 수 없습니다. 즉 클래스 사이에 모드 붕괴가 없어야 합니다.[8]

---

7 아마존 메커니컬 터크는 사전에 명시된 작업을 수행하기 위해 시간 단위로 사람을 고용할 수 있는 서비스입니다. 온디맨드 프리랜서나 태스크 래빗(Task Rabbit)과 비슷하지만 온라인 서비스입니다.
옮긴이_ 태스크 래빗은 청소, 배달, 조립 등의 도움을 받을 수 있는 미국의 온디맨드 마켓 플레이스입니다.

8 "An Introduction to Image Synthesis with Generative Adversarial Nets," by He Huang et al., 2018, `https://arxiv.org/pdf/1803.04469.pdf`.

생성 모델에 대한 더 많은 요구 사항이 있지만 이 정도가 좋은 출발선입니다.

인셉션 점수는 2016년 논문에서 처음 소개되었습니다. 이 논문에서 이 지표를 광범위하게 검증하였고 실제 사람이 생각하는 고품질 샘플의 구성에 진짜 관련되어 있다고 확인하였습니다.[9] 이후로 이 지표가 GAN 연구 커뮤니티에서 인기가 높아졌습니다.

이 지표가 왜 필요한지 설명했으므로 이제 기술적으로 자세히 알아보겠습니다. IS를 계산하는 과정은 간단합니다.

1 진짜 분포와 생성된 분포 사이의 KL 발산[10]을 계산합니다.

2 1의 결과에 지수 함수를 적용합니다.

예를 하나 들어보죠. 이미지넷ImageNet 데이터셋에서 데이지 꽃의 샘플을 생성하는 데 실패한 ACGANauxiliary classifier generative adversarial network[11]입니다. 다음처럼 실패한 ACGAN에 대해 인셉션 모델을 실행했을 때 [그림 5-2]와 같은 결과를 얻었습니다. OS, 텐서플로 버전, 구현 방식에 따라 결과는 다를 수 있습니다.

여기에서 중요한 것은 인셉션 분류기가 무엇을 보고 있는지 확신하지 못한다는 것입니다. 특히 처음 세 카테고리에서 그렇습니다.[12] 사람은 아마 꽃이라고 생각할 수 있지만 확실하지는 않습니다. 전체 예측 신뢰도도 매우 낮습니다(최대 점수는 1.0입니다). 이 예제는 낮은 IS를 가진 경우로, 이 절을 시작할 때 언급한 두 가지 요구 사항에 부합합니다. 따라서 앞에서 언급한 지표는 우리의 직관에 잘 맞습니다.

---

9 "Improved Techniques for Training GANS," by Tim Salimans et al., 2016, `https://arxiv.org/pdf/1606.03498.pdf`.

10 2장에서 KL 발산을 소개했습니다. 2.7절 '코드가 핵심이다'를 참조하세요.

11 "Conditional Image Synthesis with Auxiliary Classifier GANs," by Augustus Odena et al., 2017, `https://arxiv.org/pdf/1610.09585.pdf`.

12 옮긴이_ 세 카테고리의 점수가 비슷하기 때문입니다.

이미지	카테고리	점수
	daisy	0.05646
	book jacket, dust cover, dust jacket, dust wrapper	0.05086
	goldfish, Carassius auratus	0.04913
	hummingbird	0.02358
	panpipe, pandean pipe, syrinx	0.02029

그림 5-2 ACGAN 실패 모드. 오른쪽의 점수가 소프트맥스 출력을 나타냅니다.[13]

5.1.3 프레셰 인셉션 거리

다음으로 해결할 문제는 샘플의 다양성 부족입니다. 종종 GAN은 클래스별로 손쉬운 이미지만 학습합니다. 2017년 **프레셰 인셉션 거리**Fréchet inception distance(FID)라는 새로운 방법이 제안되었습니다.[14] FID는 잡음에 강하고 클래스 내부의 샘플 누락을 감지할 수 있어서 IS를 향상시킵니다.

IS 기반에서는 한 타입의 카테고리만 생성해도 기술적으로 카테고리 생성 조건을 만족하기 때문에 FID가 중요합니다. 예를 들어 고양이 하나를 생성하는 알고리즘은 실제 우리가 원하는 것이 아닙니다(여러 종류의 고양이가 있기 때문이죠). 게다가 GAN이 여러 각도의 고양이 이미지, 일반적으로 말하면 별개로 볼 수 있는 이미지 샘플을 만들어야 합니다.

마찬가지로 이미지를 그냥 외우는 GAN을 원하지 않습니다. 다행히 이는 감지하기 아주 쉽습니다. 픽셀 공간에서 이미지 사이 거리를 계산하면 됩니다. [그림 5-3]에서 이를 보여줍니다.

---

13 Odena, 2017, https://arxiv.org/pdf/1610.09585.pdf.

14 "GANs Trained by a Two Time-Scale Update Rule Converge to a Local Nash Equilibrium," by Martin Heusel et al., 2017, http://arxiv.org/abs/1706.08500.

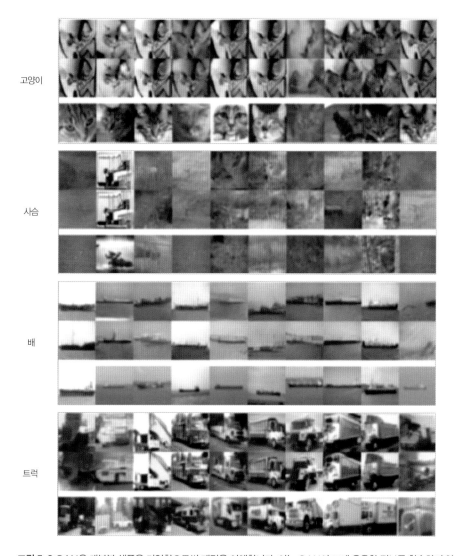

고양이

사슴

배

트럭

그림 5-3 GAN은 대부분 샘플을 기억함으로써 패턴을 이해합니다. 이는 GAN이 크게 유용한 정보를 학습하지 않고 일반화될 것 같지 않아 보이는 원치 않는 결과를 만듭니다. 그 증거가 다음 이미지입니다. 각 카테고리에서 처음 2개 행은 중복된 샘플의 쌍입니다. 3번째 행은 훈련 세트에 있는 2번째 행의 최근접 이웃입니다. 이 샘플은 논문에 있는 것처럼 저해상도 GAN을 사용했기 때문에 해상도가 매우 낮습니다.[15]

---

15 "Do GANs Actually Learn the Distribution? An Empirical Study," by Sanjeev Arora and Yi Zhang, 2017, https://arxiv.org/pdf/1706.08224v2.pdf.

FID 구현은 복잡하지만 고수준 개념은 최소한의 수정으로 실제 데이터의 분포처럼 보일 수 있는 샘플의 생성 분포를 찾는 것입니다.

FID는 인셉션 모델에 이미지를 통과시켜 계산합니다. 실제로 최종 출력 대신 중간 표현(특성 맵 또는 층)을 비교합니다(다른 말로 하면 임베딩을 사용합니다). 조금 더 구체적으로 설명하면 진짜와 생성된 두 분포의 임베딩된 평균, 분산, 공분산의 거리를 평가합니다.

이미지뿐만 아니라 어떤 분야의 분류기가 잘 훈련되어 있다면 이 분류기의 예측을 사용해 특정 샘플이 현실적으로 보이는지 측정할 수 있습니다. 요약하면 FID는 사실적인 이미지를 정량화하는 것처럼 어려운 작업에서도 사람의 평가에서 벗어나 분포 측면에서 확률적인 추론을 할 수 있습니다.

이 지표는 새로 나온 것이기 때문에 후속 논문에서 단점이 드러나는지 살펴봐야 합니다. 하지만 저명한 많은 연구자들이 이미 이 지표를 사용하기 시작했기 때문에 이 책에 포함했습니다.[16]

5.2 훈련의 어려움

GAN 훈련은 복잡합니다. 이 책에서 훈련 모범 사례를 소개하겠습니다. 하지만 여기에서는 고수준으로 이해하기 쉽게 설명합니다. 수학을 사용해 이론을 증명하거나 근거를 제시하지 않습니다. 이런 상세 내용은 이 책의 범위를 넘어서기 때문입니다. 참고 자료를 보고 스스로 판단하는 것이 좋습니다. 종종 논문 저자들은 테스트해볼 수 있는 코드 예제를 제공하기도 합니다.

주요 문제를 나열하면 다음과 같습니다.

모드 붕괴

모드 붕괴mode collapse는 일부 모드(예를 들면 클래스)가 생성된 샘플에 잘 나타나지 않는 것입니다. 실제 데이터 분포가 해당 부분의 샘플을 제공함에도 모드가 붕괴됩니다. 예를 들어 생성된 MNIST 데이터셋에 숫자 8이 없습니다. 네트워크가 수렴했음에도 모드 붕괴가 일어날 수 있습니다. IS를 설명하면서 클래스 간의 모드 붕괴에 관해 이야기했고 FID를 설명할

---

16 "Is Generator Conditioning Causally Related to GAN Performance?" by Augustus Odena et al., 2018, http://arxiv.org/abs/1802.08768. See also S. Nowozin (Microsoft Research) talk at UCL, February 10, 2018.

때 클래스내 모드 붕괴를 이야기했습니다.

느린 수렴

느린 수렴은 GAN과 비지도 학습에서 큰 문제입니다. 수렴 속도와 가용 계산 성능은 주요 제약 사항입니다. 일반적으로 레이블된 가용 데이터가 첫 번째 장벽인 지도 학습과는 다릅니다. 게다가 일부 사람들은 미래 AI 경쟁에서 데이터가 아니라 계산 성능이 결정적 요소가 된다고 믿습니다. 또 누구나 훈련하는 데 며칠이나 걸리지 않는 빠른 모델을 원합니다.

과잉 일반화

과잉 일반화overgeneralization는 특히 지원할 필요가 없는 (즉, 존재하지 않는) 모드(잠재적인 데이터 샘플)가 발생하는 경우를 말합니다. 예를 들어 머리는 하나에 몸통은 여러 개이거나 그 반대인 소를 볼 수 있습니다. 이는 GAN이 과도하게 일반화되어 실제 데이터에 존재하지 않는 것을 학습할 때 일어납니다.

모드 붕괴와 과잉 일반화는 이따금 알고리즘을 다시 초기화하여 쉽게 해결할 수 있습니다. 하지만 이런 알고리즘은 안정되지 않기 때문에 나쁩니다. 이 목록은 대략 두 가지 핵심 지표인 속도와 품질을 제시합니다. 하지만 실제 분포와 생성된 분포 사이 간격을 빠르게 줄이는 것이 많은 훈련의 궁극적인 관심사이기 때문에 두 지표는 비슷합니다.

그럼 어떻게 이를 해결할 수 있을까요? 다른 머신러닝 알고리즘과 마찬가지로 GAN을 훈련할 때 몇 가지 기법이 훈련 과정을 향상하는 데 도움이 됩니다.

- 신경망 깊이 늘리기
- 게임 설정 바꾸기
  - 오리지널 논문에서 제시한 최소−최대 설계와 종료 조건
  - 오리지널 논문[17]에서 제시한 수렴하지 않는 설계와 종료 조건
  - 최신 기법의 WGAN
- 여러 가지 훈련 기법
  - 입력 정규화
  - 그레이디언트에 벌칙 부과하기

---

17 "Generative Adversarial Networks," by Ian Goodfellow et al., 2014, http://arxiv.org/abs/1406.2661.

- 판별자를 더 많이 훈련하기
- 희소한 그레이디언트 피하기
- 간접적이고 잡음이 있는 레이블로 바꾸기

5.2.1 신경망 깊이 늘리기

많은 머신러닝 알고리즘처럼 안정되게 학습하는 가장 쉬운 방법은 복잡도를 낮추는 것입니다. 간단한 알고리즘에서 시작해서 점차 복잡도를 높이면 훈련의 안정성과 빠른 수렴, 그 외 여러 이점을 얻을 수 있습니다. 6장에서 이에 대해 자세히 다룹니다.

간단한 생성자와 판별자를 사용하면 금방 안정 상태에 도달할 수 있습니다. 그다음 믿을 수 없을 만큼 놀라운 GAN 논문 중 하나[18]에서 설명한 것처럼 훈련하면서 복잡도를 추가할 수 있습니다. 엔비디아^NVIDIA 저자들은 계속 두 네트워크의 크기를 늘려 각 훈련 주기의 마지막에 생성자의 출력 크기와 판별자의 입력 크기를 두 배로 늘립니다. 간단한 두 네트워크로 시작하고 좋은 성능을 얻을 때까지 훈련합니다.

이 방법은 초기 입력 크기보다 수십 수백 배가 더 큰 파라미터 공간으로 시작하지 않습니다. 대신 4 × 4 픽셀 이미지를 생성하고 이 파라미터 공간을 탐색한 다음 출력의 크기를 두 배로 늘립니다. 이미지 크기가 1024 × 1024가 될 때까지 이 과정을 반복합니다.

그림 5-4 GAN이 생성한 풀 HD 이미지. 이 그림은 다음 장의 예고편입니다. 힘들었던 모든 작업이 이 하나로 보상될 것입니다.[19]

---

18 "Progressive Growing of GANs for Improved Quality, Stability, and Variation," by Tero Karras et al., 2017, http://arxiv.org/abs/1710.10196.

19 Karras et al., 2017, https://arxiv.org/abs/1710.10196.

얼마나 인상적인지 확인해보죠. [그림 5-4]의 사진은 모두 생성된 것입니다. 오코인코더가 생성할 수 있는 흐릿한 64×64 크기 이미지를 뛰어넘었죠.

이 방식은 다음과 같은 장점이 있습니다. 안정성, 훈련 속도, 그리고 가장 중요한 크기와 생성한 샘플의 품질입니다. 새로운 방식이지만 앞으로 더 많은 논문이 이 방식을 사용할 것으로 기대합니다. 사실상 모든 종류의 GAN에 적용할 수 있기 때문에 반드시 이것을 테스트해봐야 합니다.

5.2.2 게임 설정

GAN에서 두 상대가 경쟁하는 특징은 바둑이나 체스를 포함해 어느 순간 종료되는 보드 게임을 플레이하는 것으로 생각할 수 있습니다(실제 딥마인드^{DeepMind}가 알파고에 적용한 정책 신경망과 가치 신경망으로 분할한 것에서 착안했습니다). 선수는 게임의 목표와 두 선수가 달성하려는 것을 알아야 합니다. 또한 얼마나 승리할 가능성이 높은지 이해해야 합니다. 따라서 **규칙과 거리 (승리) 지표**가 필요합니다. 예를 들면 잃은 폰^{pawn}의 개수입니다.

하지만 모든 보드 게임 승리 지표가 모든 게임에 동일하게 잘 적용되지 않습니다. 이와 마찬가지로 일부 GAN의 성공 지표(거리 또는 발산)가 다른 게임 설정에서는 안 되고 특정 게임 설정에만 사용되는 경향이 있습니다. 각 손실 함수(성공 지표)와 선수 간의 역학 관계(게임 설정)를 나누어 조사할 필요가 있습니다.

여기에서는 수학 식을 사용하여 GAN 문제를 설명합니다. 이 식은 중요하지만 독자에게 필요 이상으로 부담을 주지 않겠습니다. 이를 소개하는 이유는 수학 식을 알면 높은 수준에서 이해할 수 있을 뿐만 아니라 아직도 많은 GAN 연구자들이 헷갈려하는 것을 이해할 수 있기 때문입니다(어쩌면 머릿속에 훈련된 판별자가 있어야 할지 모릅니다).

5.2.3 최소–최대 GAN

이 책의 서두에서 설명했듯이 GAN 설정을 게임 이론의 관점으로 생각할 수 있습니다. 두 플레이어가 서로를 이기려합니다. 2014년 오리지널 논문은 두 종류의 게임을 소개합니다. 원론적으로 더 이해하기 쉽고 이론적으로 토대가 잘 정립된 방식이 여기에서 설명한 것입니다. GAN

문제를 최소-최대 게임으로 생각하는 거죠. [식 5-1]이 판별자의 손실 함수를 나타냅니다.

식 5-1

$$J^D = -(E_{x \sim p_r} \log[D(x)] + E_{z \sim p_g} \log[1 - D(G(z))])$$

E는 x(실제 데이터 분포)나 z(잠재 공간)에 대한 기댓값입니다. D는 (이미지를 확률로 매핑하는) 판별자 함수입니다. G는 (잠재 벡터를 이미지로 매핑하는) 생성자 함수입니다. 이 식은 이진 분류 문제와 비슷합니다. 간소하게 나타내기 위해 복잡한 것을 없애면 이 식은 다음과 같이 다시 쓸 수 있습니다.

$$J^D = -(D(x) - D(G(z))), \text{ 여기에서 } (D(x), D(G(z)) \in [0,1]$$

이는 판별자가 실제 샘플을 가짜로 착각할 가능성(첫 번째 부분)을 최소화하거나 가짜 샘플을 진짜(두 번째 부분)로 착각할 가능성을 최소화한다는 의미입니다.[20]

이제 [식 5-2]에 있는 생성자의 손실 함수를 살펴보죠.

식 5-2

$$J^G = -J^D$$

두 개의 에이전트가 서로 경쟁하기 때문에 생성자의 손실은 판별자 손실의 음수 값이 됩니다.

모두 정리해보죠. 두 개의 손실 함수가 있습니다. 하나는 다른 하나의 음수 값입니다. 적대 관계가 명백하네요. 생성자는 판별자를 이기려고 합니다. 판별자는 이진 분류기라는 것을 기억하세요. 판별자는 두 개의 클래스가 아니라 하나의 숫자를 출력합니다. 따라서 확신이나 불확신에 대한 벌칙을 받습니다. 나머지는 **점근적 일치성**asymptotic consistency 같은 좋은 성질을 **옌센-섀넌 발산**Jensen-Shannon divergence (JSD, 이하 JS 발산)에 주는 수학 기교일 뿐입니다(누군가에는 악담으로 들릴 수 있는 표현입니다).

앞서 왜 최대 가능도를 사용하지 않는지 설명했습니다. 대신 KL 발산과 JS 발산과 같은 측정

---

20 옮긴이_ 진짜 샘플을 가짜로 착각하면 $D(x)$가 낮은 값(예를 들면 0.1)이고, 가짜 샘플을 진짜로 여기면 $D(G(z))$가 높습니다(예를 들면 0.9). 로그 함수를 거치면서 두 값은 큰 음수가 되기 때문에 결국 [식 5-1]는 아주 큰 양수가 됩니다.

값을 사용합니다. 더 최근에는 와서스테인 거리로도 알려진 **EM 거리**^{earth mover distance}를 사용합니다. 이런 모든 발산은 진짜와 생성된 분포의 차이를 이해하도록 돕습니다. 지금은 JS 발산을 2장에서 소개한 KL 발산의 대칭 버전으로 생각하세요.

> **NOTE_ JS 발산**은 KL 발산의 대칭 버전입니다. $KL(p, q) != KL(q, p)$이지만 $JSD(p, q) == JSD(q, p)$입니다.

조금 더 자세히 말하면 JS 발산은 물론 KL 발산을 GAN이 궁극적으로 최소화하려는 것으로 간주합니다. 이 두 종류의 거리 지표는 고차원 공간에서 두 분포가 어떻게 다른지 이해하는 데 도움을 줍니다. 이 발산과 최소-최대 버전의 GAN을 연결하는 멋진 증명이 있지만 이 책에 포함하기에는 너무 학술적입니다. 잘 이해되지 않아도 너무 걱정하지 마세요. 이건 통계학자의 일이니까요.

이론적으로 잘 보장되는 것을 넘어서 **최소-최대 GAN**^{min-max generative adversarial network}(MMGAN)을 일반적으로 사용하지 않습니다. MMGAN은 두 신경망(플레이어) 사이의 경쟁 특성에서 유래된 게임 이론 개념과 정보 이론 개념으로서 GAN을 이해하는 좋은 이론적 프레임워크를 제공합니다. 하지만 MMGAN에는 그 이상의 장점이 없습니다. 일반적으로 다음 두 방식을 사용합니다.

5.2.4 비포화 GAN

실제로 최소-최대 방식은 생성자의 느린 수렴과 같은 문제를 종종 일으킵니다. 오리지널 GAN 논문은 **비포화 GAN**^{non-saturating generative adversarial network}(NSGAN)이라는 다른 방식을 제안합니다. 이 버전에서는 두 개의 손실 함수가 서로 직접 경쟁하는 것이 아니라 [식 5-3]에 있는 것처럼 두 손실 함수를 독립적으로 만듭니다. 하지만 원래 공식인 [식 5-2]와 방향성은 같습니다.

여기에서도 보편적으로 이해하는 데 초점을 맞추겠습니다. 두 손실 함수는 더는 직접 서로 연결되지 않습니다. 하지만 [식 5-3]에서 생성자가 판별자 손실 함수 [식 5-4]의 두 번째 항의 역을 최소화합니다. 기본적으로 이는 생성한 샘플이 잡히지 않도록 노력하는 것과 같습니다.[21]

---

21 옮긴이_ $D(G(z))$가 1에 가까울 때 로그 함수를 거치면서 가장 작은 양수가 됩니다. 즉 판별자가 생성된 샘플에 속을 때 생성자의 손실 함수는 최소가 됩니다.

식 5-3

$$J^G = -E_{z \sim p_g} \log[D(G(z))]$$

식 5-4

$$J^D = -(E_{x \sim p_r} \log[D(x)] + E_{z \sim p_g} \log[1 - D(G(z))])$$

판별자 식은 이전에 보았던 것과 정확히 동일합니다. [식 5-1]과 [식 5-4]는 동일합니다. 하지만 [식 5-2]의 항등식은 바뀝니다. NSGAN이 필요한 이유는 MMGAN의 경우 그레이디언트가 쉽게 포화될 수 있기 때문입니다. 이렇게 되면 그레이디언트가 0에 가까워져 수렴이 느려집니다. 역전파되는 가중치 업데이트 양이 0 또는 아주 작아지기 때문입니다. [그림 5-5]에 잘 나타나 있습니다.

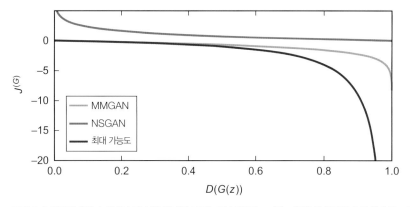

그림 5-5 이론적으로 손실 함수가 어떤 관계를 가지는지 보여주는 그림. y축은 생성자의 손실 함수이고 D(G(z))는 생성된 샘플에 대한 판별자의 추측입니다. 최소–최대 방식은 오랫동안 평평하기 때문에 (그레이디언트가 소실되기 때문에) 생성자가 얻을 수 있는 정보가 매우 적습니다.[22]

0.0 근처에서 최대 가능도와 MMGAN의 그레이디언트가 0에 가깝습니다. 훈련 초기에 이런 경우가 많습니다. 하지만 NSGAN은 훨씬 많은 그레이디언트를 받기 때문에 초기에 훈련이 빠르게 진행됩니다.

22　"Understanding Generative Adversarial Networks," by Daniel Seita, 2017. `http://mng.bz/QQAj`.

NS 방식이 왜 내시 균형에 수렴하는지 이론적으로 잘 이해하기 어렵습니다. 사실 NSGAN은 경험에 기반해 만들어졌기 때문에 더는 수려하게 수학적으로 증명하기 어렵습니다(그림 5-6). 하지만 NSGAN의 경우에서도 GAN 문제의 복잡도 때문에 훈련이 전혀 수렴되지 않는 경우가 있습니다. 하지만 경험적으로 보면 MMGAN보다 잘 수행됩니다.

그림 5-6 묵념

하지만 이런 엄청난 희생(?)은 놀라운 성능 향상으로 이어집니다. NS 방식이 좋은 점은 초기 훈련이 빠른 것뿐만 아니라 생성자가 빠르게 학습해서 판별자 학습도 빨라진다는 것입니다. (거의) 모든 사람이 한정된 컴퓨팅 자원과 시간을 가지고 있기 때문에 이는 매우 좋은 현상입니다. 가능한 한 빠르게 학습할수록 더 좋습니다. 하지만 일부는 아직 NSGAN을 한정된 컴퓨팅 자원으로 완전히 해결할 수 없다고 주장합니다. 또 **와서스테인 GAN**^{Wasserstein generative adversarial} ^{network}(WGAN)이 더 좋은 구조라고 결론나지도 않았습니다.[23]

5.2.5 훈련 종료 시점

솔직히 말하면 NSGAN은 다음과 같은 특징을 가집니다.

- 더는 JS 발산과 **점근적으로 일치**^{asymptotically consistent}하지 않습니다.
- 이론적으로 정의하기 더 힘든 평형 상태를 가집니다.

JS 발산은 생성된 분포가 실제 데이터 분포에 수렴해야 하는 이유를 설명하는 의미 있는 도구

---

23 "Are GANs Created Equal? A Large-Scale Study," by Mario Lucic et al., 2017, http://arxiv.org/abs/1711.10337.

이기 때문에 첫 번째 항목이 중요합니다. 원론적으로 보면 이는 종료 기준입니다. 하지만 실제로는 진짜 분포와 생성된 분포가 수렴할 때를 검증할 수 없기 때문에 거의 의미가 없습니다. 일반적으로 몇 번의 반복마다 생성된 샘플을 보고 멈출 때를 결정합니다. 최근에는 FID와 IS로 종료 기준을 찾는 사람들이 있습니다. 이보다 덜 알려진 분할 와서스테인 거리sliced Wasserstein distance(SWD)를 사용하기도 합니다.

확실하게 불안정성도 훈련 문제를 일으키기 때문에 두 번째 항목도 중요합니다. 더 중요한 질문은 멈출 때를 아는 것입니다. GAN 문제의 원본 공식 두 개에서는 실전에서 훈련이 종료될 조건이 명확하지 않습니다. 원칙적으로 내시 균형에 도달할 때 훈련이 끝난다고 말하지만 실전에서 이를 입증하기 어렵습니다. 고차원은 평형 상태를 증명하기 어렵기 때문입니다.

생성자와 판별자의 손실 함수를 그려보면 일반적으로 변동이 아주 심합니다. 서로 경쟁하기 때문에 당연합니다. 하나가 앞서면 다른 하나의 손실이 커집니다. 두 손실 함수를 보는 것만으로는 언제 훈련을 끝내야 하는지 실제로 알기 어렵습니다.

NSGAN을 옹호하자면 WGAN보다 훨씬 빠릅니다. 따라서 NSGAN이 더 빨리 실행할 수 있으므로 이런 제약을 극복할 수 있습니다.

5.2.6 WGAN

최근 WGAN[24]이라는 새로운 GAN 훈련 방법이 개발되어 학계에서 많은 인기를 얻고 있습니다. 사실 모든 주요 학술 논문과 많은 기술자들이 이를 언급하고 있습니다. WGAN이 중요한 이유는 세 가지입니다.

- 손실 함수에 큰 진전이 있습니다. 해석이 용이하고 종료 기준이 명확합니다.
- 경험적으로 보았을 때 WGAN이 더 나은 결과를 만드는 경향이 있습니다.
- 많은 GAN 연구들과 달리 손실부터 이론적 뒷받침이 명확합니다. 또 근사하려는 KL 발산이 이론적으로나 실전에서 어떻게 잘 맞지 않는지 보여줍니다. 이 이론에 근거하여 문제를 완화할 수 있는 더 나은 손실 함수를 제안합니다.

첫 번째 항목의 중요성은 이전 절에서 보았으므로 명확합니다. 생성자와 판별자 사이의 경쟁 관계 때문에 멈추어야 할 정확한 지점을 찾지 못합니다. WGAN는 생성된 샘플의 비주얼 품질

---

24 "Wasserstein GAN," by Martin Arjovsky et al., 2017, `https://arxiv.org/pdf/1701.07875.pdf`.

과 명확히 관련되어 있는 EM 거리를 손실 함수로 사용합니다. 두 번째와 세 번째 항목의 장점도 어느 정도 분명합니다. 고품질 샘플을 원하고 이론적 배경을 잘 갖추어야 합니다.

어떻게 이런 마법이 가능할까요? [식 5-5]에 있는 판별자(WGAN은 **비평자**critic라고 부릅니다)의 와서스테인 손실을 살펴보겠습니다.

식 5-5

$$-(E_{x \sim p_r}[f_w(x)] - E_{z \sim p(z)}[f_w(g_\theta(z))])$$

이 식은 앞서 보았던 것과 조금 비슷합니다([식 5-1]을 고수준에서 단순화한 것으로 볼 수 있습니다). 하지만 몇 가지 중요한 차이가 있습니다. 여기에는 판별자 역할을 하는 함수 f_w가 있습니다. 비평자는 EM 거리를 추정하고 f_w 함수의 모델 파라미터를 바꾸어가며 진짜 분포(첫 번째 항)와 생성된 분포(두 번째 항) 사이의 최대 차이를 찾습니다. 그리고 그 차이를 측정합니다. 비평자는 이동해야 할 확률 질량의 양을 최대화하는 f_w를 찾음으로써 생성자를 최대로 어렵게 만듭니다.

[식 5-6]은 생성자의 손실 함수입니다.

식 5-6

$$min - E_{z \sim p(z)}[f_w(g_\theta(z))]$$

고수준에서 보면 이 식은 실제 분포의 기댓값과 생성된 분포의 기댓값 사이 거리를 최소화합니다. WGAN 논문은 복잡하지만 f_w가 기술적인 제약 사항을 만족하는 함수라는 것이 핵심입니다.

> **NOTE_** 기술적인 제약은 f_w가 '1 - 립시츠Lipschitz' 함수여야 합니다. 즉 모든 $x1$, $x2$에 대해 $|f(x1) - f(x2)|$ $\leq |x1 - x2|$입니다.

생성자가 풀려는 문제는 이전과 비슷하지만 조금 더 자세히 알아보겠습니다.

1 실제 분포($x \sim P_r$)와 생성된 분포 x^* ($g_\theta(z)$, 여기에서 $z \sim p(z)$)에서 x를 뽑습니다.

2 생성된 샘플은 z(잠재 공간)에서 샘플링되고 동일한 공간에 있는 샘플($x*$)을 얻기 위해 g_θ로 변환됩니다. 그 다음 f_w를 사용해 평가합니다.

3 손실 함수 또는 거리 함수(이 경우엔 EM 거리)를 최소화해야 합니다. 실제 수치는 잠시 후에 설명할 EM 거리를 사용해 계산합니다.

이 손실이 훨씬 이해하기 쉽기 때문에 좋습니다(예를 들어, 로그를 사용하지 않습니다). WGAN에서는 일반 머신러닝에서 학습률처럼 동작하는 클리핑 상수를 정해야 하기 때문에 튜닝할 하이퍼파라미터가 더 많습니다. 튜닝할 파라미터가 늘어나지만 어떤 GAN 구조가 이에 매우 민감하다면 양날의 검이 될 수 있습니다. 너무 수학적으로 깊이 들어가지 않고 WGAN의 두 가지 실용적인 영향을 알아보겠습니다.

첫째, 후속 논문에서 이 GAN이 판별자 손실과 체감 품질 사이에 상관관계를 보여준다고 검증되었기 때문에 명확한 종료 기준이 만들어집니다. 그냥 와서스테인 거리를 재기만 하면 멈출 때를 알 수 있습니다.

둘째, WGAN을 훈련하여 수렴시킬 수 있습니다. 메타 리뷰 논문[25]들이 실제 분포에서 JS 손실과 생성자 사이의 발산을 사용하여 훈련 과정을 측정하는 것이 종종 의미 없다는 것을 보여준 것과 관련이 있습니다.[26] 쉬운 말로 바꾸면, 체스에서 이따금 몇 판을 지면 계속 승률이 나빠지지만, 그래야 배울 수 있고 결국 체스를 잘 둘 수 있습니다.

이건 마치 마법처럼 보입니다. 하지만 이것은 WGAN이 지금까지 본 것과는 다른 거리 지표를 사용하기 때문입니다. 이를 EM 거리 또는 **와서스테인 거리**$^{\text{Wasserstein distance}}$라고 부릅니다. 이 거리는 매우 영리한 아이디어를 기반으로 합니다. 여기에서 수학으로 여러분을 고문하지 않겠습니다. 하지만 이 아이디어에 대해 이야기해보겠습니다.

매우 고차원의 두 분포가 있다고 생각해봅시다. 실제 데이터를 만드는 하나(절대 알 수 없는 것)와 생성자에서 샘플을 만드는 것(가짜)입니다. 32×32 RGB ($\times 3 \times 256$ 픽셀 값) 이미지라도 샘플 공간이 얼마나 큰지 생각해보세요. 이 두 분포의 모든 확률 질량을 두 개의 언덕으로 상상해보세요. 10장에서 이에 대해 조금 더 자세히 다뤄보겠습니다. 참고를 위해 [그림 5-7]을 추가했습니다. 하지만 2장의 아이디어와 거의 같습니다.

---

25 메타 리뷰는 리뷰의 리뷰입니다. 이는 연구자들이 여러 논문에서 얻은 정보를 모으는 데 도움이 됩니다.

26 "Many Paths to Equilibrium: GANs Do Not Need to Decrease a Divergence at Every Step," by William Fedus et al., 2018, https://openreview.net/forum?id=ByQpn1ZA-.

가짜 분포를 완전한 진짜 분포 또는 적어도 우리가 본 것처럼 만들기 위해 확률 질량을 이동시켜야 한다고 생각해보세요. 친구가 아주 멋진 모래성을 가지고 있습니다. 그리고 우리는 충분한 모래가 있어서 정확히 똑같은 모래성을 만들려고 합니다. 정확한 위치에 모래를 옮기려면 얼마나 많은 일을 해야 할까요? 아 맞아요. 우리 모두 자신의 모래성이 더 멋지고 으리으리하길 바라긴 하죠.

와서스테인 거리의 근사 버전을 사용해 실제 분포에서 추출한 것같이 보이는 샘플을 생성하는 데 얼마나 근접했는지 평가할 수 있습니다. 왜 근사할까요? 실제 데이터 분포를 알지 못하면 EM 거리를 정확히 평가하기 어렵기 때문입니다.

결국 EM 거리가 JS나 KL보다 더 훌륭한 속성을 가진다는 것을 알기만 하면 됩니다. WGAN을 만드는 것은 물론 높은 일반화 성능을 검증하는 방법도 이미 개발되어 있습니다.[27] WGAN이 다른 GAN 모델보다 완벽하게 뛰어나지 못한 경우도 있지만 일반적으로 모든 경우에 최소한 동일한 성능을 냅니다(하지만 이런 해석에 동의하지 않는 의견도 있습니다).[28]

WGAN(또는 그레이디언트 페널티 버전인 WGAN-GP)은 널리 사용되고 많은 GAN 연구와 실험에서 사실상 표준이 되었습니다. 하지만 NSGAN이 금방 잊히진 않을 것입니다. 만약 새로운 논문에서 비교를 위해 벤치마크의 하나로 WGAN을 포함하지 않고 이에 대한 타당한 이유를 제시하지 않는다면 그 논문을 조심하세요!

---

27 "Improved Training of Wasserstein GANs," by Ishaan Gulrajani et al., 2017, http://arxiv.org/abs/1704.00028.
28 Lucic et al., 2017, http://arxiv.org/abs/1711.10337.

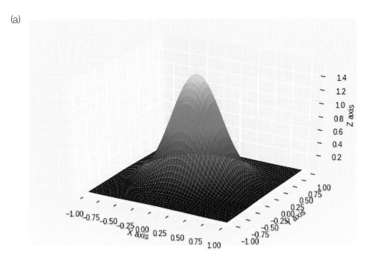

(a)

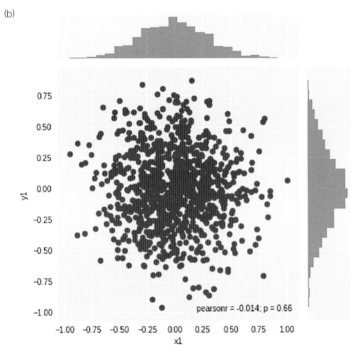

(b)

그림 5-7 (a)는 2장에서 본 것과 비슷합니다. 조금 더 명확하게 위해 (b)에 동일한 분포에서 뽑은 데이터의 가우스 분포를 다른 관점에서 그렸습니다. 위쪽이 첫 번째 분포의 수직 단면이고 오른쪽이 두 번째 분포입니다. (a)는 이 데이터의 확률 밀도입니다. z축이 샘플링한 포인트의 확률을 나타냅니다. 두 분포 중 하나가 다른 분포를 추상화한 것일지라도 어떻게 두 분포를 비교할 수 있을까요? 두 분포가 같다는 것을 어떻게 확신할 수 있을까요? 이 분포가 3,072개의 차원을 가진다면 어떨까요? 이 그림은 단지 2개 차원만 있을 뿐입니다! (b)에 있는 모래 언덕처럼 보이는 두 분포를 비교할 방법을 찾아야 합니다. 하지만 분포가 더 복잡해질수록 적절한 매칭 또한 더 어려워진다는 것을 기억하세요.

5.3 게임 설정 정리

핵심이 되는 세 가지 GAN 설정을 소개했습니다. 최소-최대 GAN, 비포화 GAN, WGAN입니다. 이들 중 하나는 모든 논문의 시작에 언급되므로 적어도 논문이 어떤 방법을 사용하는지이해할 수 있습니다. 설명이 쉽지만 실전에서 잘 동작하지 않는 원래 공식을 사용하는지 또는수학적으로 많이 보장하지는 못하지만 훨씬 잘 동작하는 비포화 버전인지, 이론적 배경도 갖추고 뛰어난 성능을 제공하는 새로운 와서스테인 버전인지 알 수 있습니다.

간편한 가이드 자료로 [표 5-1]에 이 책에서 사용하는 NSGAN, WGAN 그리고 더 개선된 WGAN-GP 공식을 정리하였습니다. 한 곳에서 관련된 버전을 모두 참고할 수 있습니다. MMGAN은 제외했습니다. 학계와 업계가 이 세 알고리즘을 가장 즐겨 사용하기 때문에 WGAN-GP을 포함했습니다.

표 5-1 손실 함수 정리[29]

이름	손실 함수	
NSGAN	$L_D^{NS} = -(E[\log(D(x))] + E[\log(1 - D(G(z)))])$ $L_G^{NS} = -E[\log(D(G(z)))]$	원본 공식 중 하나입니다. 기본 구성이나 비교 목적을 제외하면, 실전에서 더는 사용되지 않습니다.
WGAN	$L_D^{WGAN} = -(E[D(x)] - E[D(G(z))])$ $L_G^{WGAN} = -E[D(G(z))]$	조금 간소화된 WGAN 손실 함수입니다. 새로운 GAN 패러다임을 만들었습니다. [식 5-5]에서 이 식을 자세히 설명했습니다.
WGAN-GP[30] (그레이디언트 페널티)	$L_D^{W-GP} = -(E[D(x)] - E[D(G(z))]) + \text{GPterm}$ $L_G^{W-GP} = -E[D(G(z))]$	**그레이디언트 페널티**gradient penalty(GP)가 있는 GAN입니다. 보통 WGAN-GP가 가장 좋은 성능을 냅니다. 이 장에서 WGAN-GP에 대해 자세히 다루지 않았지만 빠트릴 수 없어 여기에 포함했습니다.

29 "Collection of Generative Models in TensorFlow," by Hwalsuk Lee. http://mng.bz/Xgv6.

30 그레이디언트 페널티를 사용하는 WGAN의 이 버전이 근래 학술 논문에 자주 사용됩니다. Gulrajani et al., 2017, http://arxiv.org/abs/1704.00028 참고.

5.4 훈련 노하우

이제 잘 정립된 학술 이론에서 학계와 기술자들이 찾아놓은 영역으로 이동해보죠. 여기에는 여러 노하우가 있습니다. 자신의 작업에 잘 맞는지 테스트해봐야 합니다. 이 절에 있는 내용은 수미스 친탈라의 2016년 글 'How to Train a GAN: Tips and Tricks to Make GANs Work' (`https://github.com/soumith/ganhacks`)에서 영감을 받았습니다. 하지만 이제는 여러 가지가 바뀌었습니다. 바뀐 것 중 하나는 구조에 관한 조언입니다. 예를 들어 심층 합성곱 GAN(DCGAN)이 기본 구조라는 것입니다. 현재는 대부분 사람들이 WGAN부터 시작합니다. 앞으로는 셀프-어텐션 GAN^{self-attention generative adversarial network}(SAGAN, 12장 참조)을 주목할 것입니다. 어떤 것은 여전히 유효해서 보편적으로 쓰입니다. 예를 들면 기본 확률적 경사 하강법 대신 Adam 옵티마이저를 사용합니다.[31] 이 리스트를 만든 것은 GAN 역사에서 중요한 일이므로 리스트 내용을 확인해보는 것이 좋습니다.

5.4.1 입력 정규화

친탈라의 리스트를 포함해 거의 모든 머신러닝 자료를 보면 이미지를 −1과 1 사이로 정규화하는 것이 좋습니다. 다른 머신러닝 분야처럼 정규화를 하면 일반적으로 계산이 용이합니다. 입력을 제한한 것처럼 생성자의 출력도 tanh 활성화 함수 등으로 제한을 두는 것이 좋습니다.

5.4.2 배치 정규화

배치 정규화를 4장에서 자세히 설명했습니다. 배치 정규화에 대한 생각은 조금 바뀌었습니다. 초기에 배치 정규화는 매우 좋은 기법이라고 널리 여겨졌습니다. 하지만 최근에는 이따금 나쁜 결과를 만듭니다. 특히 생성자에서 그렇습니다.[32] 반면 판별자에서는 일반적으로 긍정적인 결과를 만듭니다.[33]

---

31 왜 Adam이 기본 확률적 경사 하강법(SGD)보다 더 나을까요? Adam은 SGD의 확장 버전으로 실전에서 더 잘 동작하기 때문입니다. Adam은 SGD를 포함해 여러 가지 훈련 노하우를 하나의 패키지로 쉽게 묶은 것입니다.

32 Gulrajani et al., 2017, `http://arxiv.org/abs/1704.00028`.

33 "Tutorial on Generative Adversarial Networks—GANs in the Wild," by Soumith Chintala, 2017, `https://www.youtube.com/watch?v=Qc1F3-Rblbw`.

5.4.3 그레이디언트 페널티

이 훈련 기법은 친탈라의 리스트에 있는 10번에 해당합니다. 그레이디언트 노름이 너무 크면 무엇인가 잘못됩니다. 요즘에는 BigGAN 같은 모델이 이 분야에서 혁신을 만들고 있습니다. 이에 대해서는 12장에서 살펴봅니다.[34]

하지만 기술적인 이슈가 여전히 있습니다. 단순한 가중치 클리핑은 다른 딥러닝 분야처럼 그레이디언트 소멸과 폭주를 만들 수 있습니다.[35] 판별자 입력에 대한 출력의 그레이디언트 노름을 제한할 수 있습니다. 다른 말로 하면, 입력을 조금 바꾼다면 가중치를 너무 많이 바꾸어서는 안 됩니다. 딥러닝에는 이런 노하우가 많습니다. 특히 WGAN에서 아주 중요하지만 어디에나 적용될 수 있습니다.[36] 일반적으로 이 기법은 여러 가지 형태로 많은 논문에서 사용되었습니다.[37]

주요 딥러닝 프레임워크에서 제공하는 구현을 사용하여 간단하게 그레이디언트를 제한할 수 있기 때문에 여기에서는 설명을 넘어서 자세한 구현을 다루지 않겠습니다. 최근에는 (이언 굿펠로를 포함해) 최고 수준의 연구자들이 더 영리한 방법을 연구하여 〈ICML 2018〉에 제출했습니다.[38] 하지만 아직 널리 받아들여지진 않고 있습니다. 안정된 GAN을 위해 많은 연구들이 수행되고 있습니다. 예를 들어 야코비 클램핑Jacobian clamping도 아직 메타 연구에서 재현되지 못했습니다. 따라서 어떤 방법이 나은지 기다려볼 필요가 있습니다.

5.4.4 더 많은 판별자 훈련

판별자를 더 많이 훈련하는 방법이 최근에 많은 성과를 거두고 있습니다. 친탈라의 원래 리스트에서 이 항목은 확신이 없다고 표시되어 있으니 주의를 기울여 사용해야 합니다. 크게 두 가지 접근 방법으로 나눕니다.

---

34 "Large-Scale GAN Training for High-Fidelity Natural Image Synthesis," by Andrew Brock et al., 2019, `https://arxiv.org/pdf/1809.11096.pdf`.

35 Gulrajani et al., 2017, `http://arxiv.org/abs/1704.00028`.

36 하지만 이 논문의 저자들은 강화 학습에서 영감을 많이 얻었기 때문에 판별자를 비평자라고 부릅니다.

37 "Least Squares Generative Adversarial Networks," by Xudong Mao et al., 2016, `http://arxiv.org/abs/1611.04076`. Also see "BEGAN: Boundary Equilibrium Generative Adversarial Networks," by David Berthelot et al., 2017, `http://arxiv.org/abs/1703.10717`.

38 Odena et al., 2018, `http://arxiv.org/abs/1802.08768`.

- 생성자가 무엇인가를 만들기 전에 판별자를 사전 훈련합니다.
- 훈련 반복마다 판별자를 더 많이 업데이트합니다. 일반적인 비율은 생성자를 한 번 업데이트할 때 판별자를 다섯 번 업데이트합니다.

딥러닝 연구자이자 교육자인 제러미 하워드[Jeremy Howard]의 말을 빌리면 이것은 맹인을 이끄는 맹인과 같기 때문입니다. 실제 데이터가 어떤 형태인지 판별자에게 초기에 그리고 계속해서 정보를 주입해야 합니다.

5.4.5 희소한 그레이디언트 피하기

직관적으로 생각해도 (ReLU나 MaxPool에 의해 생성된) 희소한 그레이디언트는 훈련을 어렵게 만듭니다. 그 이유는 다음과 같습니다.

특히 평균 풀링에 대해 아는 것과 혼돈스러울 수 있지만 이렇게 생각해보죠. 보통의 최대 풀링을 사용한다면 합성곱의 전체 수용장에서 최댓값을 제외하고 나머지는 모두 잃게 됩니다. 따라서 DCGAN에서 전치 합성곱을 사용하여 정보를 복원하기 더 어려워집니다. 평균 풀링을 사용하면 적어도 평균 값이 무엇인지 알 수 있습니다. 여전히 완벽하지 않고 정보를 잃지만 이전보다는 덜 합니다. 평균은 최댓값보다는 더 대표성을 띄기 때문입니다.

또 다른 문제는 ReLU 활성화 함수를 사용할 때의 정보 손실입니다. 이 연산을 적용했을 때 얼마나 많은 정보를 잃는지 고려하는 것이 이 문제를 바라보는 한 가지 방법입니다. 나중에 이 정보를 복원해야 하기 때문입니다. $ReLU(x)$는 단순히 $max(0, x)$입니다. 즉 모든 음수에 대한 정보는 완전히 잃습니다. 대신 음수 영역의 정보를 전달하여 이 정보가 다르다는 것을 보여 주면 이 정보를 모두 보존할 수 있습니다.

다행히 권장했던 것처럼 이 두 가지에 대해 간단한 해결책이 있습니다. 음수 x에서는 $0.1 \times x$이고 양수 x에서는 x인 LeakyReLU와 평균 풀링으로 이런 문제를 해결할 수 있습니다. (시그모이드, ELU, tanh 같은) 다른 활성화 함수가 있지만 LeakyReLU가 가장 널리 사용됩니다.

> **NOTE_** LeakyReLU는 $0 < x < 1$ 인 실수가 될 수 있습니다.

전체적으로 정보 손실을 최소화하고 정보 흐름을 논리적으로 만들고 싶습니다. 또 GAN이 이

상한 방식으로 오차를 전파하지 않고도 매핑을 학습하도록 만들어야 합니다.

5.4.6 소프트 레이블과 잡음 레이블

연구자들이 몇 가지 방법을 사용해 레이블에 잡음을 넣거나 완화시킵니다. 이언 굿펠로는 원-사이드one-side 레이블 스무딩smoothing을 추천합니다(예를 들어, 이진 레이블에 0과 0.9를 사용합니다). 하지만 잡음을 넣거나 클리핑을 사용하는 것이 좋은 방향인 것 같습니다.

5.5 마치며

- 생성 모델에서 평가가 왜 이렇게 어려운 주제인지 배웠습니다. 또 언제 멈춰야 할지 명확한 기준을 가지고 GAN을 훈련하는 방법을 배웠습니다.
- 간단한 확률적 분포 평가를 넘어선 다양한 평가 방법들이 있습니다. 이런 방법들은 시각적으로 샘플의 품질과 연관된 유용한 성질을 제공합니다.
- 훈련에는 세 가지 설정이 있습니다. 게임 이론 기반의 최소-최대 GAN, 경험 기반의 비포화 GAN, 새로 등장했고 이론적으로 정립이 잘 된 WGAN입니다. 훈련 속도를 높이는 노하우는 다음과 같습니다.
  - 머신러닝에서 기본인 입력 정규화
  - 그레이디언트 페널티를 사용해 훈련 안정성 확보
  - 판별자를 충분히 훈련하면 궁극적으로 더 좋은 생성자를 얻게 됩니다. 생성 샘플에 대한 기준이 높아지기 때문입니다.
  - 너무 많은 정보를 잃기 때문에 희소 그레이디언트 피하기
  - 전형적인 이진 분류보다 소프트 레이블과 잡음 레이블을 사용하기

CHAPTER 6

ProGAN

이 장에서는 다음 내용을 다룹니다.

- 훈련하는 동안 지속해서 판별자와 생성자 네트워크의 크기 늘리기
- 훈련을 더 안정적으로 만들고 높은 품질과 해상도를 가진 다양한 출력 만들기
- 텐서플로 코드와 모델을 위한 중앙 저장소인 텐서플로 허브 사용하기

이 장에서 텐서플로와 새로 공개된 텐서플로 허브^{TensorFlow Hub}(TFHub)를 사용해 ProGAN을 만드는 실습 튜토리얼을 제공합니다. ProGAN(progressive GAN 또는 PGGAN)은 풀 HD 화질로 실제 사진같은 이미지를 생성하는 최신 기법입니다. 최고의 머신러닝 콘퍼런스 중 하나인 〈ICLR^{International Conference on Learning Representations} 2018〉에 제출된 이 기법은 인기가 높아 구글이 즉시 텐서플로 허브에 통합한 몇 안 되는 모델 중 하나입니다. 실제로 이 기법은 딥러닝의 아버지 중 한 명인 요슈아 벤지오^{Yoshua Bengio}에게 "진짜라고 하기에 너무 훌륭하다"라고 칭찬을 받았습니다. 이 논문이 공개되었을 때 금방 학술 프리젠테이션과 실험 프로젝트의 인기 종목이 되었습니다.

이 장의 코드를 실행하려면 텐서플로 1.7 또는 그 이상을 사용하는 것이 좋습니다. 이 글을 쓰는 시점에 최신 버전은 1.8+입니다. 텐서플로 허브는 0.4.0 이상의 버전을 사용하지 마세요. 최신 버전은 텐서플로 1.x와 호환성 이슈 때문에 임포팅하는 데 문제가 있습니다.[1] 이 장을 읽고 나면 ProGAN의 핵심 요소들을 모두 구현할 수 있습니다. 여기에 포함된 네 가지 혁신은 다음과 같습니다.

---

[1] 옮긴이_ 번역서는 텐서플로 2.x와 최신 텐서플로 허브 라이브러리를 사용하도록 깃허브 코드를 업데이트했습니다. 책에 실린 코드도 최신 버전에 맞게 바꾸었습니다.

- 고해상도 층으로 점진적 증가와 단계적 도입
- 미니배치 표준편차
- 균등 학습률
- 픽셀별 특성 정규화

이 장은 두 가지 예제를 제공합니다.

- ProGAN의 중요 혁신에 해당하는 코드. 조금 더 구체적으로 보면 부드럽게 고해상도 층으로 연결되는 것과 이전에 나열한 세 가지 혁신입니다. 나머지 ProGAN의 구현을 책에 포함하기에는 너무 많습니다.
- TFHub에서 구글이 제공하는 사전 훈련된 구현을 다운로드하여 사용합니다. TFHub는 머신러닝 모델을 위한 새로운 중앙 저장소입니다. 도커 허브나 소프트웨어 패키지 분야의 Conda, PyPI 저장소와 비슷합니다. 이 구현을 사용하면 잠재 공간을 보간하여 생성 샘플의 특징을 조절할 수 있습니다. 생성자의 잠재 공간에서 초기 벡터를 선택하기만 하면 원하는 이미지를 손쉽게 얻을 수 있습니다. 이 아이디어를 2장과 4장에서도 보았습니다.

다른 장에서처럼 직접 구현하지 않고 TFHub를 사용하여 ProGAN을 만드는 이유는 세 가지가 있습니다.

- 특별히 기술자들을 위해, 적어도 하나의 장에서는 워크플로 속도를 높일 수 있는 소프트웨어 엔지니어링 모범 사례를 제공하고 싶어서입니다. 주어진 작업에 빠르게 GAN을 적용해보고 싶나요? 그렇다면 TFHub에 있는 구현 중 하나를 사용하면 됩니다. 이 장을 처음 작성할 때보다 훨씬 많아졌습니다. 참조 구현도 많이 포함되었습니다(예를 들면 12장의 BigGAN과 5장의 NSGAN). 최고 성능의 모델을 쉽게 사용하는 방법을 알려주고 싶습니다. 이것이 머신러닝이 발전하는 방향이기 때문입니다. 가능한 머신러닝을 자동화하여 가장 중요한 부분인 비즈니스 문제에 집중할 수 있습니다. 구글 클라우드 AutoML(https://cloud.google.com/automl)과 아마존 세이지메이커[SageMaker](https://aws.amazon.com/sagemaker)는 이런 트렌드를 보여주는 대표적인 예입니다. 페이스북도 최근에 파이토치 허브를 공개하여 두 프레임워크가 모두 중앙 저장소를 제공합니다.
- ProGAN의 원본 구현[2]은 엔비디아 연구자들이 한두 달 걸려 실행한 것입니다. 이를 독자들이 각자 수행하기는 비현실적이라고 생각했습니다. 특히 실험이나 테스트할 목적일 경우입니다. TFHub는 완전하게 훈련된 ProGAN 모델을 제공하기 때문에 수일 동안의 컴퓨팅 자원을 다른 일을 위해 쓸 수 있습니다!
- ProGAN의 가장 중요한 혁신을 알려주고 싶지만 코드를 포함해 이를 잘 설명하려면 구현에 대한 모든 상세한 설명을 한 장에 담을 수 없습니다. 케라스라도 전체 구현 양이 꽤 많기 때문입니다. TFHub를 사용하면 번거롭고 복잡한 코드를 건너뛰고 중요한 아이디어에 집중할 수 있습니다.

---

2 "Progressive Growing of GANs for Improved Quality, Stability, and Variation," by Tero Karras, 2018, https://github.com/tkarras/progressive_growing_of_gans.

6.1 잠재 공간 보간

2장에서 출력을 위한 초깃값을 만드는 저해상도 공간을 잠재 공간이라고 불렀습니다. 4장의 DCGAN과 ProGAN도 초기 훈련된 잠재 공간은 의미 있는 속성을 가집니다. 예를 들어 얼굴 이미지에 안경을 씌우는 벡터를 찾을 수 있다면 동일한 벡터로 새로운 이미지에도 안경을 씌울 수 있다는 뜻입니다. 또한 랜덤한 벡터 두 개를 선택하고 둘 사이를 점진적으로 이동하여 부드럽게 조금씩 두 번째 벡터로 변하는 이미지를 얻을 수 있습니다.

이를 보간interpolation이라고 합니다. [그림 6-1]에 이 과정이 나타나 있습니다. BigGAN의 저자에 따르면 한 벡터에서 다른 벡터로 의미 있는 변환은 GAN이 어떤 내재된 구조를 학습했다는 것을 보여준다고 합니다.

그림 6-1 생성자로 보낸 잠재 벡터가 어떤 점에서 예상할 수 있는 일관된 출력을 만들기 때문에 잠재 공간을 보간할 수 있습니다. 생성 과정을 예상할 수 있는 것뿐 아니라, 잠재 벡터가 바뀜에 따라 출력이 들쭉날쭉하거나 작은 변화에 민감하게 반응하지 않습니다. 예를 들어 두 얼굴을 섞은 이미지를 얻고 싶다면 두 벡터의 평균 근처를 탐색하면 됩니다.

6.2 놀라운 발전 속도

이전 장에서 GAN으로 얻기 쉬운 결과와 어려운 결과를 배웠습니다. 또한 모드 붕괴(전체 분포에 걸쳐 몇 개의 샘플만 보이는 것)와 수렴 부족(나쁜 품질의 결과를 만드는 원인 중 하나) 같은 것들은 이제 생소하게 느끼지 않을 것입니다.

최근 핀란드 엔비디아 팀이 이제까지 최고의 논문들을 압도하는 한 논문을 발표했습니다. 테로 캐라스[Tero Karras]와 연구진의 「Progressive Growing of GANs for Improved Quality, Stability, and Variation」입니다. 이 논문은 근본적으로 네 가지를 혁신했습니다. 순서대로 이 혁신을 살펴보겠습니다.

6.2.1 고해상도 층으로 점진적 증대와 단계적 도입

ProGAN을 자세히 알아보기 전에 간단한 비유를 들어보죠. 새의 시각으로 산악 지역을 바라본다고 상상해보세요. 거주하기 좋은 깨끗한 개울과 마을을 가진 계곡이 많습니다. 산 꼭대기는 거칠고 날씨 때문에 일반적으로 살기 좋지 않습니다. 이는 손실 함수 풍경을 나타냅니다. 산의 경사를 따라 내려가 훨씬 살기 좋은 계곡에 도착하여 이 손실을 최소화해야 합니다.

산악가들이 훈련을 위해 산의 어떤 지역에 내려서 계곡으로 경사를 따라 내려온다고 가정해보죠. 이것이 확률적 경사 하강법입니다(10장에서 이에 대해 조금 더 자세히 알아보겠습니다). 안타깝게도 매우 복잡한 지역에서 출발한다면 산악가는 어느 방향으로 이동해야 할지 알 수 없습니다. 주변 공간이 매우 들쭉날쭉하고 거칠 테니까요. 낮고 아름다우며 사람이 살기 좋은 계곡을 찾기가 어려울 겁니다. 만약 산악가들이 자신이 있는 곳을 멀리서 볼 수 있다면(마치 화면을 줌 아웃하듯이), 산악 지역의 복잡도는 줄고 고수준에서 해당 지역을 판단할 수 있을 겁니다.

특정한 지역에 가까워질 때 그 지역만 확대해서 볼 수 있다면 어떨까요? 복잡도를 늘릴 수 있을 겁니다. 거칠고 픽셀이 두드러진 이미지가 아니라 디테일이 상세한 이미지를 봅니다. 이 방식은 산악가 경사를 따라 내려가면서 산행을 쉽게 하기 위해 조금씩 최적화할 수 있다는 장점이 있습니다. 예를 들어 계곡으로 더 빨리 내려가기 위해 바짝 마른 개울을 건너는 경로를 택할 수 있습니다. 이것이 점진적 증대[progressive growing]입니다. 그 지역의 해상도를 점진적으로 늘리는 거죠.

누구나 한 번쯤은 컴퓨터 게임 속 세상을 확대하거나 3D로 제작된 구글 어스[Google Earth]를 빠르게 스크롤할 때, 주변 지형의 해상도가 갑자기 증가하여 깜짝 놀라거나 당황한 경험이 있을 겁니다. 화면에 사물이 갑자기 튀어나와서 말이죠. 갑작스럽게 나타나는 대신에, 등산가가 특정 지형에 가까워질수록 점진적으로 부드럽게 천천히 복잡한 모습이 확대되어 나오는 게 좋겠지요.

기술적으로 말하면, 신경망은 저해상도 합성곱 층에서 출발하여 훈련하면서 여러 개의 고해상도 층으로 이동합니다. 처음부터 고해상도 층을 사용하면 손실 함수의 공간을 탐색하기 어렵습니다. 따라서 간단한 것부터 시작해서 더 복잡하게 만듭니다. [그림 6-2]처럼 몇 스텝 동안 4 × 4 크기를 훈련하고 그다음 몇 번의 에포크를 거쳐 1024 × 1024 크기를 훈련합니다.

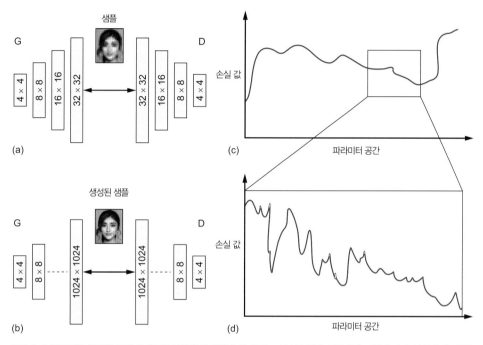

그림 6-2 부드러운 곡선을 점차 확대하면 복잡도가 어떻게 증가하는지 보이나요? 이것이 추가된 층이 손실 함수에 미치는 영향입니다. 산악 지역(손실 함수)이 덜 울퉁불퉁할 때 탐색하기 훨씬 쉽습니다. 이를 다음과 같이 생각할 수 있습니다. 복잡한 구조를 사용할 때(b), 손실 함수는 울퉁불퉁하고 탐색하기 어렵습니다(d). 특히 앞쪽 층에 문제의 차원을 증가시키고 큰 영향을 미치는 파라미터가 많기 때문입니다. 하지만 초반에 어느 정도 복잡도를 제거하면(a), 탐색하기 쉬운 손실 함수를 얻을 수 있습니다(c). 그다음 손실 함수의 공간에서 최적의 지역에 가까웠다고 확신이 섰을 때 복잡도를 증가시킵니다. 이렇게 하면 (a)와 (c)에서 (b)와 (d) 버전으로 이동됩니다.

이런 시나리오의 문제점은 한 번에 하나의 층을 추가할 때(예를 들어, 4 × 4에서 8 × 8로) 여전히 훈련에 큰 영향을 끼친다는 것입니다. 대신 ProGAN 저자들은 [그림 6-3]처럼 이런 층을 단계적으로 도입하여 시스템이 고해상도에 적응할 시간을 주었습니다.

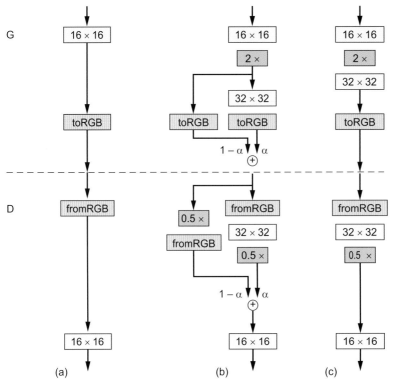

그림 6-3 16 × 16 해상도로 충분한 스텝을 훈련한 후(a), 생성자(G)에 새로운 전치 합성곱과 판별자(D)에 새로운 합성곱을 추가하여 G와 D 사이에 32 × 32 인터페이스를 만듭니다. 하지만 두 개의 경로를 사용합니다. 간단한 최근접 이웃 방식의 업스케일링으로 훈련되며 파라미터가 없고 매우 단순한 경로(1 − α)와 훈련되어 궁극적으로 더 나은 성능을 가질 새로 추가된 전치 합성곱(α)입니다.

하지만 이 해상도를 바로 도입하지 않고 0과 1 사이의 알파(α) 파라미터를 사용해 고해상도에 새 층을 단계적으로 도입합니다. 알파는 이전 층을 업스케일한 층과 전치 합성곱으로 커진 층을 얼마나 사용할지 결정합니다. D에서는 0.5배로 감소시켜 판별자에서 훈련된 층에 부드럽게 주입되게 합니다. 이것이 [그림 6-3]에 있는 (b)입니다. 새로운 층에 확신이 생기면 [그림 6-3]의 (c)처럼 32 × 32를 남기고 적절하게 32 × 32 크기를 훈련한 후에 다시 해상도를 늘립니다.

6.2.2 구현 예시

앞에서 언급한 혁신을 구현하기 위해 이 절에서 독립된 형태로 코드를 설명하겠습니다. 연습을 위해 하나의 GAN 네트워크로 구현해보거나 기존에 만들어진 네트워크를 사용할 수도 있습니다. 마음의 준비가 되면 잘 알려진 머신러닝 라이브러리를 로드한 다음 파고 들어보세요.

```python
import tensorflow as tf
import tensorflow.keras as K
```

점진적 증가와 단계적 도입은 다음과 같은 코드로 구현됩니다.

코드 6-1 점진적 증가와 단계적 업스케일링

```python
def upscale_layer(layer, upscale_factor):
    '''
    upscale_factor(int)만큼 층(텐서)을 업스케일합니다.
    텐서 크기는 [group, height, width, channels]입니다.
    '''
    height, width = layer.get_shape()[1:3]
    size = (upscale_factor * height, upscale_factor * width)
    upscaled_layer = tf.image.resize_nearest_neighbor(layer, size)
    return upscaled_layer

def smoothly_merge_last_layer(list_of_layers, alpha):
    '''
    임곗값 알파를 기반으로 층을 부드럽게 합칩니다.
    이 함수는 모든 층이 이미 RGB로 바뀌었다고 가정합니다.
    생성자를 위한 함수입니다.
    :list_of_layers    :   해상도(크기) 순서대로 정렬된 텐서 리스트
    :alpha             :   (0,1) 사이의 실수
    '''

    last_fully_trained_layer = list_of_layers[-2]          # 업스케일링을 위해 끝에서
                                                           # 두 번째 층을 선택합니다.
    last_layer_upscaled = upscale_layer(last_fully_trained_layer, 2)
                                                           # 마지막으로 훈련된 층을 업스케일링합니다.

    larger_native_layer = list_of_layers[-1]               # 새로 추가된 층은 아직 완전히
                                                           # 훈련되지 않았습니다.

    assert larger_native_layer.get_shape() == last_layer_upscaled.get_shape()
                                                           # 합치기 전에 층 크기가 같은지 확인합니다.

    new_layer = (1-alpha) * last_layer_upscaled + larger_native_layer * alpha
                                                           # 곱셈은 브로드캐스팅되어 수행됩니다.

    return new_layer
```

불필요하게 복잡한 부분을 제외하고 점진적 증대와 단계적 도입에 대해 자세한 세부 사항을 이해했을 것입니다. 이 방식이 얼마나 일반적인 아이디어인지 진가를 알기를 바랍니다. 캐라스와 연구진이 훈련하는 동안 모델의 복잡도를 증가시키는 방법을 처음 고안한 것은 아니지만, 이는 매우 유망한 방법이고 큰 반향을 일으킨 혁신이었습니다. 2019년 6월까지 이 논문은 730회나 인용되었습니다. 이런 점을 기억해두고 두 번째 대혁신으로 넘어가보겠습니다.

6.2.3 미니배치 표준편차

캐라스와 연구진이 논문에서 소개한 다음 혁신은 **미니배치 표준편차**mini-batch standard deviation입니다. 이를 자세히 알아보기 전에 5장의 모드 붕괴를 떠올려보세요. 모드 붕괴는 GAN이 몇 개의 좋은 샘플만 만드는 방법이나 이들의 순서를 조금 바꾸기만 할 때 발생합니다. 일반적으로 한 사람의 얼굴이 아니라 실제 데이터셋에 있는 모든 사람의 얼굴을 생성하길 원합니다.

따라서 캐라스와 연구진은 판별자에게 샘플이 충분히 다양한지 알려주는 방법을 만들었습니다. 간단하게 요약하면 판별자를 위해 한 개의 스칼라 통계 값을 추가로 계산합니다. 이 통계 값은 생성자가 만들거나 실제 데이터에서 온 미니배치에 있는 모든 픽셀의 표준편차입니다. 매우 간단하고 멋진 방법입니다. 판별자는 평가할 배치 이미지에서 표준편차가 낮다면 이 이미지는 아마 가짜라고 학습합니다. 진짜 데이터는 분산이 크기 때문입니다.[3] 따라서 생성자는 판별자를 속이기 위해서는 생성 샘플의 분산을 늘릴 수밖에 없습니다.

개념을 이해하고 나면 기술적인 구현은 쉽습니다. 판별자에만 적용하면 됩니다. 훈련 파라미터 개수를 줄이는 것이 좋으므로 파라미터 하나만 추가합니다. 아마 이것으로 충분할 것입니다. 이 숫자는 특성 맵에 추가됩니다. 차원 또는 `tf.shape` 리스트의 마지막 숫자가 늘어납니다.

자세한 절차는 다음과 같고 [코드 6-2]에 나타나 있습니다.

1 [4D → 3D] 높이, 너비, 컬러 채널에 대해 배치에 있는 모든 이미지의 표준편차를 계산합니다. 이렇게 하면 각 픽셀과 채널에 대한 표준편차로 채워진 하나의 이미지를 얻습니다.

2 [3D → 2D] 모든 채널에 대해 표준편차를 평균하여 하나의 특성 맵 또는 픽셀에 대한 표준편차 행렬을 얻습니다. 하지만 컬러 채널은 하나로 합쳐집니다.

---

3 샘플된 실제 데이터에 유사한 사진이 많을 때도 이런 문제가 나타날 수 있다고 주장할 수 있습니다. 사실이지만 실제로 쉽게 고칠 수 있습니다. 높은 유사도는 간단한 최근접 이웃 군집을 사용해 쉽게 찾을 수 있습니다.

3 [2D → 스칼라/0D] 앞에서 계산한 행렬에 있는 모든 픽셀에 대해 표준편차를 평균하여 하나의 스칼라 값을 얻습니다.

코드 6-2 미니배치 표준편차

```
def minibatch_std_layer(layer, group_size=4):
    '''
    층의 미니배치 표준편차를 계산합니다.
    층의 데이터 타입은 float32로 가정합니다. 그렇지 않으면 타입 변환이 필요합니다.
    '''
    group_size = K.backend.minimum(group_size, tf.shape(layer)[0])
    shape = list(K.int_shape(input))
    shape[0] = tf.shape(input)[0]
    minibatch = K.backend.reshape(layer,
        (group_size, -1, shape[1], shape[2], shape[3]))

    minibatch -= tf.reduce_mean(minibatch, axis=0, keepdims=True)

    minibatch = tf.reduce_mean(K.backend.square(minibatch), axis = 0)

    minibatch = K.backend.square(minibatch + 1e-8)

    minibatch = tf.reduce_mean(minibatch, axis=[1,2,3], keepdims=True)

    minibatch = K.backend.tile(minibatch,
        [group_size, 1, shape[2], shape[3]])
    return K.backend.concatenate([layer, minibatch], axis=1)
```

미니배치는 group_size로 나눌 수 있거나 group_size보다 같거나 작아야 합니다.

간단하게 쓰기 위해 크기 정보를 따로 저장합니다.
그래프 실행 전에는 일반적으로 배치 차원이 None 이기 때문에 tf.shape에서 이 크기를 얻습니다.

미니배치 수준에서 연산하기 위해 크기를 바꿉니다. 이 코드는 층이 [그룹(G), 미니배치(M), 너비(W), 높이(H), 채널(C)]라고 가정합니다. 하지만 시애노 방식의 순서를 사용하는 구현도 있습니다.

[M,W,H,C] 그룹의 평균을 계산합니다.

[M,W,H,C] 그룹의 분산을 계산합니다.

[M,W,H,C] 그룹의 표준편차를 계산합니다.

특성 맵을 평균하여 [M,1,1,1] 픽셀을 얻습니다.

스칼라 값을 그룹과 픽셀에 맞게 변환합니다.

새로운 특성 맵을 추가합니다.

6.2.4 균등 학습률

균등 학습률equalized learning rate은 누구도 명확하게 이해하지 못하는 딥러닝계의 흑마술 중 하나입니다. ProGAN 논문에서 연구자들이 간단하게 설명을 하지만 구두 발표에서는 이 주제를 피했습니다. 아마도 문제 해결을 위한 편법일 것입니다. 딥러닝에는 이런 경우가 자주 있습니다.

또한 균등 학습률의 미세한 차이를 이해하려면 RMSProp이나 Adam 옵티마이저와 가중치 초기화 구현을 완전히 터득해야 합니다. 하지만 다른 사람도 완전히 이해하지 못하기 때문에 이런 것을 모른다고 걱정하지 마세요.

호기심이 있다면 다음 설명을 읽어보세요. 이 방법은 모든 가중치(w)를 어떤 범위 이내로 정규화(w')합니다. 예를 들면 $w' = w/c$입니다. 상수 c는 가중치 행렬의 크기에 따라 결정되므로 층마다 다릅니다. 어떤 파라미터가 최적점에 도달하기 위해 큰 폭으로 변경되어야 한다면 이 상수가 그렇게 만들 수 있습니다.

캐라스와 연구진은 간단한 표준정규분포 초기화를 사용하고 실행 시 층마다 가중치 스케일을 조정했습니다. 아마 알고 있겠지만 Adam이 이미 이렇게 하고 있습니다. 맞습니다. Adam은 파라미터마다 학습률이 다를 수 있습니다. 하지만 다른 점이 있습니다. Adam은 파라미터의 표준편차를 추정하여 역전파된 그레이디언트를 조정합니다. 따라서 파라미터의 스케일은 이 업데이트와 독립적으로 유지됩니다. Adam은 방향에 따라 다른 학습률을 가지지만 한 차원이나 한 특성이 주어진 미니배치에서 얼마나 다양한지 나타내는 다이내믹 레인지^{dynamic range}를 항상 고려하지는 않습니다. 어떤 면에서 균등 학습률은 가중치 초기화와 비슷한 문제를 해결하는 것으로 보입니다.[4]

하지만 분명하지 않더라도 걱정하지 마세요. 아주 훌륭한 자료 두 개를 추천합니다. 가중치 초기화에 대한 안드레이 카르파트히^{Andrew Karpathy}의 2016년 컴퓨터 과학 강의 노트[5]와 Adam의 동작 방식을 자세히 설명하는 디스틸^{Distill}의 글[6]입니다. 다음은 균등 학습률을 구현하는 코드입니다.

코드 6-3 균등 학습률

```
def equalize_learning_rate(shape, gain, fan_in=None):
    '''
    He 초기화의 상수로 모든 층의 가중치를 조정하여
    특성마다 각기 다른 다이내믹 레인지를 가지도록 분산을 맞춥니다.
    shape    : 텐서(층)의 크기: 각 층의 차원입니다.
        예를 들어, [4,4,48,3]. 이 경우 [커널 크기, 커널 크기, 필터 개수, 특성맵]입니다.
        하지만 구현에 따라 조금 다를 수 있습니다.
    gain     : 일반적으로 sqrt(2)
```

---

4 "Progressive Growing of GANs.md," by Alexander Jung, 2017. `http://mng.bz/5A4B`.

5 "Lecture 5: Training Neural Networks, Part I," by Fei–Fei Li et al. 2016. `http://mng.bz/6wOo`.

6 "Why Momentum Really Works," by Gabriel Goh, 2017, Distill, `https://distill.pub/2017/momentum`.

```
fan_in  :     세이비어/He 초기화에서 입력 연결 개수
'''

if fan_in is None: fan_in = np.prod(shape[:-1])    ◀
std = gain / K.sqrt(fan_in)    ◀── He 초기화 상수 7
wscale = K.constant(std, name='wscale', dtype=np.float32)    ◀
adjusted_weights = K.get_value('layer', shape=shape,
        initializer=tf.initializers.random_normal()) * wscale
return adjusted_weights
```

기본 값은 특성 맵 차원을 제외하고 shape의 모든 차원을 곱합니다. 이를 통해 뉴런마다 입력 연결 개수를 얻습니다.

조정을 위한 상수를 만듭니다.

가중치 값을 얻어 브로드캐스팅으로 wscale을 적용합니다.

여전히 잘 모른다고 하더라도 이 초기화 방법과 복잡한 학습률 조정이 학계나 산업 분야 어디에서도 차별점이 되는 경우가 거의 없으니 안심하세요. 가중치 값을 −1과 1 사이로 제한하는 것이 여기에서는 대부분 좋은 결과를 만들지만 이 방법이 다른 곳에도 일반화할 수 있다는 의미는 아닙니다. 이제 조금 더 검증된 기법으로 넘어가보죠.

6.2.5 생성자의 픽셀별 특성 정규화

왜 훈련의 안정성을 위해 특성도 정규화해야 하는지 그 이유부터 시작해보죠. 경험적으로 엔비디아 저자들은 특성 값이 갑자기 커지는 것이 훈련이 발산되는 초기 신호라는 것을 발견했습니다. 12장의 BigGAN 저자들도 비슷한 관찰을 했습니다. 캐라스와 연구진은 이를 해결하기 위한 기법을 소개했습니다. GAN 훈련에는 이런 경우가 자주 있습니다. 훈련할 때 특정 문제를 발견하면 이 문제를 막기 위한 방법을 도입합니다.

대부분의 신경망은 어떤 형태의 정규화를 사용합니다. 일반적으로 배치 정규화나 비슷한 다른 버전을 사용합니다. [표 6-1]에 이 책에서 소개한 GAN에서 사용하는 정규화 기법을 요약해놓았습니다. 4장(DCGAN)과 GAN 노하우나 그레이디언트 페널티(GP)를 다룬 5장에서 소개했던 것들입니다. 안타깝지만 배치 정규화와 **가상 배치 정규화**virtual batch normalization가 작동하려면 개별 샘플을 평균할 수 있도록 미니배치 크기가 커야 합니다.

---

7 "Delving Deep into Rectifiers: Surpassing Human-Level Performance on ImageNet Classification," by Kaiming He et al., https://arxiv.org/pdf/1502.01852.pdf.

표 6-1 GAN에서 사용하는 정규화 기법

모델	저자	생성자 정규화	판별자 정규화
DCGAN	(Radford et al., 2015, https://arxiv.org/abs/1511.06434)	배치 정규화	배치 정규화
ImprovedGAN	(Salimans et al., 2016, https://arxiv.org/pdf/1606.03498.pdf)	가상 배치 정규화	가상 배치 정규화
WGAN	(Arjovsky et al., 2017, https://arxiv.org/pdf/1701.07875.pdf)		배치 정규화
WGAN-GP	(Gulrajani et al., 2017, http://arxiv.org/abs/1704.00028)	배치 정규화	층 정규화

이런 모든 주요 모델들이 정규화를 사용하는 것을 보면 확실히 이는 매우 중요합니다. 그냥 표준 배치 정규화를 사용하면 어떨까요? 안타깝지만 배치 정규화는 높은 해상도를 위해서는 너무 많은 메모리가 필요합니다. 두 개의 신경망 그래프와 함께 GPU 메모리에 들어갈 정도의 샘플 개수로 잘 동작할 수 있는 방법이 필요합니다. 그럼 픽셀별 특성 정규화가 필요성과 사용해야 하는 이유를 알아보겠습니다.

알고리즘을 설명하면 픽셀 정규화는 다음 층의 입력으로 들어가기 전에 각 층의 활성화 크기를 사용합니다.

[그림 6-4]이 픽셀별 특성 정규화를 나타냅니다. 단계 3의 정확한 공식은 [식 6-1]과 같습니다.

식 6-1

$$n_{(x,y)} = a_{(x,y)} / \sqrt{\frac{1}{N} \sum_{j=0}^{N-1} (a_{x,y}^j)^2 + \varepsilon}$$

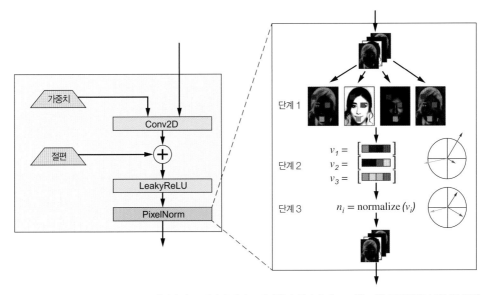

그림 6-4 이미지에 있는 모든 포인트(단계 1)를 일련의 벡터로 매핑합니다(단계 2). 그다음 이를 정규화하여 동일한 범위 (일반적으로 고차원 공간에서 0과 1 사이)로 만듭니다(단계 3).

픽셀별 특성 정규화

각 특성 맵에 대해 다음을 반복합니다.

   1 위치 (x, y)에서 특성 맵(fm)의 픽셀 값을 얻습니다.

   2 각 (x, y)에 대해 다음 같은 벡터를 만듭니다.

      a. $v_{0,0} = [fm_1$의 $(0,0)$ 값, fm_2의 $(0,0)$ 값, ... , fm_n의 $(0,0)$ 값]

      b. $v_{0,1} = [fm_1$의 $(0,1)$ 값, fm_2의 $(0,1)$ 값, ... , fm_n의 $(0,1)$ 값]

       . . .

      c. $v_{n,n} = [fm_1$의 (n,n) 값, fm_2의 (n,n) 값, ... , fm_n의 (n,n) 값]

   3 단위 노름을 가지도록 단계 2에서 정의한 각 벡터 $v_{i,i}$를 정규화합니다. 이를 $n_{i,i}$이라 부릅니다.

원본 텐서 크기로 다음 층에 전달합니다.

이 공식은 [그림 6-4]의 단계 2에서 만든 벡터를 (제곱근 안의 식으로 나누어) 정규화합니다. 제곱근 안의 식은 특정 (x, y) 픽셀에 대한 제곱 평균입니다. 작은 상수 항(ε)을 추가한 것이 이상해 보일지 모릅니다. 이 값은 0으로 나누어지는 것을 막기 위해 추가했습니다. 전체

과정은 알렉 크리젭스키[Alex Krizhevsky]와 연구진의 2012년 논문 「ImageNet Classification with Deep Convolutional Neural Networks」(http://mng.bz/om4d)에 자세히 설명되어 있습니다.

마지막으로 언급할 것은 이 항이 생성자에만 적용된다는 것입니다. 두 네트워크가 경쟁할 때만 활성화 크기가 폭주로 이어지기 때문입니다. 코드는 다음과 같습니다.

코드 6-4 픽셀별 특성 정규화

```
def pixelwise_feat_norm(inputs, **kwargs):
    '''
    크리젭스키와 연구진이 2012년 논문에 제안한 픽셀별 특성 정규화
    :inputs : 케라스 / TF 층
    '''
    normalization_constant = K.backend.sqrt(K.backend.mean(
                inputs**2, axis=-1, keepdims=True) + 1.0e-8)
    return inputs / normalization_constant
```

6.3 주요 혁신 요약

네 가지 영리한 방법으로 어떻게 GAN 훈련을 향상시킬 수 있는지 살펴보았습니다. 하지만 훈련 효과를 기반으로 하지 않으면 각 효과를 따로 떼어서 설명하기 힘듭니다. 고맙게도 논문의 저자들은 [그림 6-5]와 같이 이해에 도움이 될 만한 자료를 제공합니다.

ProGAN 논문 저자들은 SWD를 사용합니다. 이 값은 작을수록 좋습니다. 5장을 떠올려보면 와서스테인 거리(혹은 EM 거리)는 두 분포가 비슷해지기 위해 이동해야 할 확률 질량의 양이기 때문에 작은 와서스테인 거리는 좋은 결과를 나타냅니다. SWD는 이 거리를 최소화하기 위한 실제 데이터와 생성 샘플의 조각[patch]을 의미합니다. 이 기법의 세부 차이는 논문에 설명되어 있지만 저자들이 〈ICLR〉에서 발표할 때 FID와 같은 더 좋은 측정 도구를 언급했습니다. FID는 5장에서 자세히 소개했습니다.

이 표에서 배울 수 있는 한 가지는 미니배치가 잘 동작하지 않는다는 점입니다. 메가픽셀 크기의 해상도에서 GPU 메모리에 많은 이미지를 적재할 충분한 램이 없기 때문입니다. 작은 미니

배치를 사용해야 하지만 전반적으로 성능이 낮아집니다. 미니배치 크기를 더 줄이면 훈련은 더욱 어려워집니다.

Training configuration	CELEB-A						LSUN BEDROOM					
	Sliced Wasserstein distance ×10³					MS-SSIM	Sliced Wasserstein distance ×10³					MS-SSIM
	128	64	32	16	Avg		128	64	32	16	Avg	
(a) Gulrajani et al. (2017)	12.99	7.79	7.62	8.73	9.28	0.2854	11.97	10.51	8.03	14.48	11.25	**0.0587**
(b) + Progressive growing	4.62	**2.64**	3.78	6.06	4.28	**0.2838**	7.09	6.27	7.40	9.64	7.60	0.0615
(c) + Small minibatch	75.42	41.33	41.62	26.57	46.23	0.4065	72.73	40.16	42.75	42.46	49.52	0.1061
(d) + Revised training parameters	9.20	6.53	4.71	11.84	8.07	0.3027	7.39	5.51	3.65	9.63	6.54	0.0662
(e*) + Minibatch discrimination	10.76	6.28	6.04	16.29	9.84	0.3057	10.29	6.22	5.32	11.88	8.43	0.0648
(e) Minibatch stddev	13.94	5.67	2.82	5.71	7.04	0.2950	7.77	5.23	3.27	9.64	6.48	0.0671
(f) + Equalized learning rate	4.42	3.28	2.32	7.52	4.39	0.2902	**3.61**	3.32	**2.71**	6.44	4.02	0.0668
(g) + Pixelwise normalization	**4.06**	3.04	**2.02**	**5.13**	**3.56**	0.2845	3.89	**3.05**	3.24	**5.87**	**4.01**	0.0640
(h) Converged	2.95	2.38	1.98	5.16	3.12	0.2880	3.26	3.06	2.82	4.14	3.32	0.0633

그림 6-5 여러 기법이 성능 향상에 기여하는 정도. 균등 학습률이 성능을 크게 높이고 픽셀별 정규화가 조금 더 향상시킵니다. 하지만 균등 학습률을 적용하지 않고 픽셀 정규화만 적용했을 때 얼마나 효과적인지는 논문에 나오지 않습니다. 기법을 바꾸었을 때 기대할 수 있는 대략적인 성능 향상을 가늠하기 위해 이 표를 포함했습니다. 이 표는 그 자체로 좋은 사례입니다. 조금 더 자세한 설명은 다음 절을 참고하세요.

6.4 텐서플로 허브를 사용한 실습

구글은 최근에 텐서플로 익스텐디드TensorFlow Extended(TFX)의 일부분으로, 소프트웨어 엔지니어링의 모범 사례 구현을 머신러닝 분야로 확장하기 위해, 텐서플로 허브(TFHub)라는 모델과 코드 저장소를 만들었습니다. TFHub를 사용하는 것은 아주 쉽습니다. 특히 구글이 추가한 모델을 쉽게 사용할 수 있습니다.

허브 모듈을 임포트하고 적절한 URL로 호출하면 텐서플로는 스스로 모델을 다운로드하고 임포트하여 시작할 준비를 마칩니다. 모델은 다운로드에 사용한 URL 페이지에 잘 설명되어 있습니다. 사실 사전 훈련된 ProGAN을 얻으려면 임포트 문장과 한 줄의 코드만 입력하면 끝입니다!

다음 코드는 latent_vector에 지정한 랜덤 시드를 기반으로 얼굴을 생성하는 완전한 예제입니다.[8] [그림 6-6]은 출력 결과를 보여줍니다.

---

8 이 예제는 TFHub를 사용하며 http://mng.bz/nvEa에서 제공하는 코랩 예제를 기반으로 합니다.

```
import matplotlib.pyplot as plt
import tensorflow as tf
import tensorflow_hub as hub

module = hub.KerasLayer("https://tfhub.dev/google/progan-128/1")  ◀─┤ TFHub에서 ProGAN을
latent_dim = 512   ◀─┤ 생성할 샘플의 잠재 공간 차원                          임포트합니다.

latent_vector = tf.random.normal([1, latent_dim], seed=1337)  ◀─┤ 시드를 바꾸면 다른
                                                                    얼굴을 생성합니다.

interpolated_images = module(latent_vector)  ◀─┤ 모듈을 사용해 잠재 공간에서
                                                   이미지를 생성합니다.

plt.imshow(interpolated_images.numpy().reshape(128,128,3))
plt.show()
```

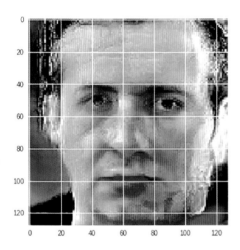

그림 6-6 [코드 6-5]의 출력. latent_vector의 시드 값을 바꾸어 다른 이미지를 생성해보세요. 주의 사항: 일정한 출력을 위해서 랜덤 시드를 지정했지만 텐서플로 버전에 따라 다른 결과를 얻을 수 있습니다. 이 이미지는 텐서플로 2.2.0에서 만들었습니다.

ProGAN을 시작하기에 충분한 코드입니다! 이 코드를 사용해 다양한 실험을 하고 확장해보세요. TFHub의 ProGAN 버전은 1024 × 1024 크기가 아니라 128 × 128을 사용합니다. 아마도 풀 버전을 실행하려면 많은 컴퓨팅 자원이 필요하기 때문일 것입니다. 컴퓨터 비전 문제에서 모델 크기는 빠르게 커질 수 있습니다.

6.5 실용적인 애플리케이션

당연히 사람들은 실용적인 애플리케이션과 ProGAN의 일반화에 대해 궁금해합니다. 여기서 소개할 훌륭한 사례 하나는 영국 런던에 위치한 카이론 메디컬 테크놀로지스Kheiron Medical Technologies의 동료들이 만든 것입니다. 최근에 이들은 ProGAN의 일반화와 실용적인 애플리케이션에 대한 좋은 사례가 되는 논문을 발표했습니다. [9]

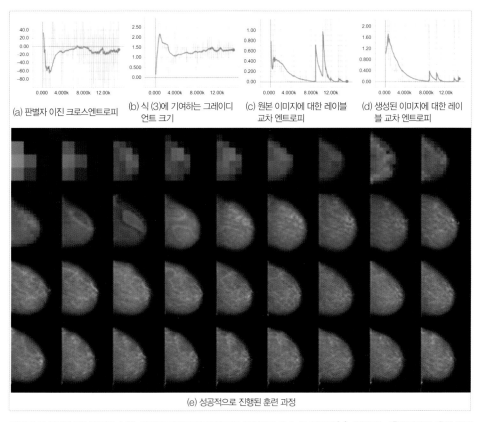

그림 6-7 FFDM의 점진적 성장. 유방조영상에서 해상도를 점진적으로 높인 이미지(e). 이미지는 훌륭하지만 훈련 통계 (a)~(d)는 이 GAN 훈련이 모든 사람에게 어려운 일이라는 것을 보여줍니다.

---

9 "High-Resolution Mammogram Synthesis Using Progressive Generative Adversarial Networks," by Dimitrios Korkinof et al., 2018, https://arxiv.org/pdf/1807.03401.pdf.

대규모 유방조영상[10] 의학 데이터셋을 사용해 연구자들은 [그림 6-7]에서 볼 수 있듯이 실제와 같은 1280 × 1024 크기의 FFDM^full-field digital mammography 합성 이미지를 생성했습니다. 이는 두 가지 면에서 주목할 만한 성과입니다.

- 이 기술의 일반성을 보여주었습니다.
  유방조영상 이미지가 특히 구조적으로 사람 얼굴 이미지와 어떻게 다른지 생각해보세요. 진짜처럼 보이는 조직 구조에 대한 기준이 매우 높지만 이 네트워크는 지금까지 종종 의료 전문가들을 속이는 고해상도 샘플을 만들어냅니다.

- 이 기술이 다른 분야와 용도에 적용될 수 있는지 보여줍니다.
  예를 들어 다음 장에서 다룰 준지도 학습 방식에 이 새 데이터셋을 사용할 수 있습니다. 또는 합성 데이터셋이 개인 정보에 속하지 않기 때문에 GDPR이나 다른 법적 문제에 대한 걱정 없이 의료 연구용으로 오픈소스화할 수 있습니다.

[그림 6-8]은 이 유방조영상이 얼마나 실제와 같은지 보여줍니다. 이 그림은 (특별히 고른 것이 아니라) 무작위로 샘플링하여 데이터셋에서 가장 가까운 이미지 중 하나와 비교한 것입니다.

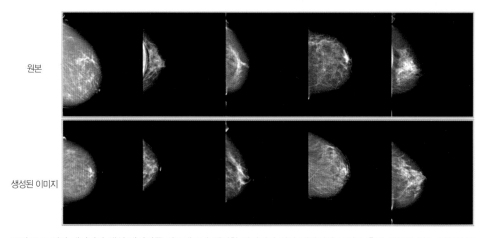

그림 6-8 진짜 데이터와 생성 데이터를 비교해보면 생성한 데이터가 정말 진짜처럼 보이고 훈련 세트에 있는 샘플에 근접합니다. 카이론은 후속 작업인 MammoGAN에서 훈련된 방사선 전문의가 이미지를 구별할 수 없다는 것을 보였습니다.[11] 특히 고해상도 작업에서 좋은 징후입니다. 물론 원칙적으로 생성 품질을 통계적 방법으로 측정하는 것을 선호합니다. 하지만 5장에서 보았듯이 이는 GAN은 고사하고 일반 이미지로도 매우 어렵습니다.

---

10 유방암 검사를 위한 X선 촬영
11 "MammoGAN: High-Resolution Synthesis of Realistic Mammograms," by Dimitrios Korkinof et al., 2019, https://openreview.net/pdf?id=SJeichaN5E.

GAN은 많은 애플리케이션에 사용될 수 있습니다. 유방암 분야나 얼굴 이미지 생성뿐만이 아닙니다. 2018년 7월 마지막에 공개된 의료 GAN 애플리케이션은 62개입니다.[12] 이들을 한번 살펴보세요. 물론 모두 ProGAN을 사용하지는 않았습니다. 일반적으로 GAN은 많은 연구 분야에서 크게 발전하고 있지만 적용하기는 종종 어렵습니다. 이 기술이 널리 퍼져서 많은 연구자들이 사용하길 기대합니다. 다투지 말고 GAN을 만듭시다!

이 장에서 소개한 모든 기술은 점진적으로 더 복잡한 모델을 만드는 일반적인 방법으로 GAN 문제를 해결합니다. 이 패러다임이 GAN 분야에서 활성화되기를 기대합니다. TFHub도 활성화되기를 기대합니다. TFHub는 텐서플로에게 파이썬의 PyPI/Conda와 같습니다. 대부분의 파이썬 프로그래머는 매주 이 도구를 사용합니다!

여러분이 ProGAN이라는 새로운 기술을 익혔으니, GAN이 할 수 있는 일이 무엇인지, 사람들이 왜 이 논문에 열광하는지 이해하게 되었기를 바랍니다. ProGAN이 생성한 고양이 밈[meme] 벡터[13]가 전부가 아닙니다. 다음 장에서 자신의 연구를 시작할 수 있는 도구를 소개하겠습니다.

6.6 마치며

- 최고 수준의 ProGAN 기술 덕택에 1메가픽셀의 합성 이미지를 생성할 수 있습니다.
- 이 기술은 훈련 과정에 네 가지 혁신을 만들었습니다.
- 고해상도 층을 점진적으로 성장하고 단계적으로 도입합니다.
- 미니배치 표준편차로 생성 샘플의 다양성을 강화합니다.
  - 균등 학습률을 적용해 각 방향으로 적절한 크기의 학습률을 사용할 수 있습니다.
  - 픽셀별 벡터 정규화로 생성자와 판별자가 통제 불능의 경쟁에 빠지지 않게 합니다.
- 새로 공개된 텐서플로 허브를 사용해 실습 튜토리얼을 참고하여 해상도가 낮은 ProGAN 버전을 사용해 이미지를 생성했습니다!
- GAN이 암 진단에 어떻게 활용되는지 배웠습니다.

---

12 "GANs for Medical Image Analysis," by Salome Kazeminia et al., 2018, https://arxiv.org/pdf/1809.06222.pdf.
13 Gene Kogan's Twitter image, 2018, https://twitter.com/genekogan/status/1019943905318572033.

SGAN

이 장에서는 다음 내용을 다룹니다.

• 오리지널 GAN 모델을 기반으로 혁신을 일으키는 분야

• 준지도 학습과 실용적인 준지도 학습의 중요성

• SGAN

• SGAN 모델 구현

축하합니다. 여러분은 이 책의 절반을 넘었습니다. 지금까지 GAN이 무엇이고 어떻게 작동하는지 이해했을 뿐만 아니라 두 가지 고전 모델을 구현했습니다. 모든 모델의 원조가 되는 오리지널 GAN과 최신 GAN 모델들의 기초를 닦은 DCGAN입니다. 또한 이전 장에서 소개한 ProGAN도 구현했습니다.

하지만 많은 분야가 그렇듯이 실제로 다루어보기 시작하면 처음에 생각했던 것보다 훨씬 넓고 복잡하다는 것을 알게 됩니다. 모든 것을 이해한 것처럼 보였지만 사실 빙산의 일각에 지나지 않습니다.

GAN도 예외는 아닙니다. GAN은 처음 발명된 이래로 아직도 활발히 연구되는 분야이고 매년 수없이 많은 변종 모델이 만들어집니다. GAN 모델을 모으는 'The GAN Zoo'(https://github.com/hindupuravinash/the-gan-zoo) 비공식 리스트에 등록된 모델은 이 글을 쓰는 시점에 300개가 넘었습니다.[1] 원조 GAN 논문이 2019년 7월 현재까지 9천 번이나 인용되었고 최근 딥러닝 연구 논문 중에서 가장 인용이 많이된 논문으로 평가된다는 사실로 미루어보아, 연구 커뮤니티에서 발명된 GAN 모델의 수는 훨씬 많을 것입니다.[2] [그림 7-1]을 참조하세요.

---

1 옮긴이_ 번역을 하는 시점에는 500개가 넘었습니다.

2 마이크로소프트 아카데믹 검색 엔진 결과를 참고했습니다(http://mng.bz/qXXJ). "Top 20 Research Papers on Machine Learning and Deep Learning," by Thuy T. Pham, 2017 도 참고하세요(http://mng.bz/E1eq).
옮긴이_ 번역을 하는 시점에는 19,000번 가까이 인용되었습니다.

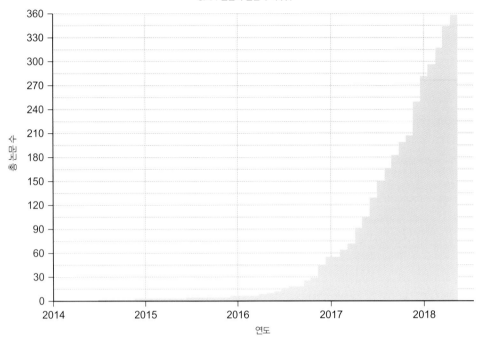

그림 7-1 2014년 GAN이 발명되었을 때부터 2018년 초반까지 연구 커뮤니티에서 발간된 고유한 GAN 구현의 월간 누적 횟수 그래프입니다. 그래프에서 잘 알 수 있듯이 생성적 적대 학습 분야는 시작부터 기하급수적으로 성장하고 있습니다. 이에 대한 관심과 인기가 멈출 기미가 보이지 않습니다.[3]

그렇다고 절망하지는 마세요. 이 책이든 다른 어떤 책이든 모든 GAN 모델을 다루는 것은 불가능하지만 핵심적인 혁신을 가져온 모델은 다룰 수 있습니다. 이를 통해 생성적 적대 학습 분야에 이 모델들이 기여한 점과 새롭게 등장한 것이 무엇인지 좋은 아이디어를 얻을 수 있습니다.

모든 변종 모델들은 오리지널 GAN 모델에서 크게 벗어나지 않았다는 점이 중요합니다. 실제로 대부분 모델은 고수준에서 DCGAN처럼(4장에서 다룸) 오리지널 모델과 매우 비슷합니다. (5장에서 설명한) WGAN과 같이 복잡한 모델조차도 오리지널 GAN 모델 또는 이와 비슷한 모델의 성능과 안정성을 향상시키는 것이 주요 목적입니다.

이 장과 8장, 9장에서 오리지널 GAN에서 벗어난 변종 모델을 다룹니다. 이 모델들은 구조나 모델 구현의 이면에 있는 수학뿐만 아니라 동기와 목적도 다릅니다. 구체적으로 다음 세 가지

GAN 모델을 다루겠습니다.

- SGAN(7장)
- CGAN(8장)
- CycleGAN(9장)

이 GAN 모델 각각에 대해서 목적과 동기, 모델 구조, 모델의 훈련 방법과 동작 방식을 알아봅니다. 이를 위해 개념 설명과 구체적인 예시를 사용합니다. 또한 각 모델들을 직접 경험할 수 있도록 완전한 모델이 구현된 튜토리얼을 제공합니다.

자, 더 기다리지 말고 바로 시작해보죠!

7.1 SGAN 소개

준지도 학습^{semi-supervised learning}은 GAN을 실용적으로 적용할 수 있는 무척 기대되는 분야 중 하나입니다. 데이터셋에 있는 모든 샘플에 레이블이 필요한 지도 학습이나 레이블을 사용하지 않는 비지도 학습과 달리, 준지도 학습은 훈련 데이터셋의 일부에만 클래스 레이블을 가지고 있습니다. 준지도 학습은 데이터에 감춰진 내부 구조를 사용해 일부 레이블된 데이터 포인트를 일반화하고, 효율적인 방식으로 이전에 본 적 없는 새로운 샘플을 분류합니다. 준지도 학습이 작동하려면 레이블된 데이터와 레이블이 없는 데이터가 동일한 분포에서 수집되어야 한다는 점이 중요합니다.

레이블된 데이터셋이 부족한 것은 머신러닝 연구와 실용 애플리케이션에서 흔히 발생하는 주요 병목 중 하나입니다. 레이블이 없는 데이터는 많지만(인터넷은 레이블이 없는 이미지, 비디오, 텍스트를 위한 무한한 자원의 보고입니다), 레이블을 부여하는 것은 매우 비싸고 실용적이지 않으며 시간이 많이 필요한 작업입니다. 이미지넷은 지난 10년간 이미지 처리와 컴퓨터 비전 분야의 발전에 큰 도움을 준 레이블된 이미지 데이터베이스입니다. 이 데이터베이스에 있는 3백 2천만 개 이미지에 직접 레이블을 다는 데 무려 2년 반이 걸렸습니다.[4]

딥러닝 선구자 앤드루 응^{Andrew Ng}은 스탠퍼드 대학 교수이자 중국의 인터넷 공룡인 바이두^{Baidu}

---

4 "The Data That Transformed AI Research—and Possibly the World," by Dave Gershgorn, 2017, http://mng.bz/DNVy.

의 수석 과학자입니다. 그는 훈련에 필요한 레이블된 데이터가 부족한 것이 요즘 산업계 AI 애플리케이션 대부분에서 사용되는 지도 학습의 아킬레스건임을 알았습니다.[5] 레이블된 데이터셋이 부족해 어려움을 겪는 산업 중 하나는 의료 분야입니다. 여기서는 데이터(예를 들면, 임상 실험의 결과)를 얻는 데 많은 노력과 비용이 들 뿐만 아니라 윤리와 개인 정보 관련된 문제도 아주 중요합니다.[6] 따라서 적은 양의 레이블된 데이터에서 학습하는 알고리즘의 능력을 높이는 것은 실용적으로 매우 중요합니다.

흥미롭게도 준지도 학습은 사람이 배우는 것에 비유되는 가장 가까운 머신러닝 중 하나일지 모릅니다. 어린 학생이 읽기와 쓰기를 배울 때 수만 개의 글자와 숫자를 모두 보여줄 필요가 없습니다. 글자와 숫자를 구분하는지 물어보고 필요할 때 올바르게 고쳐주면 됩니다. 지도 학습 알고리즘이 작동하는 방식도 비슷합니다. 학생이 글자와 숫자를 배운 다음 서체, 크기, 각도, 조명을 포함한 다른 요인에 상관없이 글자와 숫자를 구별할 수 있는지 확인하기 위해 딱 한 세트의 데이터만 필요합니다. 준지도 학습은 이와 비슷한 효율적인 방법으로 컴퓨터를 가르치는 것이 목적입니다.

생성 모델을 사용하여 훈련에 사용할 수 있는 추가 정보를 제공하면 준지도 학습 모델의 정확도 향상에 도움이 됩니다. 당연히 GAN이 가장 기대됩니다. 2016년 팀 살리만스Tim Salimans, 이언 굿펠로와 OpenAI 동료들은 레이블된 샘플 2000개만 사용해 SVHNStreet View House Numbers 벤치마크 데이터셋에서 94% 정확도를 달성했습니다.[7] 그 당시 SVHN 훈련 세트에 있는 레이블된 이미지 73,257개를 모두 사용한 완전한 지도 학습 알고리즘이 약 98.40%의 정확도를 달성했습니다.[8] 다르게 말하면 SGAN은 훈련 레이블의 3% 미만을 사용하고도 완전한 지도 학습 벤치마크에서 최고 수준에 근접한 정확도를 달성합니다.

살리만스와 그의 동료들이 어떻게 적은 레이블로 이런 성능을 달성했는지 알아보겠습니다.

5 "What Artificial Intelligence Can and Can't Do Right Now," by Andrew Ng, 2016, http://mng.bz/lopj.

6 "What AI Can and Can't Do (Yet) for Your Business," by Michael Chui et al., 2018, http://mng.bz/BYDv.

7 "Improved Techniques for Training GANs," by Ian Goodfellow et al., 2016, https://arxiv.org/abs/1606.03498

8 "Densely Connected Convolutional Networks," by Gao Huang et al., 2016, https://arxiv.org/abs/1608.06993.

7.1.1 SGAN이란?

SGANsemi-supervised generative adversarial network은 판별자가 다중 분류를 수행하는 생성적 적대 신경망입니다. 두 개의 클래스(진짜와 가짜)만 구별하는 것이 아니라 N + 1 개의 클래스를 구별하도록 학습합니다. N은 훈련 샘플에 있는 클래스 개수입니다. 한 개는 생성자가 만든 가짜 샘플을위해 추가합니다.

예를 들어 손글씨 숫자 MNIST 데이터셋에는 10개의 레이블이 있습니다(0에서 9까지 각 숫자가 하나의 레이블입니다). 이 데이터셋에서 훈련한 SGAN 판별자는 10 + 1 = 11개의 클래스를 예측합니다. 여기에서는 SGAN 판별자의 출력이 10개 클래스에 대한 확률 벡터로 표현됩니다(모두 더하면 1.0이 됩니다). 여기에 진짜인지 가짜 이미지인지 나타내는 확률이 하나 더있습니다.

이진 분류에서 다중 분류로 판별자를 바꾸는 것은 간단하게 보이지만 겉보기보다 훨씬 복잡합니다. 그림으로 확인해보죠. [그림 7-2]는 SGAN 구조를 보여줍니다.

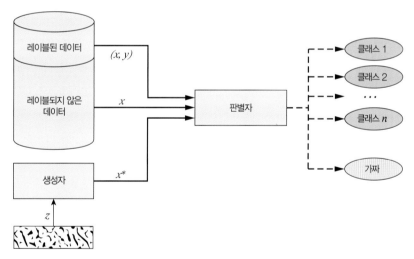

그림 7-2 SGAN에서 생성자가 랜덤한 잡음 벡터 z를 받아 가짜 샘플 x^*을 만듭니다. 판별자는 세 종류의 데이터 입력을받습니다. 생성자에서 온 가짜 데이터, 레이블되지 않은 진짜 샘플 x, 레이블된 진짜 샘플 (x, y)입니다. 여기에서 y는 주어진 샘플에 대한 레이블입니다. 그다음 판별자는 분류 결과를 만듭니다. 목표는 진짜 샘플과 가짜 샘플을 구별하는 것과 진짜 샘플일 경우 올바른 클래스를 구분하는 것입니다. 레이블된 샘플의 비율이 레이블이 없는 샘플 비율보다 훨씬 적습니다.실제로 그 차이는 보는 것보다 더 큽니다. 레이블된 데이터는 훈련 데이터에서 아주 작은 부분(종종 1~2% 정도)입니다.

[그림 7–2]에서 보듯이 다중 클래스를 구별하는 작업은 판별자뿐만 아니라 전통적인 GAN보다 SGAN 구조, 훈련 과정, 훈련 목적 함수에 복잡도를 추가합니다.

7.1.2 구조

SGAN 생성자의 목적은 오리지널 GAN과 동일합니다. 랜덤한 벡터를 받아 훈련 세트와 구분이 안 되는 가짜 샘플을 만드는 것입니다.

하지만 SGAN 판별자는 오리지널 GAN 구현과는 확실히 다릅니다. 둘이 아니라 세 종류의 입력을 받습니다. 생성자가 만든 가짜 샘플($x*$), 훈련 데이터셋에서 레이블이 없는 진짜 샘플(x), 훈련 데이터셋에서 레이블이 있는 진짜 샘플(x, y)입니다. 여기에서 y는 훈련 샘플 x에 대한 레이블입니다. 이진 분류가 아니라 SGAN 판별자의 목표는 입력 샘플이 진짜일 경우 해당하는 클래스로 분류하고 아닐 경우 가짜로 처리합니다(특별한 또 하나의 클래스로 생각할 수 있습니다).

[표 7–1]은 SGAN의 생성자와 판별자 네트워크의 주요 기능을 요약합니다.

표 7-1 SGAN의 생성자와 판별자 네트워크

	생성자	판별자
입력	랜덤 벡터(z)	판별자는 세 종류의 입력을 받습니다. • 훈련 데이터셋에서 레이블이 없는 진짜 샘플 (x) • 훈련 데이터셋에서 레이블이 있는 진짜 샘플 (x, y) • 생성자가 생성한 가짜 샘플 ($x*$)
출력	가능한 한 진짜처럼 보이는 가짜 샘플 ($x*$)	입력 샘플이 n개의 진짜 클래스 중 하나 또는 가짜 클래스에 속할 가능성을 나타내는 확률
목표	훈련 데이터셋에 있는 샘플과 구분이 안 되는 가짜 샘플을 생성하여 판별자가 진짜로 분류하도록 속입니다.	생성자가 만든 모든 샘플은 가짜로 분류하고 진짜 샘플에 올바른 클래스 레이블을 할당하는 것을 배웁니다.

7.1.3 훈련 과정

일반적인 GAN에서 $D(x)$와 $D(x^*)$에 대한 손실을 계산하고 총 손실을 역전파하여 판별자의 훈련 파라미터를 업데이트하는 식으로 손실을 최소화하도록 판별자를 훈련했습니다. 생성자는 합성한 가짜 샘플을 판별자가 진짜로 잘못 분류하도록 $D(x^*)$에 대한 판별자의 손실을 역전파하여 분류 오류가 최대화되도록 훈련합니다.

$D(x)$와 $D(x^*)$에 더해 SGAN을 훈련하려면 지도 학습 훈련 샘플 $D((x, y))$에 대한 손실도 계산해야 합니다. 이 손실들은 SGAN 판별자가 고려해야 할 이중 학습 목표에 해당합니다. 진짜 샘플과 가짜 샘플을 구별하면서, 진짜 샘플을 올바른 클래스로 분류하도록 학습해야 합니다. 원래 논문의 용어를 사용하면 이런 이중 목표는 두 종류의 손실에 해당합니다. 바로 **지도 손실**supervised loss과 **비지도 손실**unsupervised loss입니다.[9]

7.1.4 훈련 목표

지금까지 본 모든 GAN 모델은 생성 모델입니다. 이들의 목표는 실제처럼 보이는 샘플을 만드는 것입니다. 따라서 생성자 네트워크가 주요 관심 대상입니다. 판별자 네트워크의 주요 목적은 판별자가 높은 품질의 샘플을 만들도록 돕는 것입니다. 훈련이 끝나면 판별자는 버리고 훈련이 끝난 생성자만 사용하여 실제와 같은 합성 데이터를 만듭니다.

반대로 SGAN에서는 판별자가 주요 관심 대상입니다. 훈련 과정의 목표는 적은 양의 레이블만 사용하여 판별자를 (훈련 데이터셋에 있는 모든 샘플에 대한 레이블을 가진) 완전한 지도 학습 분류기에 가까운 정확도를 내는 준지도 학습 분류기로 만드는 것입니다. 생성자의 목표는 추가 정보(가짜 데이터 생성)를 제공하여 이 과정을 돕는 것입니다. 생성자는 데이터에 있는 관련 패턴을 학습하여 판별자의 분류 정확도를 향상시킵니다. 훈련이 끝난 후 생성자를 버리고 훈련된 판별자를 분류기로 사용합니다.

이제 SGAN이 만들어진 동기를 알았고 이 모델의 동작 방식을 이해했습니다. 이제 직접 동작하는 모델을 만들어볼 차례입니다.

---

9 "Improved Techniques for Training GANs," by Tim Salimans et al., 2016. `https://arxiv.org/abs/1606.03498`.

7.2 튜토리얼: SGAN 구현하기

이 튜토리얼에서는 MNIST 데이터셋에서 100개의 훈련 샘플만 사용해 손글씨 숫자를 분류하는 SGAN 모델을 만들어보겠습니다. 튜토리얼 끝에 지도 학습 모델과 분류 정확도를 비교하여 준지도 학습으로 달성한 성과를 확인해보겠습니다.

7.2.1 모델 구조

[그림 7-3]은 이 튜토리얼에서 구현할 SGAN 모델을 고수준에서 그린 것입니다. 이 그림은 이 장의 서두에서 소개한 일반적인 개념도보다 조금 더 복잡합니다. 어쨌든 악마는 (구현) 디테일에 있는 법입니다.

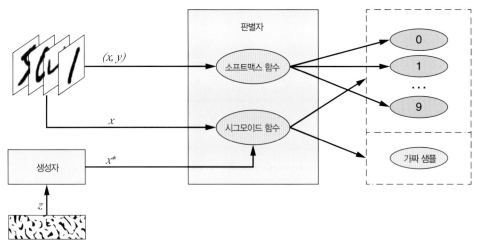

그림 7-3 이 다이어그램은 이 장의 튜토리얼에서 구현할 SGAN을 고수준에서 표현한 것입니다. 생성자는 랜덤한 벡터를 가짜 샘플로 변환합니다. 판별자는 레이블을 가진 진짜 이미지(x, y), 레이블이 없는 진짜 이미지(x), 생성자가 만든 가짜 이미지($x*$)를 받습니다. 진짜 샘플을 가짜와 구별하기 위해 판별자는 시그모이드 함수를 사용합니다. 진짜 샘플의 클래스를 구별하기 위해서는 소프트맥스 함수를 사용합니다.

진짜 레이블을 분류하는 다중 분류 문제를 풀기 위해 판별자는 **소프트맥스 함수**softmax function를 사용합니다. 이 함수는 지정된 클래스 개수(여기에서는 10개)만큼 확률 분포를 반환합니다. 어떤 레이블에 할당된 확률이 높을수록 판별자가 샘플이 해당 클래스에 속한다고 크게 확신합니다. 분류 오차를 계산하려면 출력 확률과 원-핫 인코딩된 타깃 레이블 사이의 **교차 엔트로피**

손실$^{cross-entropy\ loss}$을 사용합니다.

진짜 대 가짜 확률을 출력하기 위해 판별자는 시그모이드 함수를 사용하고 이진 교차 엔트로피 손실을 역전파하여 모델 파라미터를 훈련합니다. 3장과 4장에서 구현한 GAN과 동일합니다.

7.2.2 구현

눈치챘을 수 있지만 SGAN 구현의 대부분은 4장의 DCGAN 모델에서 따왔습니다. 이는 게으르기 때문이 아닙니다(음, 아마 조금은...). 관련 없는 구현 세부 사항으로 혼잡하게 만들지 않고 SGAN에 필요한 수정 사항이 잘 드러나게 하려고 한 것입니다. 그래프와 훈련 과정을 포함한 완전하게 구현된 모델은 깃허브 저장소의 chapter-7 폴더 아래 주피터 노트북으로 제공합니다(https://github.com/rickiepark/gans-in-action). 이 코드는 파이썬 3.6.x, 텐서플로 2.2.0에서 테스트했습니다. 훈련 속도를 높이려면 GPU에서 모델을 훈련하는 것이 좋습니다.

7.2.3 설정

보통 때와 마찬가지로 다음처럼 모델 실행에 필요한 모듈과 라이브러리를 먼저 임포트합니다.

코드 7-1 모듈 임포트

```
%matplotlib inline

import matplotlib.pyplot as plt
import numpy as np

from tensorflow.keras import backend as K

from tensorflow.keras.datasets import mnist
from tensorflow.keras.layers import (Activation, BatchNormalization, Concatenate,
                                     Dense, Dropout, Flatten, Input, Lambda, Reshape)
from tensorflow.keras.layers import LeakyReLU
from tensorflow.keras.layers import Conv2D, Conv2DTranspose
from tensorflow.keras.models import Model, Sequential
from tensorflow.keras.optimizers import Adam
from tensorflow.keras.utils import to_categorical
```

입력 이미지 크기, 잡음 벡터 z의 크기, 준지도 분류를 위한 진짜 클래스 개수(판별자가 분류하도록 학습할 숫자당 한 개씩)를 다음 코드처럼 지정합니다.

코드 7-2 모델 입력 차원

```
img_rows = 28
img_cols = 28
channels = 1

img_shape = (img_rows, img_cols, channels)    ◀── 입력 이미지 차원

z_dim = 100              ◀── 생성자의 입력으로 사용할 잡음 벡터의 크기

num_classes = 10        ◀── 데이터셋에 있는 클래스 개수
```

7.2.4 데이터셋

MNIST 훈련 데이터셋에 레이블된 훈련 이미지 50,000개가 있지만 그중 일부만 훈련에 사용하겠습니다(num_labeled 매개변수로 지정합니다). 그리고 나머지 샘플은 모두 레이블이 없는 것처럼 다루겠습니다. 레이블된 데이터 배치를 만들 때 처음 num_labeled개의 이미지를 사용하고 레이블이 없는 샘플 배치를 만들 때 나머지 (50,000 − num_labeled개) 이미지를 사용합니다.

([코드 7-3]에 있는 것처럼) Dataset 오브젝트는 num_labeled 훈련 샘플을 반환하는 함수와 MNIST 데이터셋에서 레이블된 테스트 이미지 10,000개를 반환하는 함수를 제공합니다. 훈련이 끝난 후 테스트 세트를 사용하여 모델의 분류 능력이 본 적 없는 샘플에 얼마나 잘 일반화되는지 평가해보겠습니다.

코드 7-3 훈련 데이터셋과 테스트 데이터셋

```
class Dataset:
    def __init__(self, num_labeled):

        self.num_labeled = num_labeled           ◀── 훈련에 사용할 레이블된 샘플 개수

        (self.x_train, self.y_train), (self.x_test,   ◀── MNIST 데이터셋 적재
```

```
                                          self.y_test) = mnist.load_data()

        def preprocess_imgs(x):                                [0, 255] 사이 흑백 픽셀 값을
            x = (x.astype(np.float32) - 127.5) / 127.5    ◄──┤ [-1, 1] 사이로 변환
            x = np.expand_dims(x, axis=3)  ◄──┤ 너비 × 높이 × 채널로
            return x                              이미지 차원을 확장

        def preprocess_labels(y):
            return y.reshape(-1, 1)

        self.x_train = preprocess_imgs(self.x_train)  ◄──┤ 훈련 데이터
        self.y_train = preprocess_labels(self.y_train)

        self.x_test = preprocess_imgs(self.x_test)       ◄──┤ 테스트 데이터
        self.y_test = preprocess_labels(self.y_test)

    def batch_labeled(self, batch_size):
        idx = np.random.randint(0, self.num_labeled, batch_size)  ◄─┐
        imgs = self.x_train[idx]                 레이블된 이미지와 레이블의 랜덤 배치 만들기 │
        labels = self.y_train[idx]
        return imgs, labels

    def batch_unlabeled(self, batch_size):
        idx = np.random.randint(self.num_labeled, self.x_train.shape[0],  ◄─┐
                                batch_size)      레이블이 없는 이미지의 랜덤 배치 만들기 │
        imgs = self.x_train[idx]
        return imgs

    def training_set(self):
        x_train = self.x_train[range(self.num_labeled)]
        y_train = self.y_train[range(self.num_labeled)]
        return x_train, y_train

    def test_set(self):
        return self.x_test, self.y_test
```

이 튜토리얼에서는 레이블된 MNIST 이미지 100개만 훈련에 사용하겠습니다.

```
num_labeled = 100   ◄──┤ 사용할 레이블된 샘플 개수(나머지는 레이블 없이 사용합니다)

dataset = Dataset(num_labeled)
```

7.2.5 생성자

생성자 네트워크는 4장의 DCGAN에서 만든 것과 동일합니다. 다음 코드처럼 생성자는 전치 합성곱 층을 사용해 랜덤한 입력 벡터를 28 × 28 × 1 크기 이미지로 변환합니다.

코드 7-4 SGAN 생성자

```
def build_generator(z_dim):

    model = Sequential()

    model.add(Dense(256 * 7 * 7, input_dim=z_dim))
    model.add(Reshape((7, 7, 256)))
    완전 연결 층을 사용해 입력을 7 × 7 × 256 크기 텐서로 바꿉니다.
    model.add(Conv2DTranspose(128, kernel_size=3, strides=2, padding='same'))
    7 × 7 × 256에서 14 × 14 × 128 텐서로 바꾸는 전치 합성곱 층
    model.add(BatchNormalization())        ◄── 배치 정규화

    model.add(LeakyReLU(alpha=0.01))       ◄── LeakyReLU 활성화 함수

    model.add(Conv2DTranspose(64, kernel_size=3, strides=1, padding='same'))
    14 × 14 × 128에서 14 × 14 × 64 텐서로 바꾸는 전치 합성곱 층
    model.add(BatchNormalization())        ◄── 배치 정규화

    model.add(LeakyReLU(alpha=0.01))       ◄── LeakyReLU 활성화 함수

    model.add(Conv2DTranspose(1, kernel_size=3, strides=2, padding='same'))
    14 × 14 × 64에서 28 × 28 × 1 텐서로 바꾸는 전치 합성곱 층
    model.add(Activation('tanh'))          ◄── tanh 활성화 함수

    return model
```

7.2.6 판별자

판별자는 SGAN 모델에서 가장 복잡한 부분입니다. SGAN 판별자는 두 가지 목표를 갖는다는 것을 기억하세요.

진짜와 가짜 샘플을 구별합니다. 이를 위해 SGAN 판별자는 시그모이드 함수를 사용해 이진 분류를 위한 하나의 확률을 출력합니다.

진짜 샘플일 경우 레이블을 정확히 분류합니다. 이를 위해 SGAN 판별자는 소프트맥스 함수를 사용해 타깃 클래스마다 하나씩 확률을 출력합니다.

판별자 기반 모델

먼저 판별자 네트워크의 핵심 부분을 정의해보죠. 눈치챘겠지만 [코드 7-5]에 있는 모델은 4장에서 구현한 합성곱 기반의 판별자와 비슷합니다. 사실 3 × 3 × 128 합성곱 층과 그다음 LeakyReLU까지는 완전히 똑같습니다.

그다음에 드롭아웃dropout 층을 추가합니다. 이 층은 훈련하는 동안 신경망의 뉴런 사이 연결을 랜덤하게 꺼서 과대적합을 막는 데 도움을 줍니다.[10] 이는 뉴런이 서로 의존하는 것을 방지하고 데이터에 내재된 더욱 일반적인 표현을 찾도록 만듭니다. 랜덤하게 끌 뉴런의 비율은 rate 매개변수로 지정합니다. 여기에서는 model.add(Dropout(0.5))와 같이 0.5로 지정했습니다. SGAN 분류 작업이 복잡하므로 드롭아웃을 추가하여 레이블된 샘플 100개에서 모델의 일반화 성능을 높이겠습니다.

코드 7-5 SGAN 판별자

```
def build_discriminator_net(img_shape):

    model = Sequential()

    model.add(        ←─┤ 28 × 28 × 1에서 14 × 14 × 32 텐서로 바꾸는 합성곱 층
        Conv2D(32,
                kernel_size=3,
                strides=2,
                input_shape=img_shape,
                padding='same'))

    model.add(LeakyReLU(alpha=0.01))  ←─┤ LeakyReLU 활성화 함수

    model.add(        ←─┤ 14 × 14 × 32에서 7 × 7 × 64 텐서로 바꾸는 합성곱 층
        Conv2D(64,
                kernel_size=3,
```

---

10 "Improving Neural Networks by Preventing Co-Adaptation of Feature Detectors," by Geoffrey E. Hinton et al., 2012, https://arxiv.org/abs/1207.0580. "Dropout: A Simple Way to Prevent Neural Networks from Overfitting," by Nitish Srivastava et al., 2014, Journal of Machine Learning Research 15, 1929-1958.

```
                strides=2,
                input_shape=img_shape,
                padding='same'))

    model.add(LeakyReLU(alpha=0.01))        ←┤ LeakyReLU 활성화 함수

    model.add(                              ←┤ 7 × 7 × 64에서 3 × 3 × 128 텐서로 바꾸는 합성곱 층
        Conv2D(128,
                kernel_size=3,
                strides=2,
                input_shape=img_shape,
                padding='same'))

    model.add(LeakyReLU(alpha=0.01))        ←┤ LeakyReLU 활성화 함수

    model.add(Dropout(0.5))                 ←┤ 드롭아웃

    model.add(Flatten())                    ←┤ 텐서 펼치기

    model.add(Dense(num_classes))           ←┤ num_classes개의 뉴런을 가진 완전 연결 층

    return model
```

앞의 신경망은 10개의 뉴런을 가진 완전 연결 층으로 끝납니다. 그다음 이 뉴런에서 두 개의 판별자 출력을 계산하는 신경망을 정의해야 합니다. 하나는 지도 학습이고 (소프트맥스 함수로) 다중 분류를 수행합니다. 다른 하나는 비지도 학습이고 (시그모이드 함수를 사용해) 이진 분류를 수행합니다.

지도 학습 판별자

다음 코드에서 앞서 구현한 판별자 기반 모델을 받아 지도 학습에 해당하는 판별자 모델을 만듭니다.

코드 7-6 SGAN 판별자: 지도 학습 모델

```python
def build_discriminator_supervised(discriminator_net):

    model = Sequential()

    model.add(discriminator_net)

    model.add(Activation('softmax'))   ◀─── 진짜 클래스에 대한 예측 확률을 출력하는
                                             소프트맥스 활성화 함수
    return model
```

비지도 학습 판별자

다음 코드는 판별자 기반 모델 위에 비지도 학습에 해당하는 판별자 모델을 만듭니다. pre dict(x) 함수는 (기반 모델에서 온) 10개 뉴런의 출력을 진짜 대 가짜의 이진 예측으로 변환합니다.

코드 7-7 SGAN 판별자: 비지도 학습 모델[11]

```python
def build_discriminator_unsupervised(discriminator_net):

    model = Sequential()

    model.add(discriminator_net)

    def predict(x):                          진짜 클래스에 대한 확률 분포를
        prediction = 1.0 - (1.0 /    ◀─── 진짜 대 가짜의 이진 확률로 변환합니다.
                          (K.sum(K.exp(x), axis=-1, keepdims=True) + 1.0))
        return prediction

    model.add(Lambda(predict))       ◀─┤ 앞서 정의한 진짜 대 가짜 확률을 출력하는 뉴런

    return model
```

---

11 옮긴이_ 시그모이드 함수는 s자 곡선으로 나타나는 함수를 말합니다. [코드 7-7]에 있는 predict() 함수는 하나의 뉴런이 있을 때 사용하는 시그모이드 함수는 아니지만 동일하게 s자 형태를 띱니다. 분모는 10개 뉴런의 출력에 모두 지수함수를 적용하여 더한 다음 1을 더합니다. 이 분수는 10개 뉴런의 출력이 큰 양수일 때 0에 가까워지고 predict() 함수는 1에 가까운 값을 출력합니다. 10개 뉴런의 출력이 큰 음수일 때 분수는 1에 가까워지고 predict() 함수는 0에 가까운 값을 출력합니다.

7.2.7 GAN 모델 구성

그다음 판별자와 생성자 모델을 구성하고 컴파일합니다. 지도 손실과 비지도 손실을 위해 categorical_crossentropy와 binary_crossentropy 손실 함수를 사용합니다.

코드 7-8 GAN 모델 구성

```
def build_gan(generator, discriminator):

    model = Sequential()

    model.add(generator)          ◀─┤ 생성자와 판별자 모델을 연결하기
    model.add(discriminator)

    return model
                                                           판별자 기반 모델: 이 층들은
                                                           지도 학습 훈련과 비지도 학습
discriminator_net = build_discriminator_net(img_shape) ◀─┤ 훈련에 공유됩니다.

discriminator_supervised = build_discriminator_supervised(discriminator_net)
discriminator_supervised.compile(loss='categorical_crossentropy',
  지도 학습 훈련을 위해 판별자를 만들고       metrics=['accuracy'],
  컴파일합니다.                              optimizer=Adam(learning_rate=0.0003))
discriminator_unsupervised = build_discriminator_unsupervised(
                                   discriminator_net)         비지도 학습 훈련을
                                                              위해 판별자를 만들고
discriminator_unsupervised.compile(loss='binary_crossentropy',   컴파일합니다.
                                   optimizer=Adam())


generator = build_generator(z_dim)   ◀─┤ 생성자를 만듭니다.
                                                생성자 훈련을 위해 판별자의
discriminator_unsupervised.trainable = False ◀─┤ 모델 파라미터를 동결합니다.


gan = build_gan(generator, discriminator_unsupervised)
gan.compile(loss='binary_crossentropy', optimizer=Adam())
        생성자를 훈련하기 위해 고정된 판별자로 GAN 모델을 만들고 컴파일합니다. 참고: 비지도 학습용 판별자를 사용하세요.
```

7.2.8 훈련

다음 의사코드는 SGAN 훈련 알고리즘을 나타냅니다.

SGAN 훈련 알고리즘

각 훈련 반복에서 다음을 수행합니다.

1 (지도 학습) 판별자를 훈련합니다.

   a. 레이블된 진짜 샘플 (x, y)의 랜덤 미니배치를 얻습니다.

   b. 주어진 미니배치에 대한 $D((x, y))$를 계산하고 다중 분류 손실을 역전파하여 $\theta^{(D)}$를 업데이트하고 손실을 최소화합니다.

2 (비지도 학습) 판별자를 훈련합니다.

   a. 레이블이 없는 진짜 샘플 x의 랜덤 미니배치를 얻습니다.

   b. 주어진 미니배치에 대한 $D(x)$를 계산하고 이진 분류 손실을 역전파하여 $\theta^{(D)}$를 업데이트하고 손실을 최소화합니다.

   c. 랜덤한 벡터 z의 미니배치를 얻어 가짜 샘플 $G(z) = x^*$의 미니배치를 생성합니다.

   d. 주어진 미니배치에 대한 $D(x^*)$을 계산하고 이진 분류 손실을 역전파하여 $\theta^{(D)}$를 업데이트하고 손실을 최소화합니다.

3 생성자를 훈련합니다.

   a. 랜덤한 벡터 z의 미니배치를 얻어 가짜 샘플 $G(z) = x^*$의 미니배치를 생성합니다.

   b. 주어진 미니배치에 대한 $D(x^*)$을 계산하고 이진 분류 손실을 역전파하여 $\theta^{(D)}$를 업데이트하고 손실을 최소화합니다.

다음 코드가 SGAN 훈련 알고리즘을 구현한 것입니다.

코드 7-9 SGAN 훈련 알고리즘

```
supervised_losses = []
iteration_checkpoints = []

def train(iterations, batch_size, sample_interval):

    real = np.ones((batch_size, 1))        ◀── 진짜 이미지의 레이블: 모두 1

    fake = np.zeros((batch_size, 1))       ◀── 가짜 이미지의 레이블: 모두 0
```

```python
for iteration in range(iterations):

    imgs, labels = dataset.batch_labeled(batch_size)    ◄─┤ 레이블된 샘플을 가져옵니다.

    labels = to_categorical(labels, num_classes=num_classes)
    # 레이블을 원-핫 인코딩합니다.
    imgs_unlabeled = dataset.batch_unlabeled(batch_size)
    # 레이블이 없는 샘플을 가져옵니다.
    z = np.random.normal(0, 1, (batch_size, z_dim))◄─┤ 가짜 이미지의 배치를 생성합니다.
    gen_imgs = generator.predict(z)

    d_loss_supervised, accuracy = discriminator_supervised.train_on_
    batch(imgs, labels)
    # 레이블된 진짜 샘플에서 훈련합니다.

    d_loss_real = discriminator_unsupervised.train_on_batch(
    imgs_unlabeled, real)
    # 레이블이 없는 진짜 샘플에서 훈련합니다.

    d_loss_fake = discriminator_unsupervised.train_on_batch(gen_imgs, fake)
    # 가짜 샘플에서 훈련합니다.
    d_loss_unsupervised = 0.5 * np.add(d_loss_real, d_loss_fake)


    z = np.random.normal(0, 1, (batch_size, z_dim))   ◄─┤ 가짜 이미지의 배치를
    gen_imgs = generator.predict(z)                         생성합니다.


    g_loss = gan.train_on_batch(z, np.ones((batch_size, 1)))
    # 생성자를 훈련합니다.
    if (iteration + 1) % sample_interval == 0:
                                                        훈련이 끝난 후 그래프를 그리
                                                        기 위해 판별자의 지도 학습
        supervised_losses.append(d_loss_supervised)   ◄─┤ 분류 손실을 기록합니다.
        iteration_checkpoints.append(iteration + 1)

        print(              ◄─┤ 훈련 과정을 출력합니다.
            "%d [D 손실: %.4f, 정확도: %.2f%%] [D 손실: %.4f] [G 손실: %f]"
            % (iteration + 1, d_loss_supervised, 100 * accuracy,
                d_loss_unsupervised, g_loss))
```

모델 훈련

훈련을 위해 레이블된 샘플이 100개뿐이므로 작은 배치 크기를 사용합니다. 반복 횟수는 시행착오를 거쳐 결정합니다. 판별자의 지도 학습 손실 값이 평탄해질 때까지 이 횟수를 늘립니다. 하지만 (과대적합의 위험을 줄이기 위해) 이 지점을 너무 지나서까지 늘리진 않습니다.

코드 7-10 모델 훈련

```
iterations = 8000      ◀── 하이퍼파라미터를 세팅합니다.
batch_size = 32
sample_interval = 800

train(iterations, batch_size, sample_interval)   ◀── 지정한 반복 횟수 동안 SGAN을 훈련합니다.
```

모델 훈련과 테스트 정확도

드디어 기다려왔던 순간입니다. SGAN이 분류를 얼마나 잘 수행하는지 알아보죠. 훈련하는 동안 지도 학습 정확도는 100%를 달성합니다. 인상적으로 보일지 모르지만 지도 학습을 위해 레이블된 샘플 100개만 사용한다는 것을 잊지마세요. 아마도 이 모델이 훈련 데이터셋을 모두 외울 것입니다. 중요한 것은 이 분류기가 이전에 본 적 없는 훈련 세트 데이터에 얼마나 잘 일반화되는가입니다. 다음 코드를 실행해보세요.

코드 7-11 정확도 체크

```
x, y = dataset.test_set()
y = to_categorical(y, num_classes=num_classes)

_, accuracy = discriminator_supervised.evaluate(x, y)   ◀── 테스트 세트에서 분류 정확도 계산
print("테스트 정확도: %.2f%%" % (100 * accuracy))
```

두두두두두…

이 SGAN은 테스트 세트에 있는 약 91%의 샘플을 정확하게 분류할 수 있습니다. 이것이 얼마나 놀라운 결과인지 완전히 지도 학습으로 훈련한 분류기와 성능을 비교해보세요.

7.3 지도 학습 분류기와 비교하기

가능한 한 공정하게 비교하기 위해 다음 코드처럼 지도 학습 판별자 모델에 사용했던 것과 같은 구조를 사용해 완전한 지도 학습 분류기를 만들겠습니다. 이를 통해 GAN 방식의 준지도 학습으로 분류기의 능력이 얼마나 향상되었는지 구분할 수 있습니다.

코드 7-12 완전한 지도 학습으로 훈련한 분류기

```
mnist_classifier = build_discriminator_supervised(
                       build_discriminator_net(img_shape))  ◀── SGAN 판별자와 같은
mnist_classifier.compile(loss='categorical_crossentropy',        네트워크 구조를 가진
                         metrics=['accuracy'],                   지도 학습 분류기
                         optimizer=Adam())
```

SGAN 훈련에 사용했던 동일한 훈련 샘플 100개를 사용해 완전한 지도 학습 분류기를 훈련합니다. 훈련 코드와 훈련, 테스트 정확도를 출력하는 코드는 여기에 싣지 않습니다. 이 코드는 깃허브 저장소(https://github.com/ rickiepark/gans-in-action) chapter-7 폴더 아래에 있는 주피터 노트북에서 찾을 수 있습니다.

SGAN 분류기처럼 완전 지도 학습 분류기는 훈련 데이터셋에서 100% 정확도를 달성합니다. 하지만 테스트 세트에서는 샘플의 약 70%만 정확하게 분류합니다. SGAN보다 20% 포인트나 나쁩니다. 다르게 말하면 SGAN이 정확도를 30%나 향상시켰습니다!

훈련 데이터가 많으면 완전 지도 학습 분류기의 성능을 극적으로 향상됩니다. 동일한 조건과 훈련하에서 레이블된 샘플 10,000개(앞에서보다 100배 많습니다)를 사용하는 완전 지도 학습 분류기는 98% 정확도를 달성합니다. 하지만 더는 준지도 학습 설정은 아닙니다.

7.4 결론

이 장에서 준지도 학습을 위해 판별자가 진짜 샘플의 클래스 레이블을 출력하도록 GAN을 사용하는 방법을 알아보았습니다. 적은 수의 훈련 샘플에서 SGAN으로 훈련한 분류기 성능이 완전한 지도 학습 분류기보다 훨씬 뛰어난 것을 보았습니다.

GAN의 혁신 측면에서 보면 SGAN의 핵심 차별 요소는 판별자 훈련에 레이블을 사용하는 것입니다. 레이블이 생성자 훈련에도 도움이 되는지 궁금할지 모릅니다. 재미있게도 다음 장에서 볼 GAN 모델(CGAN)이 바로 이에 대한 것입니다.

7.5 마치며

- SGAN은 판별자가 다음을 학습하는 생성적 적대 신경망입니다.
  - 진짜 샘플과 가짜 샘플을 구별합니다.
  - 진짜 샘플에게 올바른 클래스 레이블을 할당합니다.
- SGAN의 목적은 가능한 한 적은 수의 레이블된 샘플로 판별자를 높은 분류 정확도를 달성하는 분류기로 훈련하는 것입니다. 이를 통해 분류 작업이 대량의 레이블된 데이터셋에 대한 의존성을 줄일 수 있습니다.
- 이 구현에서 진짜 레이블을 할당하는 지도 학습 작업을 위해 소프트맥스 함수와 다중 클래스 교차 엔트로피 손실을 사용했습니다. 진짜와 가짜 데이터 사이를 구별하는 작업을 위해서는 이진 교차 엔트로피 손실을 사용했습니다.
- 이전에 본 적 없는 테스트 세트 데이터에서 SGAN의 분류 정확도가 동일한 개수의 레이블된 훈련 샘플로 훈련한 완전한 지도 학습 분류기보다 훨씬 높은 성능을 냈습니다.

CGAN

이 장에서는 다음 내용을 다룹니다.

- 레이블을 사용해 생성자와 판별자 훈련하기
- 특정 레이블을 가진 샘플을 생성하도록 GAN 훈련하기
- 원하는 손글씨 숫자를 생성하는 CGAN 구현하기

이전 장에서 SGAN에 대해 배우며 레이블을 사용해 GAN을 훈련하는 아이디어를 소개했습니다. SGAN은 레이블을 사용해서 판별자를 강력한 준지도 학습 분류기로 훈련합니다. 이 장에서는 생성자와 판별자를 훈련하는 데 모두 레이블을 사용하는 **CGAN**conditional generative adversarial network에 대해 배웁니다. 이 방법 덕분에 CGAN의 생성자는 원하는 가짜 샘플을 합성할 수 있습니다.

8.1 동기

앞서 보았듯이 GAN을 사용하면 간단한 손글씨 숫자에서 실제 같은 사람 얼굴 이미지까지 생성할 수 있습니다. 훈련 데이터셋을 바꿔서 GAN이 학습하는 샘플의 종류를 조정할 수 있지만, GAN이 생성하는 샘플의 특징은 전혀 지정할 수 없습니다. 예를 들어 4장에서 구현한 DCGAN은 실제와 같은 손글씨 숫자를 합성하지만 숫자 9가 아니라 숫자 7을 생성하도록 명령할 수 없습니다.

10개 클래스 중 하나에 속하는 샘플로 구성된 MNIST같이 간단한 데이터셋에서는 이런 문제가 사소해 보일 수 있습니다. 예를 들어 숫자 9를 생성하는 것이 목적이라면 원하는 숫자가 나

올 때까지 계속 샘플을 생성하면 됩니다. 하지만 더 복잡한 데이터 생성 문제에서는 이런 무식한 방법으로 정답을 찾기에는 가능한 답이 너무 많습니다. 예를 들어 사람 얼굴을 생성하는 문제를 생각해보죠. 6장의 ProGAN이 생성한 이미지가 인상적이지만 어떤 얼굴을 생성할지 제어할 수 없습니다. 나이나 표정은 고사하고 남자 얼굴 또는 여자 얼굴을 합성하도록 생성자에게 직접적으로 지시할 방법이 없습니다.

생성할 데이터의 종류를 결정할 수 있다면 많은 애플리케이션이 가능해집니다. 조금 억지스럽지만 미스터리 살인 사건을 푸는 탐정이라고 가정해보죠. 목격자가 살인범이 긴 빨강 머리와 푸른 눈을 가진 중년 여성이라고 설명합니다. (한 번에 하나의 그림을 그리는) 초상화가를 고용하는 대신 이 특징을 컴퓨터 프로그램에 넣어 조건에 맞는 다양한 얼굴을 출력하는 것이 훨씬 빠릅니다. 목격자는 범인과 가장 비슷한 그림을 골라낼 수 있을 것입니다.

조건에 맞는 이미지를 생성하는 능력이 판도를 바꿀 수 있는 다른 여러 가지 애플리케이션을 생각할 수 있습니다. 의학 연구에서는 새로운 약물 조합을 시도할 수 있고, 영화 제작과 컴퓨터 생성 이미지computer-generated imagery (CGI) 분야에서는 최소한의 입력으로 정확히 원하는 장면을 만들 수 있습니다. 가능성은 끝이 없습니다.

CGAN은 원하는 데이터를 생성하게 만드는 초기 GAN 혁신 중 하나이고 가장 널리 알려진 모델입니다. 이 장의 나머지 부분에서 CGAN의 작동 방식과 (예상했겠지만) MNIST 데이터셋을 사용해 작은 규모의 CGAN 모델을 구현해보겠습니다.

8.2 CGAN 소개

몬트리올 대학교 박사 과정 학생인 메디 미르자Mehdi Mirza와 플리커Flickr AI 아키텍트인 사이먼 오신데로Simon Osindero가 2014년에 소개한 CGAN[1]은 생성자와 판별자가 훈련하는 동안 추가 정보를 사용해 조건이 붙는 생성적 적대 신경망입니다. 이론적으로 이 부가 정보는 어떤 것이든 가능합니다. 예를 들어 클래스 레이블, 일련의 태그 또는 글로 쓰인 설명도 가능합니다. 여기에서는 레이블을 조건 정보로 사용해 CGAN의 작동 방식을 간단하고 명료하게 설명하겠습니다.

---

1 "Conditional Generative Adversarial Nets," by Mehdi Mirza and Simon Osindero, 2014,
   https://arxiv.org/abs/1411.1784.

CGAN을 훈련하는 동안 생성자는 훈련 데이터셋에 있는 각 레이블에 대해 실제 같은 샘플을 생성하는 법을 배웁니다. 판별자는 '진짜 샘플-레이블' 쌍과 '가짜 샘플-레이블' 쌍을 구별하는 법을 배웁니다. 이전 장의 SGAN과는 달리 판별자가 진짜 샘플에 올바른 레이블을 할당하는 것을 학습합니다(그리고 진짜 샘플과 가짜 샘플을 구분하는 것도 학습합니다). CGAN의 판별자는 각 클래스를 구분하는 것을 학습하지 않습니다. 판별자는 진짜 샘플-레이블 쌍만 받아들이고 샘플-레이블 쌍이 맞지 않는 것이나 가짜 샘플의 쌍은 거부합니다.

예를 들어 CGAN 판별자는 샘플(손글씨 숫자 3)이 진짜인지 가짜인지에 상관없이 (3, 4) 쌍을 거부하도록 학습합니다. 이 샘플과 레이블 4가 맞지 않기 때문입니다. 또한 CGAN 판별자는 레이블과 이미지가 맞더라도 가짜 이미지-레이블 쌍은 모두 거부하도록 학습합니다.

따라서 판별자를 속이기 위해서는 CGAN 생성자가 진짜처럼 보이는 샘플을 생성하는 것으로 충분하지 않습니다. 생성한 샘플이 레이블과 잘 맞아야 합니다. 생성자가 완전히 훈련되면 레이블을 전달하여 CGAN으로 원하는 샘플을 생성할 수 있습니다.

8.2.1 CGAN 생성자

이를 공식화하기 위해 조건 레이블을 y라고 부르겠습니다. 생성자는 잡음 벡터 z와 레이블 y를 사용해 가짜 샘플 $G(z, y) = x^*|y$를 합성합니다(y가 주어졌을 때 x^* 또는 y 조건하에서 x^*로 읽습니다). 가짜 샘플의 목표는 레이블이 주어졌을 때 진짜 샘플에 가능한 한 (판별자의 눈에) 가깝게 보이는 것입니다. [그림 8-1]에 생성자가 나타나 있습니다.

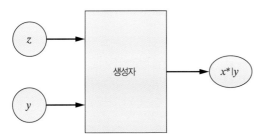

그림 8-1 CGAN 생성자: $G(z, y) = x^*|y$. 랜덤한 잡음 벡터 z와 레이블 y를 입력으로 사용해 생성자는 이 레이블에 맞는 진짜처럼 보이는 가짜 샘플 $x^*|y$를 생성합니다.

8.2.2 CGAN 판별자

판별자는 진짜 샘플과 레이블 (x, y)를 받고, 가짜 샘플과 이 샘플을 생성하는 데 사용한 레이블 $(x^*|y, y)$를 받습니다. 진짜 샘플-레이블 쌍으로 판별자는 진짜 데이터를 구별하고 그에 맞는 쌍을 판별하는 법을 배웁니다. 생성자가 만든 샘플에서는 가짜 이미지-레이블 쌍을 판별하는 법을 배웁니다. 따라서 진짜 샘플과 가짜를 구분하도록 학습합니다.

판별자는 입력이 진짜이고 올바른 쌍인지를 나타내는 하나의 확률을 출력합니다. 판별자의 목표는 [그림 8-2]에서처럼 모든 가짜 샘플과 레이블과 맞지 않는 모든 샘플을 가려내고 모든 진짜 샘플-레이블 쌍은 받아들이도록 학습하는 것입니다.

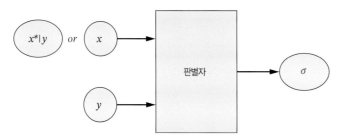

그림 8-2 CGAN 판별자는 진짜 샘플과 레이블 (x, y)를 받고, 가짜 샘플과 이 샘플을 생성하는 데 사용한 레이블 $(x^*|y, y)$를 받습니다. 판별자는 입력 쌍이 가짜가 아니라 진짜일 하나의 확률을 출력합니다(시그모이드 활성화 함수 σ로 계산합니다).

8.2.3 요약

[표 8-1]에 CGAN의 두 네트워크의 입력, 출력, 목표를 요약했습니다.

표 8-1 CGAN 생성자와 판별자 네트워크

	생성자	판별자
입력	랜덤 벡터와 레이블: (z, y)	판별자는 다음 입력을 받습니다. • 훈련 데이터셋의 샘플과 레이블: (x, y) • 주어진 레이블에 맞게 생성자가 만든 가짜 샘플과 해당 레이블: $(x^*|y, y)$
출력	주어진 레이블에 가능한 한 맞도록 생성된 가짜 샘플: $G(z, y) = x^*|y$	입력 샘플이 진짜이고 샘플-레이블 쌍이 맞는지 나타내는 하나의 확률
목표	레이블에 맞는 진짜처럼 보이는 가짜 샘플 생성하기	생성자가 만든 가짜 샘플-레이블 쌍과 훈련 데이터셋의 진짜 샘플-레이블 쌍을 구별하기

8.2.4 구조 다이어그램

이 내용을 합쳐서 [그림 8-3]은 고수준에서 CGAN의 구조를 보여줍니다. 가짜 샘플에 대해 같은 레이블 y가 생성자와 판별자에게 모두 전달됩니다. 또한 판별자가 잘못된 쌍을 거부하기 위해 진짜 샘플과 잘못된 레이블 쌍으로 훈련하지 않습니다. 레이블이 잘못된 쌍을 구별하는 것은 진짜 쌍만 받아들이도록 훈련하면서 생긴 부산물입니다.

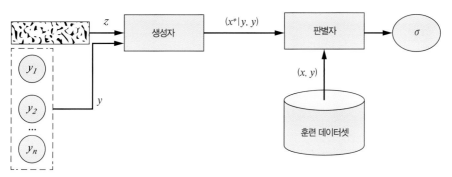

그림 8-3 CGAN 생성자는 잡음 벡터 z와 레이블 y(가능한 n개의 레이블 중 하나)를 입력으로 받고, 레이블 y에 맞고 진짜처럼 보이는 가짜 샘플 $x^*|y$를 생성합니다.

> **NOTE**_ 어떤 패턴을 눈치챘나요? 이 책은 거의 모든 GAN 모델에 대해 판별자와 생성자 네트워크의 입력, 출력, 목표를 요약한 테이블과 신경망 구조 다이어그램을 제공합니다. 이건 우연이 아닙니다. 이 책의 주요 목표 중 하나가 독자들에게 일종의 재활용 가능한 템플릿을 제공하는 것입니다. 여기에는 오리지널 GAN과 다른 GAN 구현을 만났을 때 확인할 것들이 포함됩니다. 먼저 생성자와 판별자 네트워크와 전체적인 모델 구조를 분석하는 것이 가장 바람직합니다.

CGAN 판별자는 생성자가 만든 레이블된 가짜 샘플($x^*|y, y$)과 레이블된 진짜 샘플 (x, y)을 받아 주어진 샘플-레이블 쌍이 진짜인지 가짜인지 구별하는 것을 학습합니다.

이론은 이것으로 충분합니다. 이제 배운 것을 실전에 적용하여 CGAN 모델을 직접 구현할 차례입니다.

8.3 튜토리얼: CGAN 구현하기

이 튜토리얼에서 선택한 손글씨 숫자를 생성하는 CGAN 모델을 구현하겠습니다. 마지막 부분에 각 숫자에 대한 이미지 샘플을 생성해 모델이 얼마나 목표 데이터를 잘 만드는지 확인해보겠습니다.

8.3.1 구현

이 구현은 깃허브의 케라스 GAN 모델 저장소에 있는 CGAN에서 영감을 얻었습니다(3장과 4장에서 사용한 저장소와 같습니다).[2] 특히 이 저장소가 Embedding 층으로 샘플과 레이블을 은닉층의 표현으로 연결한 기법을 사용하겠습니다(나중에 자세히 설명합니다).

하지만 CGAN 모델의 나머지 부분은 Keras-GAN 저장소에 있는 것과 다릅니다. 임베딩 구현 부분을 읽기 쉽도록 리팩터링하고 자세한 주석을 추가했습니다. 특히 중요한 것은 CGAN에 합성곱 신경망을 적용하여 더 실제 같은 샘플을 만들도록 했습니다. 3장의 GAN과 4장의 DCGAN이 생성한 이미지 차이를 떠올려보세요!

훈련 과정이 담긴 전체 구현이 포함된 주피터 노트북은 깃허브 저장소(`https://github.com/rickiepark/gans-in-action`)의 chapter-8 폴더 아래 있습니다. 이 코드는 파이썬 3.6.x, 텐서플로 2.2에서 테스트했습니다. 훈련 속도를 높이려면 GPU로 모델을 훈련하세요.

8.3.2 설정

예상처럼 첫 번째 단계는 모델을 만들 때 필요한 모든 모듈과 라이브러리를 임포트하는 것입니다.

코드 8-1 모듈 임포트

```
%matplotlib inline

import matplotlib.pyplot as plt
import numpy as np
```

---

2 Erik Linder-Norén's Keras-GAN GitHub repository, 2017, `https://github.com/eriklindernoren/Keras-GAN`.

```
from tensorflow.keras.datasets import mnist
from tensorflow.keras.layers import (
        Activation, BatchNormalization, Concatenate, Dense,
        Embedding, Flatten, Input, Multiply, Reshape)
from tensorflow.keras.layers import LeakyReLU
from tensorflow.keras.layers import Conv2D, Conv2DTranspose
from tensorflow.keras.models import Model, Sequential
from tensorflow.keras.optimizers import Adam
```

이전과 마찬가지로 입력 이미지 크기와 잡음 벡터 z의 크기, 데이터셋에 있는 클래스 개수를
지정합니다.

코드 8-2 모델 입력 차원

```
img_rows = 28
img_cols = 28
channels = 1

img_shape = (img_rows, img_cols, channels)   ◀── 입력 이미지 차원

z_dim = 100              ◀── 생성자 입력으로 사용될 잡음 벡터 크기

num_classes = 10         ◀── 데이터셋에 있는 클래스 개수
```

8.3.3 CGAN 생성자

이 절에서 CGAN 생성자를 구현합니다. 이제 4장에서 7장까지 이 네트워크에 익숙해졌을 것입
니다. CGAN 생성자에서 바뀐 점은 입력 처리 부분입니다. 임베딩과 원소별 곱셈을 사용해 랜
덤 잡음 벡터 z와 레이블 y를 하나의 표현으로 합칩니다. 이 코드가 하는 일은 다음과 같습니다.

1 레이블 y(0에서 9까지 정수)를 받아 케라스 Embedding 층으로 z_dim 크기(랜덤 잡음 벡터의 길이)의 밀
   집 벡터로 변환합니다.

2 케라스 Multiply 층으로 레이블 임베딩과 잡음 벡터 z를 합칩니다. 이 층의 이름에서 알 수 있듯이 동일한
   길이 두 개의 벡터를 각 원소를 곱하여 곱셈 결과로 이루어진 하나의 벡터를 출력합니다.

이미지를 합성하는 CGAN 생성자 네트워크의 입력으로 이 결과 벡터를 주입합니다.

[그림 8-4]는 레이블 7을 예시로 이 과정을 나타내고 있습니다.

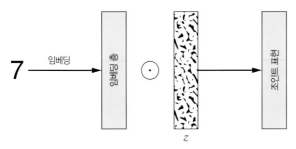

그림 8-4 조건 레이블(여기에서는 7)과 랜덤 잡음 벡터 z를 연결하여 하나의 조인트 표현을 만드는 과정

먼저 레이블을 z와 동일한 크기의 벡터로 임베딩합니다. 그다음 임베딩된 레이블과 z의 원소끼리 곱합니다([그림 8-4]에서 원소별 곱셈 기호를 볼 수 있습니다). 이 조인트[joint] 표현을 CGAN 생성자 네트워크의 입력으로 사용합니다.

다음 코드는 파이썬/케라스를 사용한 구현입니다.

코드 8-3 CGAN 생성자

```
def build_generator(z_dim):

    model = Sequential()

    model.add(Dense(256 * 7 * 7, input_dim=z_dim))      ◀──┤ 완전 연결 층을 사용해 입력을
    model.add(Reshape((7, 7, 256)))                          7 × 7 × 256 텐서로 변환합니다.

  ┌▶ model.add(Conv2DTranspose(128, kernel_size=3, strides=2, padding='same'))
  │  7 × 7 × 256에서 14 × 14 × 128 텐서로 바꾸는 전치 합성곱 층
    model.add(BatchNormalization())      ◀──┤ 배치 정규화

    model.add(LeakyReLU(alpha=0.01))      ◀──┤ LeakyReLU 활성화

  ┌▶ model.add(Conv2DTranspose(64, kernel_size=3, strides=1, padding='same'))
  │  14 × 14 × 128에서 14 × 14 × 64 텐서로 바꾸는 전치 합성곱 층
    model.add(BatchNormalization())      ◀──┤ 배치 정규화

    model.add(LeakyReLU(alpha=0.01))      ◀──┤ LeakyReLU 활성화

  ┌▶ model.add(Conv2DTranspose(1, kernel_size=3, strides=2, padding='same'))
  │  14 × 14 × 64에서 28 × 28 × 1 텐서로 바꾸는 전치 합성곱 층
```

```
        model.add(Activation('tanh'))     ←─┤ tanh 활성화 함수

        return model

    def build_cgan_generator(z_dim):

        z = Input(shape=(z_dim, ))     ←─┤ 랜덤 잡음 벡터 z

                                                    조건 레이블:
        label = Input(shape=(1, ), dtype='int32')   ←─ 정수 0~9까지 생성자가 만들 숫자

  ──→ label_embedding = Embedding(num_classes, z_dim, input_length=1)(label)
     레이블 임베딩: 레이블을 z_dim 크기 밀집 벡터로 변환하고 (batch_size, 1, z_dim) 크기 3D 텐서를 만듭니다.
  ──→ label_embedding = Flatten()(label_embedding)
     임베딩된 3D 텐서를 펼쳐서 (batch_size, z_dim) 크기 2D 텐서로 바꿉니다.
  ──→ joined_representation = Multiply()([z, label_embedding])
     터 z와 레이블 임베딩의 원소별 곱셈
        generator = build_generator(z_dim)

        conditioned_img = generator(joined_representation)   ←─ 주어진 레이블에 대한 이미지 생성

        return Model([z, label], conditioned_img)
```

8.3.4 CGAN 판별자

그다음 CGAN 판별자를 구현합니다. 이전 절과 비슷하게 입력 이미지와 레이블을 다루는 부분을 제외하면 익숙한 네트워크 구조입니다. 여기에서도 케라스 **Embedding** 층을 사용해 입력 레이블을 밀집 벡터로 변환하겠습니다. 하지만 입력이 평평한 벡터인 생성자와 달리 판별자는 3차원 이미지를 입력으로 받습니다. 이를 위해 다음과 같은 처리가 필요합니다.

1 (0에서 9까지 정수) 레이블을 받아 케라스 **Embedding** 층으로 (이미지를 펼친 길이인) 28 × 28 × 1 = 784 크기 밀집 벡터로 변환합니다.

2 레이블 임베딩을 이미지 차원(28 × 28 × 1)으로 바꿉니다.

3 크기를 바꾼 레이블 임베딩을 이에 상응하는 이미지와 연결하여 28 × 28 × 2 크기의 표현으로 합칩니다. 이미지 위에 임베딩된 레이블로 도장을 찍는다고 생각할 수 있습니다.

4 이미지−레이블 조인트 표현을 CGAN 판별자 네트워크의 입력으로 주입합니다. 새 입력 크기에 맞게 모델의 입력 차원을 28 × 28 × 2로 조정해야 합니다.

여기에서도 구체적으로 이해하기 위해 [그림 8-5]에 레이블 7을 사용하여 이 과정이 어떻게 진행되는지 그림으로 나타냈습니다.

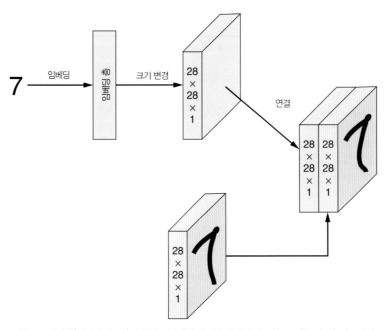

그림 8-5 레이블(여기에서는 7)과 입력 이미지를 연결하여 하나의 조인트 표현으로 만드는 과정

첫째, 레이블을 펼친 이미지 크기(28 × 28 × 1 = 784)의 벡터로 임베딩시킵니다. 둘째, 임베딩된 레이블을 입력 이미지와 동일한 크기(28 × 28 × 1)의 텐서로 바꿉니다. 셋째, 크기를 바꾼 레이블과 이에 해당하는 이미지를 연결합니다. 이 조인트 표현을 CGAN 판별자 네트워크에 입력으로 전달합니다.

이 전처리 단계 외에 4장과 달리 판별자 네트워크에 몇 가지 조정을 추가해야 합니다(이전 장에서처럼 DCGAN 구현을 기반으로하기 때문에 CGAN에 관련 없는 상세 구현 부분은 제쳐놓고 달라진 점을 쉽게 확인할 수 있습니다). 첫째, 모델 입력 차원을 새 입력 크기 28 × 28 × 2에 맞게 변경합니다.

둘째, 첫 번째 합성곱 층의 깊이를 32에서 64로 늘립니다. 이렇게 하는 이유는 연결된 레이블 임베딩 때문에 인코딩할 정보가 더 많아서입니다. 실제로 테스트해보면 이 네트워크 구조가 더 나은 성능을 냅니다.

출력층에는 시그모이드 활성화 함수를 사용해 입력 이미지–레이블 쌍이 가짜가 아니라 진짜일 확률을 출력합니다. 여기에서는 바뀐 점이 없습니다. 다음은 CGAN 판별자 구현 코드입니다.

코드 8-4 CGAN 판별자

```
def build_discriminator(img_shape):

    model = Sequential()

    model.add(        ←┤ 28 × 28 × 2에서 14 × 14 × 64 텐서로 바꾸는 합성곱 층
        Conv2D(64,
               kernel_size=3,
               strides=2,
               input_shape=(img_shape[0], img_shape[1], img_shape[2] + 1),
               padding='same'))

    model.add(LeakyReLU(alpha=0.01))   ←┤ LeakyReLU 활성화 함수

    model.add(        ←┤ 14 × 14 × 64에서 7 × 7 × 64 텐서로 바꾸는 합성곱 층
        Conv2D(64,
               kernel_size=3,
               strides=2,
               input_shape=img_shape,
               padding='same'))

    model.add(LeakyReLU(alpha=0.01))   ←┤ LeakyReLU 활성화 함수

    model.add(        ←┤ 7 × 7 × 64에서 3 × 3 × 128 텐서로 바꾸는 합성곱 층
        Conv2D(128,
               kernel_size=3,
               strides=2,
               input_shape=img_shape,
               padding='same'))

    model.add(LeakyReLU(alpha=0.01))   ←┤ LeakyReLU 활성화 함수

    model.add(Flatten())                    ←┤ 시그모이드 활성화 함수를 사용한 출력층
    model.add(Dense(1, activation='sigmoid'))

    return model

def build_cgan_discriminator(img_shape):
```

```
img = Input(shape=img_shape)                          ◀┤ 입력 이미지

label = Input(shape=(1, ), dtype='int32')    ◀┤ 입력 이미지의 레이블

                                                 ┌ 레이블 임베딩: 레이블을 z_dim 크기의 밀집
label_embedding = Embedding(num_classes,     ◀┤ 벡터로 변환하고 (batch_size, 1, 28 ×
                            np.prod(img_shape),  └ 28 × 1) 크기의 3D 텐서를 만듭니다.
                            input_length=1)(label)

                                                          ┌ 임베딩된 3D 텐서를 펼쳐서 (batch_size,
label_embedding = Flatten()(label_embedding) ◀┤ 28 × 28 × 1) 크기의 2D 텐서를 만듭니다.

label_embedding = Reshape(img_shape)(label_embedding) ◀┤ 레이블 임베딩 크기를 입력 이미지
                                                        └ 차원과 동일하게 만듭니다.

concatenated = Concatenate(axis=-1)([img, label_embedding]) ◀┤ 이미지와 레이블
                                                              └ 임베딩을 연결합니다.

discriminator = build_discriminator(img_shape)

classification = discriminator(concatenated)  ◀┤ 이미지-레이블 쌍을 분
                                                └ 류합니다.

return Model([img, label], classification)
```

8.3.5 모델 생성

그다음 다음 코드에서처럼 CGAN 판별자와 생성자 모델을 만들고 컴파일합니다. 생성자를 훈
련하는 데 사용하는 연결 모델에서 동일한 입력 레이블이 (샘플을 생성하기 위해) 생성자와
(예측을 만들기 위해) 판별자에 전달됩니다.

코드 8-5 CGAN 모델 만들고 컴파일하기

```
def build_cgan(generator, discriminator):

    z = Input(shape=(z_dim, ))         ◀┤ 랜덤 잡음 벡터 z

    label = Input(shape=(1, ))         ◀┤ 이미지 레이블

    img = generator([z, label])        ◀┤ 레이블에 맞는 이미지 생성하기

    classification = discriminator([img, label])

                                                    ┌ 생성자 → 판별자 연결 모델
    model = Model([z, label], classification)  ◀┤ $G([z, label]) = x^*$
                                                    └ $D(x^*) =$ 분류
```
```
```

```
    return model

discriminator = build_cgan_discriminator(img_shape)  ◀── 판별자 만들고 컴파일하기
discriminator.compile(loss='binary_crossentropy',
                      optimizer=Adam(learning_rate=0.00001),
                      metrics=['accuracy'])

generator = build_cgan_generator(z_dim)          ◀── 생성자 만들기

                                                    생성자를 훈련하는 동안 판별자 모델 파
discriminator.trainable = False                  ◀── 라미터를 고정하기

                                                    생성자를 훈련하기 위해 고정된 판별자로
cgan = build_cgan(generator, discriminator)      ◀── CGAN 모델 만들고 컴파일하기
cgan.compile(loss='binary_crossentropy', optimizer=Adam())
```

8.3.6 훈련

CGAN을 훈련하는 알고리즘의 훈련을 반복하는 방법은 다음과 같습니다.

CGAN 훈련 알고리즘

각 훈련 반복에서 다음을 수행합니다.

1 판별자를 훈련합니다.

   a. 진짜 샘플과 레이블의 랜덤한 미니배치 (x, y)를 받습니다.

   b. 미니배치에 대한 $D((x, y))$를 계산하고 이진 분류 손실을 역전파하여 $\theta^{(D)}$를 업데이트하고 손실을 최소화합니다.

   c. 랜덤 잡음 벡터와 클래스 레이블의 미니배치 (z, y)를 받고 가짜 샘플의 미니배치 $G(z, y) = x^*|y$를 생성합니다.

   d. 미니배치에 대해 $D(x^*|y, y)$를 계산하고 이진 분류 손실을 역전파하여 $\theta^{(D)}$를 업데이트하고 손실을 최소화합니다.

2 생성자를 훈련합니다.

   a. 랜덤 잡음 벡터와 클래스 레이블의 미니배치 (z, y)를 받고 가짜 샘플의 미니배치 $G(z, y) = x^*|y$를 생성합니다.

   b. 주어진 미니배치에 대한 $D(x^*|y, y)$를 계산하고 이진 분류 손실을 역전파하여 $\theta^{(G)}$를 업데이트하고 손실을 최대화합니다.

다음은 CGAN 훈련 알고리즘을 구현한 코드입니다.

코드 8-6 CGAN 훈련 반복

```python
accuracies = []
losses = []

def train(iterations, batch_size, sample_interval):

    (X_train, y_train), (_, _) = mnist.load_data()      # MNIST 데이터셋을 로드합니다.

    X_train = X_train / 127.5 - 1.      # [0, 255] 사이 흑백 픽셀 값을
    X_train = np.expand_dims(X_train, axis=3)      # [-1, 1]로 스케일 변환합니다.

    real = np.ones((batch_size, 1))      # 진짜 이미지의 레이블: 모두 1

    fake = np.zeros((batch_size, 1))      # 가짜 이미지의 레이블: 모두 0

    for iteration in range(iterations):

        idx = np.random.randint(0, X_train.shape[0], batch_size)      # 진짜 이미지와 레이
        imgs, labels = X_train[idx], y_train[idx]      # 블로 이루어진 랜덤
                                                       # 한 배치를 얻습니다.

        z = np.random.normal(0, 1, (batch_size, z_dim))      # 가짜 이미지 배치를 생성합니다.
        gen_imgs = generator.predict([z, labels])
        # 판별자를 훈련합니다.
        d_loss_real = discriminator.train_on_batch([imgs, labels], real)
        d_loss_fake = discriminator.train_on_batch([gen_imgs, labels], fake)
        d_loss = 0.5 * np.add(d_loss_real, d_loss_fake)

        z = np.random.normal(0, 1, (batch_size, z_dim))      # 잡음 벡터의 배치를 생성합니다.

        labels = np.random.randint(0, num_classes, batch_size).reshape(-1, 1)
        # 랜덤한 레이블의 배치를 얻습니다.
        g_loss = cgan.train_on_batch([z, labels], real)      # 생성자를 훈련합니다.

        if (iteration + 1) % sample_interval == 0:
            # 훈련 과정을 출력합니다.
            print("%d [D 손실: %f, 정확도: %.2f%%] [G 손실: %f]" %
                    (iteration + 1, d_loss[0], 100 * d_loss[1], g_loss))
                                                       # 훈련이 끝난 후 그래프를 그리기 위해
            losses.append((d_loss[0], g_loss))      # 손실과 정확도를 저장합니다.
```

```
        accuracies.append(100 * d_loss[1])

        sample_images()          ◀── 생성한 이미지 샘플을 출력합니다.
```

8.3.7 샘플 이미지 출력

3장과 4장에서 다음 함수를 보았을 것입니다. 이 함수를 사용해 훈련하는 동안 생성자가 만든 이미지 품질이 얼마나 향상되었는지 조사하겠습니다. [코드 8–7]의 함수는 간단하지만 이전과 다른 점이 있습니다.

첫째, 랜덤한 손글씨 숫자의 4 × 4 그리드 대신에 숫자 1열에 1에서 5까지 숫자가 들어가고 2열에 6에서 9까지 숫자가 들어가는 2 × 5 그리드를 생성합니다. 이를 보고 CGAN 생성자가 특정 숫자를 만드는 방법을 얼마나 잘 학습하는지 조사할 수 있습니다. 둘째, set_title() 메서드를 사용해 각 샘플의 레이블을 출력합니다.

코드 8-7 생성된 이미지 출력하기

```
def sample_images(image_grid_rows=2, image_grid_columns=5):

    z = np.random.normal(0, 1, (image_grid_rows * image_grid_columns, z_dim))
    랜덤한 잡음을 샘플링합니다.
    labels = np.arange(0, 10).reshape(-1, 1)   ◀── 0~9 사이의 이미지 레이블을 만듭니다.

    gen_imgs = generator.predict([z, labels])   ◀── 랜덤한 잡음에서 이미지를 생성합니다.

    gen_imgs = 0.5 * gen_imgs + 0.5   ◀── 이미지 픽셀 값을 [0, 1] 사이로 스케일을 변환합니다.

    fig, axs = plt.subplots(image_grid_rows,   ◀── 이미지 그리드를 설정합니다.
                            image_grid_columns,
                            figsize=(10, 4),
                            sharey=True,
                            sharex=True)

    cnt = 0
    for i in range(image_grid_rows):
        for j in range(image_grid_columns):
            axs[i, j].imshow(gen_imgs[cnt, :, :, 0], cmap='gray')   ◀── 이미지 그리드를
            axs[i, j].axis('off')                                      출력합니다.
```

```
axs[i, j].set_title("Digit: %d" % labels[cnt])
cnt += 1
```

[그림 8-6]은 이 함수가 출력한 샘플로 훈련이 진행되는 동안 CGAN이 만든 숫자의 품질 향상을 보여줍니다.

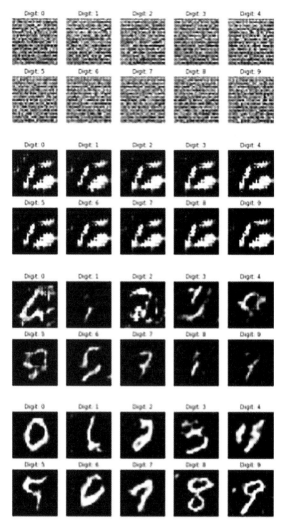

그림 8-6 랜덤한 잡음에서 시작하여 CGAN은 훈련 데이터셋에 있는 각 레이블에 대해 실제 같은 숫자를 만드는 방법을 배웁니다.

8.3.8 모델 훈련

이제 구현한 모델을 실행해보겠습니다.

```
iterations = 20000                    ◄—┤ 하이퍼파라미터를 설정합니다.
batch_size = 32
sample_interval = 1000

train(iterations, batch_size, sample_interval) ◄—┤ 지정된 반복 횟수 동안 CGAN을 훈련합니다.
```

8.3.9 출력 검증: 특정 데이터 생성하기

[그림 8-7]은 완전히 훈련된 CGAN 생성자가 만든 숫자 이미지입니다. 생성자에게 0에서 9까지 행마다 다른 숫자를 만들도록 지시했습니다. 각 숫자가 다른 필체로 쓰인 것을 보면 CGAN이 훈련 데이터셋의 각 레이블에 맞는 샘플을 생성하는 것뿐만 아니라 훈련 데이터에 있는 다양성도 충분히 학습했다는 것을 알 수 있습니다.

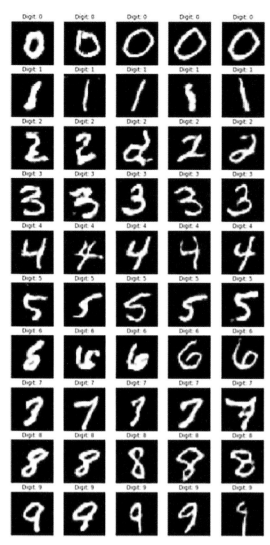

그림 8-7 각 행은 0에서 9까지 주어진 숫자에 맞게 생성된 이미지 샘플을 보여줍니다. 여기서 볼 수 있듯이 CGAN 생성자는 데이터셋에 있는 모든 클래스를 생성하는 방법을 성공적으로 학습했습니다.

8.4 결론

이 장에서 우리가 원하는 가짜 샘플을 만들기 위해 어떻게 레이블을 사용해 생성자와 판별자를 훈련하는지 보았습니다. DCGAN과 마찬가지로 CGAN은 가장 큰 영향을 미친 초기 GAN 모델 중 하나로 셀 수 없이 많은 새로운 연구에 영감을 주었습니다.

아마도 가장 인상적이고 유망한 것은 CGAN을 이미지 대 이미지 변환 문제에 대한 범용 솔루션으로 사용하는 것입니다. 이는 한 종류의 이미지를 다른 종류의 이미지로 변환하는 문제입니다. 이미지 대 이미지 변환 애플리케이션은 흑백 사진을 컬러 사진으로 바꾸는 것에서부터 주간 사진을 야간 사진으로 바꾸고 지도 뷰에서 위성 뷰를 합성하는 것까지 다양합니다.

CGAN 패러다임을 기반으로 한 가장 성공한 초기 구현 중 하나는 pix2pix입니다. pix2pix는 이미지 쌍을 (하나는 입력으로 다른 하나는 레이블로) 사용하여 한 도메인에서 다른 도메인으로 이미지를 변환하는 방법을 학습합니다. 이론뿐만 아니라 실제로도 CGAN을 훈련하기 위해 사용한 조건 정보는 단순한 레이블이 아니라 더 복잡한 경우가 가능합니다. 예를 들어 색 입히기 작업의 경우 이미지 쌍은 흑백 사진(입력)과 같은 사진의 컬러 버전(레이블)이 될 수 있습니다. 다음 장에서 이에 대해 설명하겠습니다.

이 책에서 pix2pix에 대해 자세히 다루지 않습니다. 처음 발표된 후 1년만에 이미지 대 이미지 작업에서 다른 GAN 모델이 pix2pix 성능을 압도했을 뿐만 아니라 이미지 쌍도 필요 없게 되었습니다. **CycleGAN**^{cycle-consistent adversarial network}은 각 도메인을 대표하는 두 그룹의 이미지만 필요합니다(예를 들면 흑백 사진 그룹과 컬러 사진 그룹). 이 놀라운 GAN 모델을 다음 장에서 배우겠습니다.

8.5 마치며

- CGAN은 생성자와 판별자가 훈련하는 동안 클래스 레이블 같은 부가 조건이 붙는 GAN의 한 종류입니다.
- 추가 정보는 생성자가 특정 종류의 출력을 합성하도록 제한하고 판별자는 주어진 부가 정보에 맞는 진짜 샘플만 골라내도록 만듭니다.
- 튜토리얼에서 MNIST 클래스 레이블을 조건 정보로 사용해 우리가 원하는 손글씨 숫자 이미지를 생성하는 CGAN을 구현했습니다.
- 임베딩은 정수를 원하는 크기의 밀집 벡터로 매핑합니다. 임베딩을 사용해 랜덤한 잡음 벡터와 레이블에서 (CGAN 생성자 훈련을 위해) 조인트 표현을 만들고, 입력 이미지와 레이블에서 (CGAN 판별자 훈련을 위해) 조인트 표현을 만들었습니다.

CycleGAN

이 장에서는 다음 내용을 다룹니다.

- CGAN의 아이디어를 전체 이미지에 대한 조건으로 확대하기
- 가장 강력하고 복잡한 GAN 구조 중 하나인 CycleGAN 살펴보기
- GAN을 객체지향 방식으로 구현하고 4개의 주요 구성 요소를 설명하기
- 사과를 오렌지로 변환하는 CycleGAN 구현하기

많은 사람이 사과를 오렌지로 바꾸는 것을 좋아하는 것을 보면, 이 기술 혁신은 거의 모두에게 매력적인 것 같습니다. 이 장에서는 이런 혁신을 이루는 방법을 배웁니다! 이 기술은 복잡합니다. 이를 위해 판별자 두 개와 생성자 두 개가 필요합니다. 그래서 구조가 복잡합니다. 따라서 이를 설명하는 데 시간을 좀 더 할애하겠습니다. 하지만 객체지향 프로그래밍 방식으로 생각하면 어렵지 않습니다.

9.1 이미지 대 이미지 변환

이전 장의 마지막에 잠시 소개한 매력적인 GAN 애플리케이션 분야 하나가 이미지 대 이미지 변환입니다. 비디오, 이미지는 물론 스타일 트랜스퍼에서도 GAN이 엄청난 성공을 거두었습니다. 실제로 GAN은 새로운 종류의 애플리케이션을 가능하게 하기 때문에 선두에 있습니다. 시각적 효과가 두드러진 탓에 성공한 GAN 모델은 유튜브와 트위터에 많이 등장합니다. 아직 이런 동영상을 못보았다면 pix2pix, CycleGAN, vid2vid를 검색해보세요.

이런 종류의 변환을 구현하려면 생성자의 입력이 사진이어야 합니다. 생성자(변환기)가 이미지에서부터 시작하기 때문입니다. 다른 말로 하면 한 도메인의 이미지를 다른 도메인의 이미지

로 매핑합니다. 이전에 생성자에게 주입한 잠재 벡터는 해석이 불가능했습니다. 이제 이 벡터를 입력 이미지로 대체합니다.

이미지 대 이미지 변환을 CGAN의 특별한 경우로 생각해도 좋습니다. 하지만 이 경우 (클래스 레이블이 아니라) 온전한 하나의 이미지로 조건을 구성합니다. 일반적으로 이 이미지는 출력 이미지와 차원이 동일하고 (8장에서 본) 레이블의 하나로 신경망에 주입합니다. 이 분야에서 가장 유명한 예제 중 하나는 [그림 9-1]에 있는 캘리포니아 대학교 버클리에서 나온 이미지 변환 작업입니다.

그림 9-1 CGAN은 이미지 변환을 위해 다양한 도메인에서 잘 동작하는 강력한 프레임워크를 제공합니다.[1]

여기서 볼 수 있듯이 다음과 같은 것을 매핑할 수 있습니다.

- 시맨틱 레이블(예를 들어, 자동차 위치는 파란색이고 도로는 보라색)에서 실제 거리 이미지로 매핑합니다.
- 위성 사진에서 구글 맵과 같은 거리 뷰로 매핑합니다.
- 주간 사진에서 야간 사진으로 매핑합니다.
- 흑백 이미지에서 컬러 이미지로 매핑합니다.
- 스케치에서 합성된 패션 아이템으로 매핑합니다.

이 아이디어는 강력하고 용도가 다양합니다. 하지만 데이터 쌍이 필요하다는 것이 문제입니다. 8장에서 CGAN에는 레이블이 필요하다는 것을 배웠습니다. 이 경우 이미지를 레이블로 사용

---

1 "Image-to-Image Translation with Conditional Adversarial Networks," by Phillip Isola, https://github.com/phillipi/pix2pix.

하기 때문에 다른 도메인에 있는 정확히 같은 이미지로 매핑하지 않으면 사용할 수 없습니다.

즉, 주간 사진과 동일한 장소에서 찍은 야간 사진이 필요합니다. 패션 아이템 스케치는 정확히 동일한 색이 칠해진 합성 아이템이 다른 도메인의 훈련 세트로 준비되어야 합니다. 다른 말로 하면, 훈련하는 동안 이 GAN은 원래 도메인의 아이템에 해당하는 레이블이 필요합니다.

예를 들어 흑백 이미지의 경우 먼저 컬러 사진을 로드하여 흑백 필터를 적용합니다. 그다음 원본 이미지를 한 도메인으로 사용하고 흑백 필터를 적용한 이미지를 다른 도메인으로 사용합니다. 이렇게 하면 양쪽 도메인에 모두 존재하는 이미지를 준비할 수 있습니다. 그다음 훈련된 GAN을 다른 곳에 적용할 수 있습니다. 하지만 완벽한 이런 쌍을 준비하기 쉽지 않다면 운이 없다고 말할 수밖에 없네요!

9.2 사이클-일관성 손실: 갔다가 돌아오기

캘리포니아 대학교 버클리 그룹의 성과에서 뛰어난 점은 완벽한 쌍이 필요하지 않다는 것입니다.[2] 대신 사이클^{cycle}을 구성합니다. 한 도메인에서 다른 도메인으로 변환하고 다시 반대로 변환합니다.

예를 들어 공원의 여름 사진(도메인 A)에서 겨울 사진(도메인 B)으로 변환하고 다시 여름 사진(도메인 A)으로 변환합니다. 사이클을 구성했기 때문에 이상적으로는 원래 사진(a)과 재구성된 사진($\hat{a}$)은 동일할 것입니다. 두 사진이 동일하지 않다면 픽셀 수준에서 이 손실을 측정하여 [그림 9-2]에 나와 있는 CycleGAN의 첫 번째 손실인 **사이클-일관성 손실**^{cycle-consistency loss}을 구합니다.

이를 **역번역**^{back-translation} 과정으로 생각할 수 있습니다. 영어로 번역한 한국어 문장을 다시 한국어로 번역하면 동일한 문장이 되어야 합니다. 두 문장이 같지 않으면 첫 번째 문장과 세 번째 문장이 얼마나 차이가 나는지 사이클-일관성 손실을 계산할 수 있습니다.

사이클-일관성 손실을 사용하려면 두 개의 생성자가 필요합니다. A에서 B로 변환하는 G_{AB}를 간단히 G라고 부르겠습니다. B에서 A로 변환하는 G_{BA}는 F로 부르겠습니다. 기술적으로는 정

---

2 "Unpaired Image-to-Image Translation Using Cycle-Consistent Adversarial Networks," by Jun-Yan Zhu et al., 2017, https://arxiv.org/pdf/1703.10593.pdf.

방향 사이클-일관성 손실과 역방향 사이클-일관성 손실 두 개의 손실이 있습니다. 하지만 이 둘은 $\hat{a} = F(G(a)) \approx a$와 $\hat{b} = F(G(b)) \approx b$를 의미하기 때문에 출발이 다를 뿐 기본적으로 같은 것으로 생각할 수 있습니다.

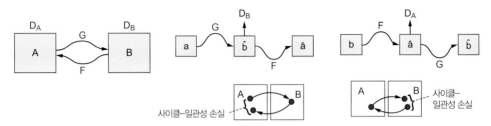

그림 9-2 손실이 양방향으로 작동하기 때문에 여름 사진을 겨울 사진으로 변환하는 것뿐만 아니라 겨울 사진을 여름 사진으로도 바꿀 수 있습니다. G는 A에서 B로 변환하는 생성자이고 F는 B에서 A로 변환하는 생성자입니다. $\hat{a} = F(G(a)) \approx a$입니다.[3]

9.3 적대 손실

사이클-일관성 손실 외에 **적대 손실**adversarial loss이 있습니다. 생성자 G_{AB}의 모든 변환은 이에 해당하는 판별자 D_B가 있고 G_{BA}는 판별자 D_A가 있습니다. D_A가 도메인 A로 변환할 때 진짜 사진처럼 보이는지 항상 테스트한다고 생각할 수 있습니다. D_B는 그 반대로 사용합니다.

이전 구조와 같은 아이디어지만 이제는 손실이 두 개 있으므로 판별자가 두 개입니다. 사과에서 진짜처럼 보이는 오렌지로 변환하는 것뿐만 아니라 변환된 오렌지를 진짜처럼 보이는 사과로 재구성해야 합니다. 이것이 CycleGAN의 핵심입니다. 따라서 적대 손실이 두 번 등장합니다. 사이클의 첫 번째 판별자가 특히 중요합니다. 그렇지 않으면 잡음이 생기고 GAN이 재구성할 것을 외워버립니다.[4]

---

3 Jun-Yan Zhu et al., 2017. https://arxiv.org/pdf/1703.10593.pdf.

4 실전에서는 조금 더 복잡합니다. 예를 들어 정방향 사이클 손실과 역방향 사이클 손실을 모두 포함했는지에 의존적입니다. 하지만 적대 손실의 중요도를 생각하는 하나의 방법입니다. A-B-A와 B-A-B 매핑이 두 개가 있기 때문에 두 판별자가 어느 순간에 첫 번째가 됩니다.

9.4 동일성 손실

동일성 손실identity loss의 아이디어는 간단합니다. CycleGAN이 사진의 전반적인 색 구성(또는 온도)을 유지하길 원합니다. 이를 위해 사진의 색조가 원본 이미지와 일치하도록 규제 항을 도입합니다. 이미지에 여러 필터를 적용한 후에도 원본 이미지를 복원 가능하게 만드는 것으로 생각할 수 있습니다.

이를 위해 B에서 A로 변환하는 생성자(G_{BA})에 도메인 A에 이미 있는 이미지를 주입합니다. CycleGAN이 올바른 도메인에 있는 이미지를 이해해야 하기 때문입니다. 다른 말로 하면 이미지에 대한 불필요한 변경을 억제합니다. 얼룩말을 주입하고 이 이미지를 얼룩말로 변환하려면 해야 할 일이 없기 때문에 동일한 얼룩말을 얻습니다.[5] [그림 9-3]이 동일성 손실의 효과를 보여줍니다.

| 입력 | 동일성 손실이 없을 때 | 동일성 손실이 있을 때 |

그림 9-3 동일성 손실의 효과를 잘 보여주는 그림. 동일성 손실이 없는 경우 뚜렷한 색조 변화가 나타납니다. 이렇게 만들 이유가 없기 때문에 이런 현상을 규제합니다.

엄밀히 말해서 동일성 손실이 CycleGAN 작동에 필수적이 아니지만 완벽을 기하기 위해 포함시켰습니다. 이 책의 구현과 CycleGAN 저자의 최근 구현 모두 이 손실을 포함하고 있습니다. 경험적으로 더 나은 결과를 만들고 타당하게 보이는 제약을 부과하기 때문입니다. 하지만 CycleGAN 논문에서도 이를 간단히 언급하므로 이 책에서는 자세히 다루지 않겠습니다.

---

5 Jun Yan Zhu et al., 2017. https://arxiv.org/pdf/1703.10593.pdf와 http://mng.bz/loE8에서 더 볼 수 있습니다.

[표 9-1]에 이 장에서 배운 손실을 정리합니다.

표 9-1 손실

	계산	측정	확인
적대 손실	$\mathcal{L}_{GAN}(G, D_B, B, A) =$ $-(E_{b\sim p(b)}[\log D_B(b)] +$ $E_{a\sim p(a)}[\log(1 - D_B$ $(G_{AB}(a))])$ (5장에서 소개한 NSGAN 입니다)	이전과 마찬가지로 손실은 두 개의 항으로 이루어집니다. 첫 번째 항은 주어진 이미지가 변환된 이미지가 아니라 진짜일 가능성입니다. 두 번째 항은 생성자가 판별자를 속일 가능성입니다. 이 공식은 D_B에 대한 것입니다. D_A에 대해 동일한 공식이 최종 손실에 추가됩니다.	변환된 이미지가 선명하고 진짜 이미지과 구별할 수 없습니다.
사이클-일관성 손실: 정방향	a와 $\hat{a}$ 간의 차이 ($\|\hat{a} - a\|_1$ 라고 씀)[6]	원본 도메인의 이미지 a와 두 번 변환된 이미지 $\hat{a}$ 간의 차이	원본 이미지와 두 번 변환된 이미지는 동일합니다. 그렇지 않다면 A-B-A 매핑에 일관성이 없습니다.
사이클-일관성 손실: 역방향	$\|\hat{b} - b\|_1$	원본 도메인의 이미지 a와 두 번 변환된 이미지 $\hat{b}$ 간의 차이	원본 이미지와 두 번 변환된 이미지는 동일합니다. 그렇지 않다면 B-A-B 매핑에 일관성이 없습니다.
전체 손실	$\mathcal{L} = \mathcal{L}_{GAN}(G, D_B, A, B)$ $+ \mathcal{L}_{GAN}(F, D_A, B, A) +$ $\lambda \mathcal{L}_{cyc}(G, F)$	4개의 손실(생성자가 2개이므로 적대 손실도 2배로 늘어납니다)과 사이클-일관성 손실(정방향과 역방향을 하나의 항으로 썼습니다)을 더합니다.	전체 변환은 실제 사진처럼 보이고 납득할 수 있어야 합니다(여기에 걸맞는 사진을 제공합니다).
동일성 손실(Cycle GAN 논문에 맞추기 위해 전체 손실에 포함하지 않습니다)	$\mathcal{L}_{identity} =$ $E_{a\sim p(a)}[\| G_{BA}(a) - a \|] +$ $E_{b\sim p(b)}[\| G_{AB}(b) - b \|]$	B에 있는 이미지와 $G_{AB}(b)$ 간의 차이와 A에 있는 이미지와 $G_{BA}(a)$ 간의 차이	CycleGAN은 필요할 때만 이미지를 변경합니다.

---

6 이 표기법이 익숙하지 않을 수 있는데 이는 두 아이템의 L1 노름(norm)을 나타냅니다. 간단하게 말해 이미지의 각 픽셀과 이에 해당하는 재구성된 이미지의 픽셀 사이의 절댓값 차이입니다.

9.5 구조

CycleGAN은 CGAN 구조에서 바로 만들 수 있습니다. 기본적으로 두 CGAN이 연결된 것입니다. 또는 CycleGAN 저자가 지적했듯이 오토인코더로 생각할 수 있습니다. 2장을 떠올려보면 오토인코더에는 입력 이미지 x와 잠재 공간 z를 통과한 후 재구성된 이미지 $x*$이 있습니다. [그림 9-4]를 참고하세요.

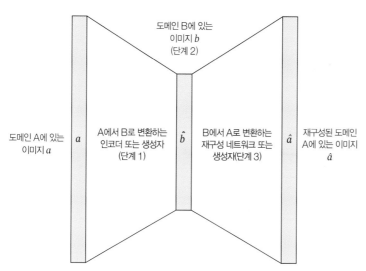

그림 9-4 2장의 오토인코더 그림을 다음과 같은 비유로 설명할 수 있습니다. 사람의 생각을 한 문장(단계 2)으로 압축(단계 1)하고 이 개념을 다른 사람의 머리에서 (완벽하지 않지만) 동일한 생각으로 확장(단계 3)합니다.

이 그림을 CycleGAN에 맞게 해석하면 a는 도메인 A에 있는 이미지이고, b는 도메인 B에 있는 이미지이고, $\hat{a}$은 도메인 A의 재구성입니다. 하지만 CycleGAN에서는 잠재 공간(단계 2)의 차원이 줄어들지 않고 동일합니다. 잠재 공간은 CycleGAN이 찾아야 하는 또 다른 도메인(B)에 있습니다. 오코인코더에서도 이 잠재 공간은 또 다른 도메인일 뿐이지만 해석하기 쉽지 않습니다.

2장에서 배운 것과 비교해서 새로 등장한 개념은 적대 손실입니다. 많은 오토인코더와 GAN의 혼합은 그 자체로 활발한 연구 영역입니다! 관심 있다면 이 분야도 연구해보세요. 지금은 두 매핑을 두 개의 오토인코더 $F(G(a))$와 $G(F(b))$로 생각하겠습니다. 기본 아이디어는 오토인코더에서 가져옵니다. 사이클-일관성 손실로 바뀐 명시적인 손실 함수와 판별자를 포함합니다. 각 단계마다 하나씩 있는 두 개의 판별자가 (잠재 공간을 포함한) 양쪽의 변환을 해당 도메인에 있는 진짜 이미지처럼 보이는지 확인합니다.

9.5.1 CycleGAN 구조: 신경망 구성하기

실제 CycleGN 구현을 시작하기 전에 [그림 9-5]에 나타난 전체 구조를 간단히 살펴보겠습니다. 두 개의 처리 과정이 있습니다. 위쪽의 그림에서 A–B–A는 도메인 A에 있는 이미지에서 시작하고 아래 그림에서 B–A–B는 도메인 B에 있는 이미지로 시작합니다.

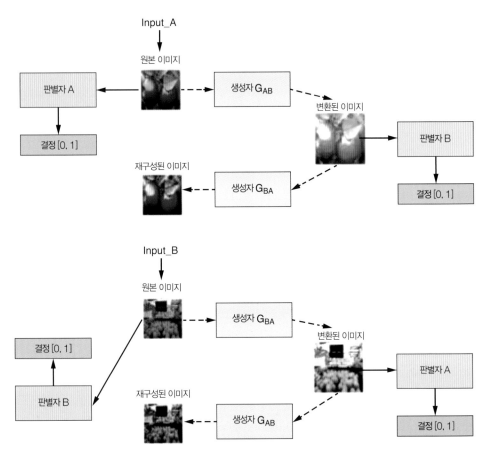

그림 9-5 CycleGAN을 단순화한 이 구조에서 입력 이미지는 (1)평가를 위해 판별자로 이동하거나 (2)다른 도메인으로 변환되어 다른 판별자가 평가하고 다시 변환되어 돌아옵니다.[7]

이미지는 두 경로를 따라 이동합니다. (1)판별자에게 주입되어 진짜인지 아닌지 판단을 받습니다. (2)생성자에게 주입되어 B로 변환되고, 판별자 B가 도메인 B에 있는 진짜 이미지처럼

---

7 "Understanding and Implementing CycleGAN in TensorFlow," by Hardik Bansal and Archit Rathore, 2017, `https://hardikbansal.github.io/CycleGANBlog`

보이는지 평가하고, 다시 A로 변환되어 사이클 손실을 만듭니다.

아래 이미지는 방향이 다를 뿐 위 이미지와 기본적으로 동일하고 같은 단계를 거칩니다. 이 책에서는 apple2orange 데이터셋을 사용하지만 다른 데이터셋도 많습니다. 예를 들면 horse2zebra 데이터셋이 유명합니다. 배시^{bash} 스크립트로 데이터를 다운로드하고 코드를 조금 수정하여 쉽게 테스트해볼 수 있습니다. 이해를 돕기 위해 [그림 9-5]를 다른 형태로 정리해보겠습니다. [표 9-2]는 4개의 주요 네트워크를 정리한 것입니다.

표 9-2 네트워크

	입력	출력	목표
생성자: A에서 B	A에 있는 진짜 사진이나 B에서 A로 변환한 사진을 주입합니다.	도메인 B로 변환합니다.	도메인 B에 있는 진짜 사진처럼 보이는 이미지를 만듭니다.
생성자: B에서 A	B에 있는 진짜 사진이나 A에서 B로 변환한 사진을 주입합니다.	도메인 A로 변환합니다.	도메인 A에 있는 진짜 사진처럼 보이는 이미지를 만듭니다.
판별자 A	A에 있는 진짜 사진이나 B에서 A로 변환한 사진을 주입합니다.	이 사진이 진짜일 확률	생성자가 B에서 A로 변환한 이미지에 속지 않습니다.
판별자 B	B에 있는 진짜 사진이나 A에서 B로 변환한 사진을 주입합니다.	이 사진이 진짜일 확률	생성자가 A에서 B로 변환한 이미지에 속지 않습니다.

9.5.2 생성자 구조

[그림 9-6]은 생성자의 구조를 보여줍니다. 이해하기 쉽도록 코드에 있는 변수 이름과 텐서 크기를 그림에 포함시켰습니다. 이 신경망을 **U-Net 구조**라 부릅니다. 동일한 수준의 해상도를 이어보면 U 모양이 되기 때문입니다.

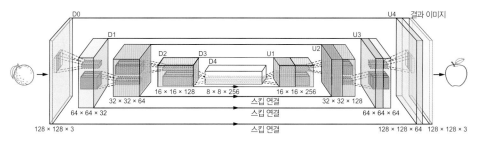

그림 9-6 생성자 구조. 생성자는 수축 경로(D0에서 D3까지)와 팽창 경로(U1에서 U4까지)를 갖습니다. 수축과 팽창 경로를 이따금 인코더와 디코더라고 부르기도 합니다.

몇 가지 언급할 내용이 있습니다.

- 인코더에는 일반적인 합성곱 층을 사용합니다.
- 정보가 네트워크를 쉽게 통과하도록 인코더의 합성곱 층에서 **스킵 연결**skip connection을 만듭니다. 그림에서 D0~D3와 U1~U4 사이에 직선을 긋고 색으로 구분해 스킵 연결을 나타냈습니다. 디코더에 있는 블럭의 절반이 이 스킵 연결에서 옵니다(특성 맵의 수가 두 배가 됩니다!).[8]
- 디코더는 업샘플링 층과 마지막에 합성곱 층을 사용하여 이미지를 원본 이미지와 동일한 크기로 만듭니다.

생성자가 인코더-디코더 구조를 가지고 있으므로 오토인코더는 생성자 구조를 배우기 좋은 도구입니다.

- 인코더([그림 9-4]의 단계 1): 각 특성 맵(층)의 해상도를 감소하는 합성곱 층입니다. 이는 수축하는 경로(D0~D3)입니다.
- 디코더([그림 9-4]의 단계 3): 이미지를 128 × 128 크기로 되돌리는 **업샘플링**upsampling 층입니다. 이는 팽창하는 경로(U1~U4)입니다.

이 오토인코더 모델은 두 가지 면에서 유용합니다. 첫째, 전체 CycleGAN 구조를 두 개의 오토인코더를 훈련하는 것으로 볼 수 있습니다.[9] 둘째, U-Net 자체가 인코더와 디코더 부분을 가집니다.

다운스케일링한 다음 연이어 업스케일링하기 때문에 조금 이상하게 느낄 수 있습니다. 이미지를 가장 의미 있는 표현으로 압축하지만 동시에 세부 사항을 모두 되돌릴 수 있어야 합니다. 이는 뉘앙스를 기억하는 스킵 연결이 있다는 것을 제외하면 오토인코더와 이유가 같습니다. 이 U-Net 구조는 여러 도메인의 다양한 분할segmentation 작업에서 성능이 좋다고 알려져 있습니다. 핵심 아이디어는 다운샘플링하는 동안 분류와 넓은 영역을 이해하는 데 초점을 맞추면서 고해상도의 스킵 연결을 제공하여 정확한 분할에 도움이 되는 세부 사항을 유지하는 것입니다.

[그림 9-6]과 같이 스킵 연결이 있는 U-Net 구조를 사용해 CycleGAN을 구현하겠습니다. 하지만 다른 CycleGAN 구현은 ResNet 구조를 많이 사용합니다. 이 구조를 구현하려면 조금 더 많은 작업이 필요합니다.

---

8 여기서 볼 수 있듯이 이는 인코더의 전체 블럭(텐서)을 생성자의 디코더 부분에 있는 동일한 색깔의 텐서에 연결하는 것입니다.
9 Jun-Yan Zhu et al., 2017, https://arxiv.org/pdf/1703.10593.pdf.

적어도 여기서 사용하는 apple2orange 데이터셋에서는 테스트 결과가 동일합니다. 명시적으로 잔차 블록을 정의하지 않고 합성곱 층에서 업샘플링 층으로 (그림에 있는) 스킵 연결을 제공합니다. 코드를 볼 때 이 유사성에 대해 다시 언급하겠습니다. 지금은 그냥 기억만 하세요.

9.5.3 판별자 구조

CycleGAN의 판별자는 PatchGAN 구조를 기반으로 합니다. 코드를 보면서 상세한 기술적인 내용을 다루겠습니다. 혼동할 만한 한 가지 점은 이 판별자의 출력이 실수 하나가 아니라는 것입니다. 대신 채널이 하나인 일련의 값입니다. 이를 나중에 평균할 작은 판별자 집합으로 생각할 수 있습니다.

이런 방식 덕택에 CycleGAN을 합성곱으로만 설계할 수 있습니다. 비교적 고해상도로 쉽게 확장할 수 있다는 뜻입니다. 실제로 비디오 게임과 실제 영상 간의 변환 예제에서 CycleGAN의 저자는 완전한 합성곱 설계 덕분에 약간의 수정만으로 해상도를 높인 CycleGAN을 사용했습니다. 판별자가 두 개라는 것을 제외하면 이전에 본 판별자와 구현이 비슷합니다.

9.6 객체지향 방식으로 GAN 구현하기

지금까지 텐서플로의 객체와 객체지향 프로그래밍^{object-oriented programming}(OOP)을 코드에 사용했지만 신경망 구조는 간단하기 때문에 함수로 만들었습니다. CycleGAN의 경우 구조가 복잡하므로 정의된 속성과 메서드를 관리할 구조가 필요합니다. 따라서 CycleGAN을 파이썬 클래스로 구현하겠습니다. 이 클래스는 생성자와 판별자를 만드는 메서드와 훈련을 위한 메서드를 가집니다.

9.7 튜토리얼: CycleGAN 구현하기

이 튜토리얼에서 Keras-GAN 저장소[10]의 구현과 tf.keras를 사용하겠습니다. 텐서플로 2.2와 텐서플로 애드온[addon] 0.10에서 테스트했습니다.

이번에는 다른 데이터셋을 사용하겠습니다(2장의 농담에도 불구하고 다른 데이터셋도 있다는 것을 보여주기 위해서라도 그렇습니다.) 하지만 교육적인 목적을 위해 간단한 데이터셋 중 하나인 apple2orange를 사용합니다. 그럼 바로 필요한 패키지를 임포트하겠습니다.

코드 9-1 패키지 임포트

```
from __future__ import print_function, division
import scipy
from tensorflow.keras.datasets import mnist
from tensorflow_addons.layers import InstanceNormalization
from tensorflow.keras.layers import Input, Dense, Reshape, Flatten, Dropout,
Concatenate
from tensorflow.keras.layers import BatchNormalization, Activation, ZeroPadding2D
from tensorflow.keras.layers import LeakyReLU
from tensorflow.keras.layers import UpSampling2D, Conv2D
from tensorflow.keras.models import Sequential, Model
from tensorflow.keras.optimizers import Adam
import datetime
import matplotlib.pyplot as plt
import sys
import numpy as np
import os
```

앞서 언급한 대로 객체지향 프로그래밍 스타일을 사용하겠습니다. 다음 코드에서 CycleGAN 클래스를 만들어 매개변수와 데이터 로더[loader]를 초기화합니다. 데이터 로더의 정의는 이 책의 깃허브 저장소에 있는 노트북에서 볼 수 있습니다. 이 클래스는 전처리된 데이터를 로드합니다.

---

10 Erik Linder-Norén's Keras-GAN GitHub repository, 2017. https://github.com/eriklindernoren/Keras-GAN.

```
class CycleGAN():
    def __init__(self):
        self.img_rows = 128
        self.img_cols = 128              입력 크기
        self.channels = 3
        self.img_shape = (self.img_rows, self.img_cols, self.channels)

        self.dataset_name = 'apple2orange'      ◀── 데이터 로더 설정
        self.data_loader = DataLoader(dataset_name=self.dataset_name,
        DataLoader 객체를 사용해              img_res=(self.img_rows, self.img_cols))
        전처리된 데이터 임포트합니다.

        patch = int(self.img_rows / 2**4)    ◀── D(PatchGAN)의 출력 크기를 계산합니다.
        self.disc_patch = (patch, patch, 1)

        self.gf = 32     ◀── G의 첫 번째 층에 있는 필터의 개수
        self.df = 64     ◀── D의 첫 번째 층에 있는 필터의 개수

        self.lambda_cycle = 10.0                      ◀── 사이클-일관성 손실 가중치
        self.lambda_id = 0.9 * self.lambda_cycle    ◀── 동일성 손실 가중치

        optimizer = Adam(0.0002, 0.5)
```

두 개의 새로운 변수 `lambda_cycle`와 `lambda_id`가 있습니다. 두 번째 하이퍼파라미터는 동일성 손실에 영향을 미칩니다. CycleGAN 저자들은 이 값이 (특히 훈련 과정 초기에) 변화에 얼마나 극적으로 영향을 미치는지 이야기합니다.[11] 이 값이 낮으면 불필요한 변화가 생깁니다. 예를 들어 초기에 색이 완전히 반전됩니다. 여기에서는 apple2orange 데이터셋에서 여러 번 훈련 과정을 실행하여 적절한 값을 선택했습니다. 이는 이론에 바탕을 둔 연금술 과정입니다.

첫 번째 하이퍼파라미터 `lambda_cycle`는 사이클-일관성 손실을 얼마나 엄격히 강제할지 제어합니다. 이 값을 높게 설정하면 원본 이미지와 재구성 이미지가 가능한 한 아주 가깝게 만듭니다.

---

11 "pytorch-CycleGAN-and-pix2pix Frequently Asked Questions," by Jun-Yan Zhu, April 2019. `http://mng.bz/BY58`.

9.7.1 신경망 구성

기본 매개변수가 준비되었으므로 [코드 9–3]에서 신경망을 만들어보겠습니다. 먼저 고수준에서 시작해서 점차 상세화하겠습니다. 다음과 같은 과정을 따릅니다.

1 두 개의 판별자 D_A와 D_B를 만들고 컴파일합니다.

2 두 개의 생성자를 만듭니다.

    a. G_{AB} 와 G_{BA} 객체를 만듭니다.

    b. 양방향에 사용할 입력 이미지를 준비합니다.

    c. 두 이미지를 다른 도메인에 있는 이미지와 연결합니다.

    d. 양방향을 위한 동일성 손실 제한을 만듭니다.

    e. 일단 판별자의 파라미터를 훈련 가능하지 않게 만듭니다.

    f. 두 생성자를 컴파일합니다.

코드 9-3 신경망 구성

```
self.d_A = self.build_discriminator()
self.d_B = self.build_discriminator()
self.d_A.compile(loss='mse',
                 optimizer=optimizer,          판별자를 만들고 컴파일합니다.
                 metrics=['accuracy'])
self.d_B.compile(loss='mse',
                 optimizer=optimizer,
                 metrics=['accuracy'])

self.g_AB = self.build_generator()            여기서부터 생성자의 계산 그래프를 만듭니다.
self.g_BA = self.build_generator()            처음 두 라인이 생성자를 만듭니다.

img_A = Input(shape=self.img_shape)           두 도메인의 입력 이미지
img_B = Input(shape=self.img_shape)

fake_B = self.g_AB(img_A)                      이미지를 다른 도메인으로 변환
fake_A = self.g_BA(img_B)                      합니다.
reconstr_A = self.g_BA(fake_B)                원본 도메인으로 이미지를 다시
reconstr_B = self.g_AB(fake_A)                변환합니다.
img_A_id = self.g_BA(img_A)                    동일한 이미지 매핑
img_B_id = self.g_AB(img_B)

self.d_A.trainable = False                     연결 모델에서는 생성자만 훈련
self.d_B.trainable = False                     합니다.
```

```
valid_A = self.d_A(fake_A)
valid_B = self.d_B(fake_B)
```
판별자가 변환된 이미지의
유효성을 결정합니다.

```
self.combined = Model(inputs=[img_A, img_B],
                      outputs=[valid_A, valid_B,
                               reconstr_A, reconstr_B,
                               img_A_id, img_B_id])
self.combined.compile(loss=['mse', 'mse',
                            'mae', 'mae',
                            'mae', 'mae'],
                      loss_weights=[1, 1,
                                    self.lambda_cycle, self.lambda_cycle,
                                    self.lambda_id, self.lambda_id],
                      optimizer=optimizer)
```
연결 모델은 판별자를
속이기 위한 생성자를
훈련합니다.

이전 코드에서 명확하게 언급할 점 하나는 **combined** 모델의 출력이 6개라는 것입니다. 이 모델은 (판별자의) 유효성^{validity}, 재구성, 동일성 손실을 위한 출력이 필요합니다. A–B–A 사이클일 때 한 벌, B–A–B 사이클에서 한 벌이 필요하므로 총 6개가 됩니다. 처음 2개의 손실은 제곱 오차이고 나머지는 **평균 절댓값 오차**$^{mean\ absolute\ error}$(MAE)입니다. 상대적인 가중치는 앞서 소개한 **lambda** 매개변수들로 결정됩니다.

9.7.2 생성자

그다음 [코드 9-4]에서 생성자 코드를 구성합니다. 9.5.2절에서 소개한 스킵 연결을 사용한 U–Net 구조입니다. 일부 다른 구현에서 사용하는 ResNet 구조보다 U–Net 구조가 만들기 쉽습니다. 생성자 메서드 안에서 먼저 헬퍼 함수를 정의합니다.

1 다음과 같은 conv2d() 함수를 정의합니다.

   a. 일반적인 2D 합성곱 층

   b. LeakyReLU 활성화 함수

   c. 샘플 정규화$^{instance\ normalization}$ 층[12]

---

12 샘플 정규화는 4장의 배치 정규화와 비슷하지만 전체 배치 정보를 기반으로 정규화하지 않고 샘플별로 특성 맵을 정규화합니다. 샘플 정규화는 스타일 트랜스퍼나 이미지 대 이미지 변환 같은 작업에서 뛰어난 품질의 이미지를 만듭니다. CycleGAN에 꼭 필요한 것이죠!

2 업샘플링을 위해 다음과 같은 deconv2d() 함수를 정의합니다.

    a. input_layer를 업샘플링합니다.

    b. 드롭아웃 비율을 지정했다면 드롭아웃을 적용합니다.

    c. InstanceNormalization 층을 적용합니다.

    d. 가장 중요한 것은 출력층과 이 층에 차원에 대응하는 [그림 9-4]의 다운샘플링 부분에 있는 층과 스킵 연결을 만듭니다.

> **NOTE**_ 단계 2.d에서 학습되는 파라미터가 없고 단순하게 **최근접 이웃 보간**nearest neighbors interpolation을 수행하는 UpSampling2D 층을 사용합니다.

그다음 실제 생성자를 만듭니다.

3 입력(128 × 128 × 3)을 받아 d0에 할당합니다.

4 합성곱 층 d1에 통과시켜 64 × 64 × 32 크기가 됩니다.

5 d1(64 × 64 × 32)을 받아 conv2d를 적용하여 32 × 32 × 64(d2) 크기가 됩니다.

6 d2(32 × 32 × 64)를 받아 conv2d를 적용하여 16 × 16 × 128(d3) 크기가 됩니다.

7 d3(32 × 32 × 64)를 받아 conv2d를 적용하여 8 × 8 × 256(d4) 크기가 됩니다.

8 u1: d4를 업샘플링하고 d3와 u1 사이에 스킵 연결을 만듭니다.

9 u2: u1를 업샘플링하고 d2와 u2 사이에 스킵 연결을 만듭니다.

10 u3: u2를 업샘플링하고 d1와 u3 사이에 스킵 연결을 만듭니다.

11 u4: 일반적인 업샘플링을 사용해 128 × 128 × 64 크기가 됩니다.

일반적인 2D 합성곱을 사용해 여분의 특성 맵을 제거하고 128 × 128 × 3(높이 × 너비 × 컬러 채널) 크기가 됩니다.

코드 9-4 생성자 만들기

```
def build_generator(self):
    """U-Net 생성자"""

    def conv2d(layer_input, filters, f_size=4, normalization=True):
        """다운샘플링하는 동안 사용되는 층"""
        d = Conv2D(filters, kernel_size=f_size,
                strides=2, padding='same')(layer_input)
```

```
        d = LeakyReLU(alpha=0.2)(d)
        if normalization:
            d = InstanceNormalization()(d)
        return d
    def deconv2d(layer_input, skip_input, filters, f_size=4, dropout_rate=0):
        """업샘플링하는 동안 사용되는 층"""
        u = UpSampling2D(size=2)(layer_input)
        u = Conv2D(filters, kernel_size=f_size, strides=1,
                   padding='same', activation='relu')(u)
        if dropout_rate:
            u = Dropout(dropout_rate)(u)
        u = InstanceNormalization()(u)
        u = Concatenate()([u, skip_input])
        return u

    d0 = Input(shape=self.img_shape)          ←—  이미지 입력

    d1 = self.conv2d(d0, self.gf)
    d2 = self.conv2d(d1, self.gf * 2)
    d3 = self.conv2d(d2, self.gf * 4)         다운샘플링
    d4 = self.conv2d(d3, self.gf * 8)
    u1 = self.deconv2d(d4, d3, self.gf * 4)
    u2 = self.deconv2d(u1, d2, self.gf * 2)   업샘플링
    u3 = self.deconv2d(u2, d1, self.gf)

    u4 = UpSampling2D(size=2)(u3)
    output_img = Conv2D(self.channels, kernel_size=4,
                        strides=1, padding='same', activation='tanh')(u4)

    return Model(d0, output_img)
```

9.7.3 판별자

이제 판별자 메서드를 만들어보죠. 2D 합성곱, LeakyReLU 그리고 선택적으로 Instance Normalization 층을 만드는 헬퍼 함수를 사용합니다. [코드 9-5]에 있는 것처럼 다음 순서대로 층을 적용합니다.

1 입력 이미지(128 × 128 × 3)를 받아 d1(64 × 64 × 64)으로 변환합니다.

2 d1(64 × 64 × 64)을 받아 d2(32 × 32 × 128)로 변환합니다.

3 d2(32 × 32 × 128)를 받아 d3(16 × 16 × 256)로 변환합니다.

4 d3(16 × 16 × 256)를 받아 d4(8 × 8 × 512)로 변환합니다.

5 d4(8 × 8 × 512)를 받아 conv2d를 적용해 8 × 8 × 1로 펼칩니다.

코드 9-5 판별자 만들기

```python
def build_discriminator(self):
    img = Input(shape=self.img_shape)

    d1 = self.conv2d(img, self.df, normalization=False)
    d2 = self.conv2d(d1, self.df * 2)
    d3 = self.conv2d(d2, self.df * 4)
    d4 = self.conv2d(d3, self.df * 8)

    validity = Conv2D(1, kernel_size=4, strides=1, padding='same')(d4)

    return Model(img, validity)
```

9.7.4 훈련

모든 신경망을 만들었으므로 훈련 반복을 만드는 메서드를 구현해보겠습니다. CycleGAN 훈련 알고리즘의 상세 훈련 반복은 다음과 같습니다.

CycleGAN 훈련 알고리즘

각 훈련 반복에서 다음을 수행합니다.

1 판별자를 훈련합니다.

   a. 각 도메인에서 랜덤한 이미지의 미니배치를 만듭니다($imgs_A$와 $imgs_B$).

   b. 생성자 G_{AB}를 사용해 $imgs_A$를 도메인 B로 변환하고, G_{BA}를 사용해 $imgs_B$를 도메인 A로 변환합니다.

   c. $D_A(imgs_A, 1)$과 $DA(G_{BA}(imgs_B), 0)$을 계산하여 A에 있는 진짜 이미지와 B에서 변환된 이미지에 대한 손실을 각각 구합니다. 그다음 이 두 손실을 더합니다. D_A에 있는 1과 0은 레이블입니다.

   d. $D_B(imgs_B, 1)$과 $D_B(G_{AB}(imgs_A), 0)$을 계산하여 B에 있는 진짜 이미지와 A에서 변환된 이미지에 대한 손실을 각각 구합니다. 그다음 이 두 손실을 더합니다. D_B에 있는 1과 0은 레이블입니다.

   e. 단계 c와 d의 손실을 더하여 판별자 전체 손실을 얻습니다.

---

2 생성자를 훈련합니다.

  a. 연결 모델을 사용합니다.

    – 도메인 A($imgs_A$)와 B($imgs_B$)의 이미지를 입력합니다.

    – 다음을 출력합니다.

       1 A의 유효성^{validity}: $D_A(G_{BA}(imgs_B))$

       2 B의 유효성: $D_B(G_{AB}(imgs_A))$

       3 A의 재구성: $G_{BA}(G_{AB}(imgs_A))$

       4 B의 재구성: $G_{AB}(G_{BA}(imgs_B))$

       5 A의 동일성 매핑: $G_{BA}(imgs_A)$

       6 B의 동일성 매핑: $G_{AB}(imgs_B)$

  b. 사이클-일관성 손실, 동일성 손실, 적대 손실을 사용해 두 생성자의 파라미터를 업데이트합니다.

    – 스칼라 값(판별자의 확률 값$^{discriminator\ probabilities}$): 평균 제곱 오차(MSE)

    – 이미지(재구성과 동일성 매핑): 평균 절댓값 오차(MAE)

다음은 이 CycleGAN 훈련 알고리즘을 구현한 코드입니다.

코드 9-6 CycleGAN 훈련

```
def train(self, epochs, batch_size=1, sample_interval=50):
    valid = np.ones((batch_size,) + self.disc_patch)      ◀── 적대 손실에 대한 정답
    fake = np.zeros((batch_size,) + self.disc_patch)

    for epoch in range(epochs):
        for batch_i, (imgs_A, imgs_B) in enumerate(
            self.data_loader.load_batch(batch_size)):

            fake_B = self.g_AB.predict(imgs_A)       판별자 훈련을 시작합니다. 이 두 라인은
            fake_A = self.g_BA.predict(imgs_B)       이미지를 상대 도메인으로 변환합니다.

            dA_loss_real = self.d_A.train_on_batch(imgs_A, valid)
            dA_loss_fake = self.d_A.train_on_batch(fake_A, fake)
            dA_loss = 0.5 * np.add(dA_loss_real, dA_loss_fake)

            dB_loss_real = self.d_B.train_on_batch(imgs_B, valid)
            dB_loss_fake = self.d_B.train_on_batch(fake_B, fake)
            dB_loss = 0.5 * np.add(dB_loss_real, dB_loss_fake)
```

판별자를 훈련합니다
(원본 이미지 = real /
변환된 이미지 = fake).

```
                    d_loss = 0.5 * np.add(dA_loss, dB_loss)   ◄─┤ 판별자 전체 손실

    생성자를       ►g_loss = self.combined.train_on_batch([imgs_A, imgs_B],
    훈련합니다.                                             [valid, valid,
                                                           imgs_A, imgs_B,
                                                           imgs_A, imgs_B])

save_interval마다   ►if batch_i % sample_interval == 0:              이 함수는 지금까지 보았던 것과
생성된 이미지 샘플        self.sample_images(epoch, batch_i)  ◄──  비슷합니다. 함수 정의는 깃허브
을 저장합니다.                                                    를 참고하세요
```

9.7.5 실행

복잡한 모든 코드를 작성했고 이제 CycleGAN 객체를 만들 준비를 마쳤습니다. 샘플 이미지를 사용해 실행 결과를 확인해보죠.

```
cycle_gan = CycleGAN()
cycle_gan.train(epochs=100, batch_size=64, sample_interval=10)
```

[그림 9-7]은 지금까지 작업의 결과를 보여줍니다.

그림 9-7 사과가 오렌지로, 오렌지가 사과로 바뀌었습니다. 이 결과는 주피터 노트북에 있는 것 그대로입니다(랜덤 시드나 텐서플로 버전, 하이퍼파라미터 설정 때문에 결과 이미지는 다를 수 있습니다).

9.8 CycleGAN의 확장 버전과 애플리케이션

이 결과가 인상적으로 다가가기를 바랍니다. 깜짝 놀랄 만한 결과 때문에 많은 연구자들이 이 기법을 향상하려고 구름처럼 몰려들었습니다. 이 절에서는 CycleGAN의 확장 버전과 Cycle GAN의 애플리케이션에 대해서 소개합니다.

9.8.1 증식 CycleGAN

「Augmented CycleGAN: Learning Many-to-Many Mappings from Unpaired Data」에서는 표준 CycleGAN을 확장하여 변환하는 동안 잠재 공간 정보를 주입합니다. 스톡홀름에서 열린 콘퍼런스 〈ICML 2018〉에 제출된 증식augmented CycleGAN은 생성 과정을 조정할 수 있는 변수를 추가로 제공합니다.[13] CGAN에서 잠재 공간을 사용했던 것과 비슷한 방법으로 CycleGAN이 이미 수행하는 것에 덧붙여 설정할 수 있습니다.

예를 들어, 도메인 A에 신발 스케치가 있다면 동일한 종류의 파란 신발이 있는 도메인 B에서 샘플을 생성할 수 있습니다. 표준 CycleGAN에서는 이 샘플은 항상 파란색입니다. 하지만 잠재 변수를 마음대로 조정할 수 있다면 이 신발은 오렌지색이나 노란색 등 원하는 어떤 색이든 될 수 있습니다.

원래 CycleGAN의 제약에 대해 생각할 수 있는 좋은 도구입니다. (추가 잠재 벡터 z와 같은) 초깃값 매개변수가 있지 않기 때문에 반대 쪽 도메인에서 출력될 것을 제어하거나 바꿀 수 없습니다. 특정 핸드백 스케치에서 오렌지 이미지가 출력되면 항상 오렌지만 출력됩니다. 증식 CycleGAN은 [그림 9-8]처럼 출력에 대한 제어권을 가집니다.

---

13 "Augmented Cyclic Adversarial Learning for Low Resource Domain Adaptation," by Ehsan Hosseini-Asl, 2019, https://arxiv.org/pdf/1807.00374.pdf.

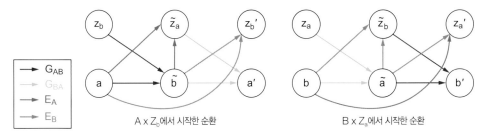

그림 9-8 증식 CycleGAN의 정보 흐름을 보면 잠재 벡터 Z_a와 Z_b를 입력 이미지와 함께 생성자에 전달하여 두 CGAN의 연결 문제를 효과적으로 줄입니다. 이를 통해 생성 과정을 제어할 수 있습니다.[14]

9.8.2 애플리케이션

많은 CycleGAN (또는 CycleGAN에서 영감을 받은) 애플리케이션은 등장한지 얼마 되지 않았습니다. 이런 애플리케이션은 주로 가상 환경을 만들고 이를 실제 같은 사진으로 바꿉니다. 예를 들어 자율 주행 자동차 회사를 위한 훈련 데이터가 필요하다고 가정해보죠. 유니티Unity나 GTA 5 그래픽 엔진으로 시뮬레이션한 후 CycleGAN을 사용해 훈련 데이터로 변환할 수 있습니다.

특히 제작에 비용이 많이 들거나 시간이 오래 걸리는 환경이 데이터셋에 필요할 때 적합합니다 (예를 들어, 자동차 사고나 목적지를 향해 빨리 달리는 소방차). 자율 주행 자동차 회사 입장에서 사고 상황이 데이터셋에 포함되는 것은 매우 유용합니다. 사고 상황은 드물지만 올바르게 대처하는 것이 매우 중요하기 때문입니다.

이런 종류의 프레임워크 중 하나는 **CyCADA**cycle consistent adversarial domain adaptation입니다.[15] 아쉽지만 이 프레임워크의 작동 방식을 모두 설명하는 것은 이 책의 범위를 넘어섭니다. 이런 종류의 프레임워크가 많습니다. 언어나 음악 같은 다른 형태의 도메인에서도 CycleGAN을 실험하고 있습니다. [그림 9-9]에서 간단하게 CyCADA의 구조와 설계를 보여줍니다.

---

14 "Augmented CycleGAN: Learning Many-to-Many Mappings from Unpaired Data," by Amjad Almahairi et al., 2018, http://arxiv.org/abs/1802.10151.

15 "CyCADA: Cycle-Consistent Adversarial Domain Adaptation," by Judy Hoffman et al., 2017, https://arxiv.org/pdf/1711.03213.pdf.

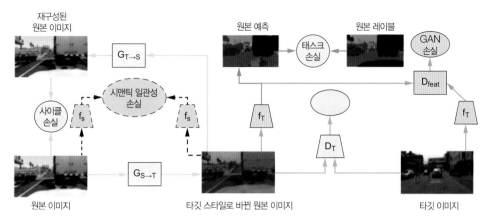

그림 9-9 이 구조는 앞에서 본 것과 조금 비슷합니다. 적어도 이 장의 내용이 도움이 되기를 바랍니다. 추가로 언급할 것이 하나 있습니다. 태스크 손실(task loss)을 만들기 위해 레이블과 시맨틱 정보를 사용하는 추가 단계가 있습니다. 이를 통해 만들어진 이미지가 가진 의미를 확인할 수 있습니다.

9.9 마치며

- 이미지 대 이미지 변환 프레임워크는 완벽한 쌍이 필요하기 때문에 훈련하기 어려운 경우가 많습니다. CycleGAN은 쌍 없는 도메인 간 변환을 수행하여 이 문제를 해결합니다.
- CycleGAN에는 세 개의 손실이 있습니다.
  - 사이클-일관성 손실은 원본 이미지와 다른 도메인으로 변환되었다가 다시 변환된 이미지 사이의 차이를 측정합니다.
  - 적대 손실은 이미지가 진짜처럼 보이는지 측정합니다.
  - 동일성 손실은 이미지의 색 영역을 보존합니다.
- 두 개의 생성자는 U-Net 구조를 사용하고, 두 개의 판별자는 PatchGAN 기반의 구조를 사용합니다.
- 객체지향 방식으로 CycleGAN을 구현하여 사과를 오렌지로 바꾸었습니다.
- CycleGAN의 실용 애플리케이션으로는 자율 주행 자동차 훈련과 변환 과정에서 다른 이미지 스타일을 만드는 확장 버전이 있습니다.

Part **III**

앞으로 배울 것들

3부에서는 1부와 2부에서 GAN과 그 구현에 대해 배운 것을 적용할 수 있는 실용적인 사례와 다른 분야를 살펴봅니다.

- 10장은 실용적, 이론적으로 매우 중요한 분야인 적대 샘플(의도적으로 분류기가 실수하도록 속입니다)을 설명합니다.
- 11장은 의학과 패션 분야의 실제 GAN 애플리케이션을 살펴봅니다. 이런 애플리케이션들은 이 책에서 다룬 여러 GAN 모델을 사용합니다.
- 12장은 GAN과 GAN 애플리케이션의 윤리적 문제를 고찰합니다. 또 이 책을 넘어서 이 분야를 계속 공부할 사람들을 위해 최근에 등장한 GAN 기법도 소개합니다.

Part III

앞으로 배울 것들

CHAPTER 10

적대 샘플

이 장에서는 다음 내용을 다룹니다.

- GAN 이전에 여러 가지 역사를 가진 흥미로운 연구 분야
- 컴퓨터 비전 분야에 적용된 딥러닝 방법
- 진짜 이미지와 잡음으로 적대 샘플 만들기

앞부분의 내용을 통해 GAN에 대한 직관적인 이해를 갖추게 되었습니다. 하지만 2014년에 적대 샘플 분야에 익숙하지 않은 사람들에게 GAN은 과도한 믿음으로 보였습니다.[1] 이언 굿펠로나 다른 사람들의 업적도 물론 그렇고요. 이 장은 **적대 샘플**adversarial example을 자세히 설명합니다. 적대 샘플은 다른 분류 알고리즘을 완전히 실패하게 만들도록 특별하게 고안된 샘플을 말합니다.

또한 GAN과의 연관성 및 어떻게 그리고 왜 적대 학습이 여전히 머신러닝 분야에서 해결되지 않는 문제인지 이야기하겠습니다. 이는 현재 접근법의 문제점으로 중요하지만 거의 논의되지 않습니다. 안정적이고 공정하며 (사이버 보안에) 안전한 머신러닝을 위해 적대 샘플이 중요한 역할을 하고 있음에도 이는 사실입니다.

지난 5년간 머신러닝의 능력이 크게 발전하여 사람 수준의 성능을 달성하거나 뛰어넘었다는 것은 부정할 수 없는 사실입니다. 예를 들어 컴퓨터 비전computer vision (CV) 분류 작업이나 게임 플레잉 능력입니다.[2]

---

1 "Intriguing Properties of Neural Networks," by Christian Szegedy et al., 2014, https://arxiv.org/pdf/1312.6199.pdf.

2 컴퓨터 비전 분류 작업에서 사람 수준의 성능을 달성하는 것은 복잡한 주제입니다. 하지만 예를 들어 최소한 〈도타 2〉와 바둑에서 AI가 상당한 차이로 사람 전문가를 이겼습니다.

하지만 성능 지표나 ROC 곡선[3]만 보는 것은 왜 (또는 어떻게) 신경망이 그런 결정을 했는지와 신경망이 저지르기 쉬운 실수를 이해하는 데 충분하지 않습니다. 본격적으로 시작하기 전에 이 장은 대부분 CV 문제를 다룬다는 것을 밝힙니다. 하지만 적대 샘플은 텍스트와 같은 다양한 분야나 심지어 사람에서도 확인됩니다.[4]

신경망의 성능을 말할 때 대규모 이미지넷 데이터셋에서 오차율이 사람보다 낮다는 것을 자주 봅니다. 사실 학계에서 농담처럼 시작되어 자주 인용되는 이 통계는 평균 값 이면에 있는 성능 차이를 착각하게 만듭니다. 사람의 오차율은 데이터셋에 잘 나타난 개의 품종을 구별하지 못하는 데서 오지만 머신러닝의 실패는 훨씬 좋지 않습니다. 이에 대해 더 조사를 하다가 적대 샘플이 탄생했습니다.

사람과 달리 CV 알고리즘은 훈련 데이터에서는 인접한 샘플이지만 실제로는 매우 다른 경우에 잘 동작하지 않습니다. 훈련 데이터가 많더라도 여전히 고립되어 멀리 떨어져 있는 샘플들이 있습니다. 알고리즘은 모든 사진에 대해 예측해야 하기 때문에 이런 샘플 사이를 보간해야 합니다.

Inception V3와 VGG-19 같은 신경망을 훈련할 때 훈련 데이터에 있는 저차원 매니폴드[manifold][5]로 이미지 분류 문제를 훌륭하게 다루는 방법을 볼 수 있습니다. 하지만 이런 알고리즘의 분류 능력에 구멍을 내려고 마음먹으면 달 표면의 분화구 같은 구멍이라도 찾을 수 있습니다. 현재 머신러닝 알고리즘은 조금만 왜곡을 가해도 쉽게 속습니다. 모든 주요 머신러닝 알고리즘은 어느 정도 이런 문제를 가집니다. 어떤 사람들은 이것이 전혀 머신러닝이 작동하지 않는 이유라고 생각합니다.

> **NOTE_** 지도 학습에서 훈련 세트에 대해 생각해보세요. 여기에는 훈련할 매니폴드가 있습니다. 이 말은 훈련 샘플이 고차원 분포에 놓여 있다는 뜻입니다. 예를 들어 300 × 300 픽셀의 이미지는 270,000 차원의 공간(300 × 300 × 3컬러)에 놓여 있습니다. 이런 고차원 공간은 훈련을 매우 어렵게 만듭니다.

---

3 수신기 조작 특성(receiver operating characteristic, ROC) 곡선은 거짓 양성 비율(false positive rate)과 진짜 양성 비율(true positive rate) 사이의 트레이드 오프를 설명합니다. 2장에서 ROC 곡선을 소개했습니다. 더 자세한 내용은 위키백과의 설명을 참고하세요.

4 "Adversarial Attacks on Deep Learning Models in Natural Language Processing: A Survey," by Wei Emma Zhang et al., 2019, http://arxiv.org/abs/1901.06796. "Adversarial Examples That Fool Both Computer Vision and Time-Limited Humans," by Gamaleldin F. Elsayed et al., 2018, http://arxiv.org/abs/1802.08195.

5 옮긴이_ 매니폴드는 고차원 공간에 있는 저차원 부분 공간을 의미합니다. 신경망은 훈련 데이터에 내재된 저차원 표현을 학습하는데 뛰어난 성능을 발휘합니다.

10.1 적대 샘플 소개

먼저 왜 이 장을 이 책의 끝부분에 포함했는지, 이유를 간단히 설명하겠습니다.

- 적대 샘플은 기존 시스템이 입력을 잘못 분류하도록 생성한 새로운 샘플입니다. 일반적으로 사악한 해커나 시스템이 얼마나 견고한지 테스트하려는 연구자들이 이런 일을 합니다. 적대 샘플과 GAN 사이에는 밀접하게 관련되어 있지만 중요한 차이점이 있습니다.
- 이를 통해 왜 GAN을 훈련하기가 어려운지, 왜 기존 시스템이 쉽게 망가지는지 이해할 수 있습니다.
- 적대 샘플을 사용하면 다른 종류의 GAN 애플리케이션을 만들 수 있습니다. 이 장에서 기본적인 가능성에 대해 소개하겠습니다.

애플리케이션 측면에서 적대 샘플이 흥미로운 이유가 몇 가지 있습니다.

- 앞에서 언급했듯이 적대 샘플은 악의적인 목적으로 사용될 수 있기 때문에 핵심적인 시스템의 안정성을 테스트하는 데 중요합니다. 공격자가 쉽게 안면 인식 시스템을 속여서 핸드폰의 잠금을 풀 수 있다면 어떨까요?
- 공정한 머신러닝을 이해하는 데 도움이 됩니다. 이 주제는 점점 중요해지고 있습니다. 적대적으로 학습한 표현을 사용하면 분류에는 도움이 되면서도 공격자는 보호된 정보를 복원할 수 없습니다. 아마도 이는 머신러닝이 누구도 차별하지 않도록 만드는 가장 좋은 방법 중 하나일 것입니다.
- 비슷하게 적대 학습을 사용해 의료나 재정에 관한 민감한 개인 정보를 보호할 수 있습니다. 이런 경우에 개인 정보가 복원되지 않는지에 초점을 맞춥니다.

현재 연구 동향을 보면 적대 샘플에 대해 배우는 것이 **적대 방어**adversarial defense를 이해하는 유일한 방법입니다. 대부분의 논문들이 먼저 방어하려는 공격의 종류를 설명하고 그다음 어떻게 해결하는지 설명하기 때문입니다. 이 책을 쓰는 시점에는 모든 종류의 공격에 통하는 일반적인 방어책이 없습니다. 이것이 적대 샘플을 배우는 이유로 타당한지는 개인적인 생각에 따라 다를 겁니다. 적대 방어는 이 책의 범위를 넘어서므로 이 장의 끝에서 고수준의 아이디어를 언급하는 것 이상으로는 자세히 다루지는 않겠습니다.

10.2 예측, 나쁜 예측, 분포

적대 샘플을 제대로 이해하려면 CV 분류 작업이 얼마나 어려운지 다시 돌아봐야 합니다. 원시 픽셀에서 시작해서 궁극적으로 일련의 이미지를 분류하는 작업은 도전적인 일이란 것을 기억하세요.

이는 진짜 일반화된 알고리즘을 얻기 위해 훈련 세트에서 본 것과 비슷하지 않은 데이터에 대해 합리적인 예측을 만들어야 하기 때문입니다. 또한 사진을 찍은 각도를 조금만 바꾸어도 훈련 세트에 있는 동일한 클래스의 가장 비슷한 이미지와 픽셀 수준에서 큰 차이가 납니다.

300×300 크기의 RGB 이미지 100,000개로 이루어진 훈련 세트를 가지고 있을 때 270,000 차원을 다루어야 합니다. (훈련 샘플에 있는 것만 아니라) 가능한 이미지를 모두 생각해보면 각 차원의 픽셀 값은 다른 차원에 독립적일 것입니다. 256개의 면이 있는 주사위를 270,000번 굴려서 이미지를 생성할 수 있기 때문입니다. 따라서 이론적으로 8비트 컬러 공간에서는 $256^{270,000}$개의 샘플이 가능합니다(650,225 자리를 가진 숫자입니다).

이 공간의 1%만 채우려고 해도 엄청난 샘플이 필요합니다. 물론 이런 이미지의 대부분은 진짜 사진처럼 보이지 않을 것입니다. 종종 훈련 세트는 1%보다 더 희소합니다. 따라서 이렇게 제한적인 데이터를 사용해 아직 본 적 없는 영역을 예측할 수 있는 알고리즘이 필요합니다. 알고리즘이 훈련 세트에 있는 것과 비슷한 것을 거의 못 보기 때문입니다.

NOTE_ 최소한 100,000개 정도의 샘플이 있어야 딥러닝 알고리즘의 성능이 빛을 발한다고 말합니다.

알고리즘이 의미 있게 일반화되어야 한다는 것을 이해했습니다. 샘플이 비어 있는 커다란 공간을 의미 있는 샘플로 채울 수 있어야 합니다. 컴퓨터 비전 알고리즘은 엄청난 양의 누락된 확률에 대해 좋은 예측을 하기 때문에 잘 동작합니다. 하지만 이 알고리즘의 강점은 가장 큰 약점이 되기도 합니다.

10.3 올바른 훈련과 잘못된 훈련

이 절에서는 적대 샘플에 대해 생각하는 두 가지 방법을 소개합니다. 하나는 기본 이론에서 온 것이고 다른 하나는 비유입니다. 적대 샘플을 생각하는 한 가지 방법은 머신러닝 분류 모델을 훈련하는 방법에서 시작합니다. 이런 신경망은 수천만 개의 파라미터가 있습니다. 훈련을 통해 클래스가 훈련 세트에 있는 레이블에 맞도록 파라미터를 업데이트합니다. 올바르게 파라미터를 업데이트하기 위해 확률적 경사 하강법을 사용합니다.

GAN을 배우기 전에 알고 있던 간단한 분류기를 떠올려보죠. 여기에는 어떤 학습 가능한 분류 함수 $f_\theta(x)$(예를 들면 심층 신경망, DNN)가 있습니다. 이 함수의 파라미터는 θ(즉 DNN의 파라미터)이고 입력으로 x(예를 들면 이미지)를 받아 분류 결과 $\hat{y}$을 출력합니다. 훈련할 때 $\hat{y}$을 정답 y와 비교하여 손실(L)을 구합니다. 그다음 손실이 최소화되도록 $f_\theta(x)$의 파라미터를 업데이트합니다. [식 10-1]~[식 10-3]에 이 과정이 나타나 있습니다.[6]

식 10-1

$$\hat{y} = f_\theta(x)$$

식 10-2

$$L = \| y - \hat{y} \|$$

식 10-3

$$min_\theta \| y - \hat{y} \| \text{ 을 만족하는 } \hat{y} = f_\theta(x)$$

기본적으로 샘플을 전달한 후 신경망의 출력으로 예측을 정의합니다(식 10-1). 손실은 정답과 예측 레이블 사이의 어떤 차이입니다(식 10-2). 해결할 전체 문제는 신경망의 파라미터에 대해 정답과 예측 레이블 사이의 차이를 최소화하는 것으로 쓸 수 있습니다. 그다음 주어진 샘플에 대해 예측을 만듭니다(식 10-3).

모두 잘 돌아가지만 실제 어떻게 분류 손실을 최소화할까요? 어떻게 [식 10-3]의 최적화 문제를 풀까요? 일반적으로 x의 배치를 처리하는 SGD 기반의 방법을 사용합니다. 그다음 현재 파라미터(θ_t)에 대한 손실 함수의 도함수와 학습률(α)을 곱하여 새로운 파라미터($\theta_t + 1$)를 만듭니다. [식 10-4]와 같습니다.

---

6 간단하게 요약하기 위해서 자세한 내용은 건너뛰었습니다. 만약 이를 눈치챘다면 대단합니다. 눈치채지 못했다면 자세한 내용을 배우기 위해 프랑수아 숄레의 『케라스 창시자에게 배우는 딥러닝』(길벗, 2018)과 같은 책을 추천합니다.
옮긴이_ 파이썬으로 경사 하강법 알고리즘을 직접 구현하면서 딥러닝을 배울 수 있는 『Do It! 딥러닝 입문』(이지스퍼블리싱, 2019)도 추천합니다.

$$\theta_{t+1} = \theta_t - \alpha * \frac{\partial L}{\partial \theta}$$

이는 딥러닝에 대한 간단한 설명입니다. 하지만 이제 이해했다면 이 강력한 도구 SGD를 다른 목적으로도 사용할 수 있는지 생각해보세요. 예를 들어 손실 함수의 공간을 내려가지 않고 올라가면 어떻게 될까요? 사실 손실을 최소화하는 것보다 최대화하는 것이 훨씬 쉬울 뿐만 아니라 중요하기도 합니다. 훌륭한 많은 발견이 그랬던 것처럼, 버그처럼 보이는 것이 핵심적인 역할을 하는 도구가 되기도 합니다. 가중치 대신 픽셀을 업데이트하면 어떻게 될까요? 악의적으로 픽셀을 업데이트하면 적대 샘플이 태어납니다.

간단한 이 SGD 설명이 혼란스럽다면 [그림 10-1]에 나온 전형적인 손실 공간을 생각해보세요.

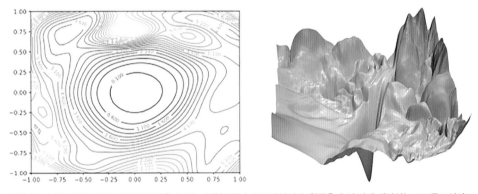

그림 10-1 이는 딥러닝 알고리즘으로 얻을 수 있는 전형적인 손실 공간입니다. 왼쪽은 손실 값에 해당하는 2D 등고선이고 오른쪽 그림은 손실 공간의 3D 렌더링입니다. 6장의 등산에 대한 비유가 기억나나요?[7]

(완벽하지는 않지만) 두 번째 방법은 비유를 통해 적대 샘플을 생각하는 것입니다. 적대 샘플을 이전 두 개 장에서 본 CGAN 비슷한 것으로 생각할 수 있습니다. 적대 샘플을 사용해 전체 이미지에 조건을 걸어 분류기를 속이는 도메인을 제외하고 다른 도메인으로 전이하거나 비슷한 샘플을 만들 수 있습니다. '생성자'는 다른 분류기를 속이기 위해 이미지를 조정하는 간단한

---

7   "Visualizing the Loss Landscape of Neural Nets," by Tom Goldstein et al., 2018, `https://github.com/tomgoldstein/loss-landscape`.

확률적 경사 상승법으로 생각할 수 있습니다.

둘 중 어떤 것이 이해되든지 간에 적대 샘플이 어떤 것인지 바로 알아보죠. 적대 샘플은 조작된 이미지를 잘못 분류하는 것이 얼마나 쉬운지 조사하면서 발견되었습니다. 이렇게 하는 방법 중 하나는 앞서 설명한 것만큼 간단한 FSGM^{fast sign gradient method}입니다.

그레이디언트를 업데이트(식 10-4)하고 부호를 본 다음 반대 방향으로 조금 이동합니다. 사실 (거의) 동일한 이미지가 만들어집니다. 얼마나 잡음이 작은지 말로 하는 것보다 사진을 보는 것이 낫습니다. [그림 10-2]입니다.

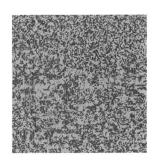

그림 10-2 약간의 잡음이 큰 차이를 만듭니다. 가운데 사진은 왼쪽 사진에 잡음(차이, 오른쪽 사진)을 적용한 것입니다. 물론 오른쪽 사진은 대략 300배 정도로 크게 증폭하고 이동시켜서 눈에 띄는 이미지로 만든 것입니다.

사전 훈련된 ResNet-50 분류기를 왼쪽 사진에서 실행하여 얻은 최상위 예측 3개를 확인해봅시다(표 10-1).

표 10-1 원본 이미지 예측

순서	클래스	신뢰도
첫 번째	mountain_tent	0.6873
두 번째	promontory	0.0736
세 번째	valley	0.0717

3개 모두 납득할 만합니다. mountain_tent가 당연히 1위네요.[8] [표 10-2]는 적대 샘플에 대한 예측을 보여줍니다. 최상위 3개에서 mountain_tent를 맞추지 못했습니다. 적어도 야외라

---

8 옮긴이_ 사진 오른쪽에 텐트의 일부가 보입니다.

는 것은 맞지만 수정된 이미지가 확실히 현수교suspension bridge는 아닙니다.

표 10-2 적대 샘플에 대한 예측

순서	클래스	신뢰도
첫 번째	volcano	0.5914
두 번째	suspension_bridge	0.1685
세 번째	valley	0.0869

이는 얼마나 왜곡된 예측이 나올 수 있는지 보여줍니다. 검은색을 흰색으로 바꾸는 정도의 약 200 픽셀 값을 이미지 전체에 적용한 것뿐입니다.

이 예를 모두 만드는 데 얼마나 적은 양의 코드가 필요한지 알면 조금 놀랄 것입니다. 이 장에서 적대 샘플을 만드는 데 편리한 여러 도구를 제공하는 foolbox 라이브러리를 사용하겠습니다.

서론은 그만하고 바로 코딩을 시작해보죠. 익숙한 라이브러리를 임포트하고 적대 샘플을 쉽게 만드는 데 특화된 라이브러리인 foolbox를 임포트합니다.

코드 10-1 라이브러리 임포트

```
import numpy as np
from keras.applications.resnet50 import ResNet50
from foolbox.criteria import Misclassification, ConfidentMisclassification
from keras.preprocessing import image as img
from keras.applications.resnet50 import preprocess_input, decode_predictions
import matplotlib.pyplot as plt
import foolbox
import pprint as pp
import keras
import pandas as pd
%matplotlib inline
```

그다음 이미지를 로드하는 함수를 정의합니다.

코드 10-2 이미지 로드 함수

```python
def load_image(img_path: str):
    image = img.load_img(img_path, target_size=(224, 224))
    plt.imshow(image)
    x = img.img_to_array(image)
    return x

image = load_image('DSC_0897.jpg')
```

그다음 케라스 모델을 준비하고 ResNet-50 모델을 다운로드합니다.

코드 10-3 [표 10-1]과 [표 10-2] 출력하기

```python
keras.backend.set_learning_phase(0)          ← 모델 객체 생성
kmodel = ResNet50(weights='imagenet')
preprocessing = (np.array([104, 116, 123]), 1)
fmodel = foolbox.models.KerasModel(kmodel, bounds=(0, 255),    │ 케라스 모델로 foolbox
    preprocessing=preprocessing)                               │ 모델 객체를 만듭니다.


                                                          │ 예측할 이미지가 배치로 들어온다고 가정
to_classify = np.expand_dims(image, axis=0)          ←    │ 하기 때문에 ResNet-50에 맞게 (1, 224,
preds = kmodel.predict(to_classify)←  예측 메서드를 호출하고 │ 224, 3) 크기 이미지로 만듭니다.
print('원본 샘플 예측:')                 결과를 출력합니다.
pp.pprint(decode_predictions(preds, top=20)[0])     │ 나중에 레이블로 사용하기 위해
label = np.array([np.argmax(preds)])           ←    │ 가장 큰 값의 인덱스를 구합니다.

                          │ 케라스 ResNet-50은 RGB가 아니라 BGR을
image = image[:, :, ::-1]    ←  기대하기 때문에 ::-1로 컬러 채널을 뒤집습니다.
attack = foolbox.attacks.FGSM(fmodel, threshold=.9,    │ 분류 오류 조건을 높게 지정한
    criterion=ConfidentMisclassification(.9))          │ attack 객체를 만듭니다.
adversarial = attack(np.expand_dims(image, axis=0), label)  ←  원본 이미지에 attack
                                                               객체를 적용합니다.

new_preds = kmodel.predict(adversarial)    ←  적대 이미지에 대한
print('적대 샘플 예측:')                         새 예측을 만듭니다.
pp.pprint(decode_predictions(new_preds, top=20)[0])
```

이 예제를 만드는 게 얼마나 쉬운가요! 혹시 ResNet−50이 이런 적대 샘플에 약하다고 생각할지 모릅니다. 하지만 그렇지 않습니다. 이 장을 위해 다양한 설정을 테스트해본 결과 ResNet은 가장 깨뜨리기 어려운 분류기입니다. 이뿐만 아니라 [그림 10−3]에서 볼 수 있듯이 (DAWNBench 벤치마크의 CV 카테고리에서 가장 어려운 작업인) 이미지넷의 모든 카테고리에서 자타가 공인하는 DAWNBench 우승자입니다.[9]

Image Classification on ImageNet

Training Time 🔗

All Submissions

Objective: Time taken to train an image classification model to a top-5 validation accuracy of 93% or greater on ImageNet.

Rank	Time to 93% Accuracy	Model	Hardware	Framework
1 Dec 2018	0:09:22	ResNet-50 *ModelArts Service of Huawei Cloud* source	16 * 8 * Tesla-V100(ModelArts Service)	Huawei Optimized MXNet
2 Nov 2018	0:10:28	ResNet-50 *ModelArts Service of Huawei Cloud* source	16 nodes with RDMA (8*V100 for each node)	TensorFlow v1.8.0
3 Sep 2018	0:18:06	ResNet-50 *fast.ai/DIUx (Yaroslav Bulatov, Andrew Shaw, Jeremy Howard)* source	16 p3.16xlarge (AWS)	PyTorch 0.4.1

그림 10-3 DAWNBench는 적어도 2019년 7월 현재 어떤 모델이 최고인지 ResNet−50이 얼마나 우월한지 볼 수 있는 벤치마크입니다.

하지만 적대 샘플의 가장 큰 문제는 다른 곳에도 적용할 수 있다는 것입니다. 적대 샘플은 딥러닝을 넘어 다른 머신러닝 기법에 일반화될 수 있습니다. [그림 10−4]처럼 한 기법에 대한 적대 샘플을 생성하여 다른 모델을 공격할 수 있는 가능성이 있습니다.

---

9   "Image Classification on ImageNet," at DAWNBench, https://dawn.cs.stanford.edu/benchmark/#imagenet.

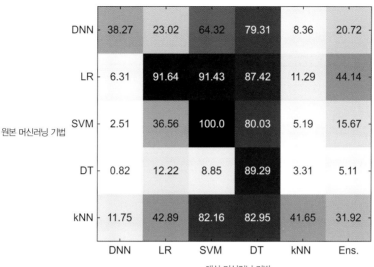

	DNN	LR	SVM	DT	kNN	Ens.
DNN	38.27	23.02	64.32	79.31	8.36	20.72
LR	6.31	91.64	91.43	87.42	11.29	44.14
SVM	2.51	36.56	100.0	80.03	5.19	15.67
DT	0.82	12.22	8.85	89.29	3.31	5.11
kNN	11.75	42.89	82.16	82.95	41.65	31.92

원본 머신러닝 기법 (세로축) / 대상 머신러닝 기법 (가로축)

그림 10-4 숫자는 행에 놓인 분류기를 속이기 위해 조작된 적대 샘플이 열에 놓인 분류기도 속일 비율입니다. 심층 신경망 (DNN), 로지스틱 회귀(LR), 서포트 벡터 머신(SVM), 결정 트리(DT), k-최근접 이웃(kNN), 앙상블(Ens) 방법이 있습니다.[10]

10.4 신호와 잡음

더욱이 적대 샘플은 만들기 쉽습니다. `np.random.normal`에서 샘플링할 수 있는 가우스 잡음만으로 분류기를 쉽게 속일 수 있습니다. 앞서 ResNet-50이 굉장히 속이기 어려운 모델이라는 것을 증명하기 위해 다른 모델이 훨씬 이런 문제에 취약하다는 것을 보여드리겠습니다.

[그림 10-5]는 순수한 가우시안 노이즈에서 ResNet-50 모델을 실행한 결과입니다. 노이즈 자체를 적대 샘플 공격으로 사용해 이미지가 얼마나 잘못 분류되는지 간단하게 확인할 수 있습니다.

---

10 "Transferability in Machine Learning: from Phenomena to Black-Box Attacks Using Adversarial Samples," by Nicolas Papernot et al., 2016, `https://arxiv.org/pdf/1605.07277.pdf`.

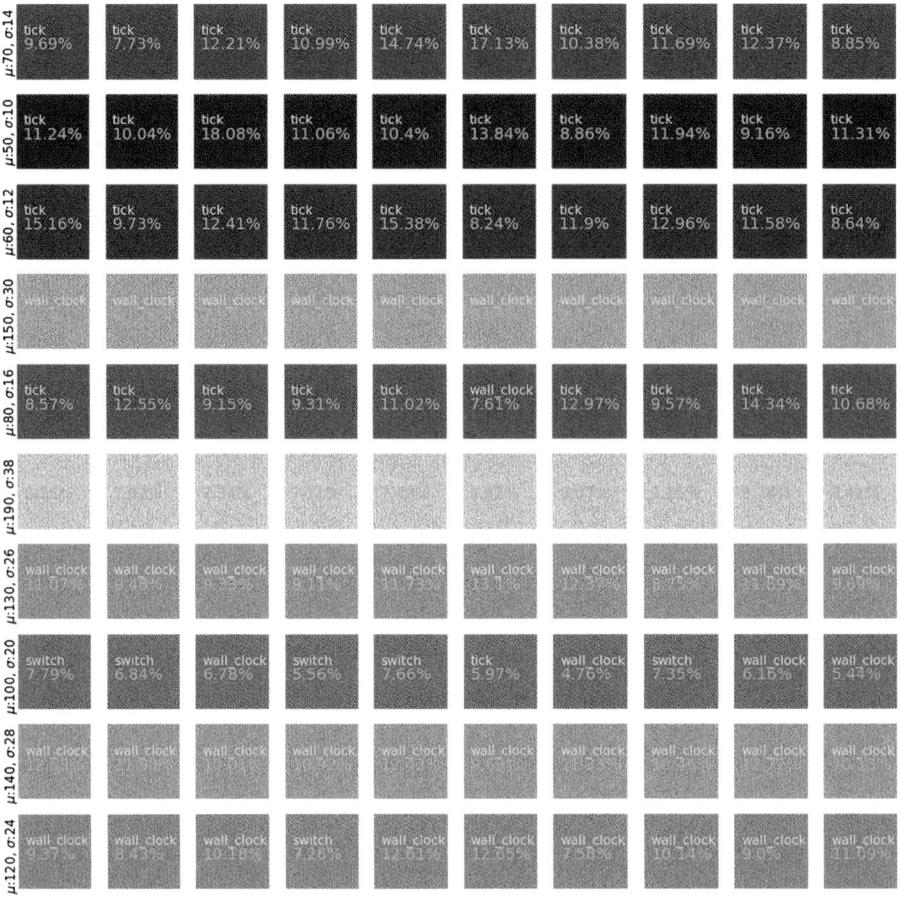

그림 10-5 대부분의 경우 단순하게 샘플링된 잡음에서 잘못된 클래스로 분류가 되지 않았다는 확신을 얻을 수 있습니다. 이것이 ResNet-50의 장점입니다. 왼쪽에 샘플링에 사용한 평균과 분산이 있으므로 샘플링에 따른 영향을 볼 수 있습니다.

[코드 10-4]에서 [그림 10-6]에 나온 PGD^projected gradient descent 공격을 사용하겠습니다. 간단한 공격이지만 고차원으로 설명하겠습니다. 이전 공격과 달리 잘못된 픽셀 값을 만드는지 상관하지 않고 경사 하강법 단계를 진행한 다음 현실 공간에 다시 투영합니다. [그림 10-7]에서 가우스 잡음에 PGD 공격을 적용한 다음 ResNet-50을 실행한 결과를 확인해보겠습니다.

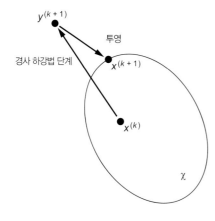

그림 10-6 PGD는 가능한 한 최적의 방향으로 한 단계를 진행합니다. 그다음 포인트 집합에서 가장 근사한 포인트를 찾기 위해 투영합니다. 유효한 사진을 얻기 위한 방법입니다. 즉 샘플 $x^{(k)}$를 받아 최적의 단계 $y^{(k+1)}$로 진행하고 $x^{(k+1)}$로 투영합니다.

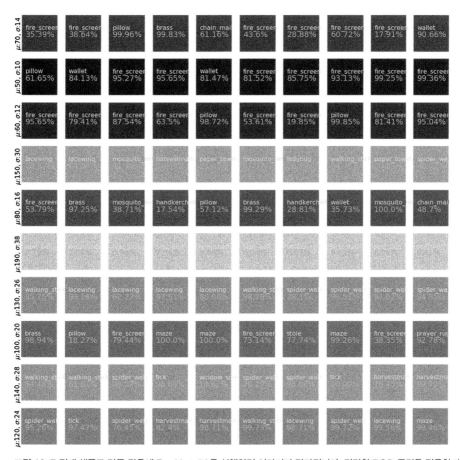

그림 10-7 적대 샘플로 만든 잡음에 ResNet-50을 실행하면 이야기가 달라집니다. 간단한 PGD 공격을 적용한 대부분의 샘플이 잘못 분류되었습니다.

대부분의 모델은 더 나쁜 결과를 낸다는 것을 확인하기 위해 Inception V3을 사용해보죠. 이 모델은 컴퓨터 비전 커뮤니티에서 인기가 높습니다. 5장에서도 다루었지만 이 신경망은 매우 안정적입니다. [그림 10-8]의 점수를 보면 이 모델이 모든 샘플에서 실패합니다. 의심하지 마세요. Inception V3는 가장 좋은 사전 훈련된 신경망 중 하나이며 사람의 수준을 넘은 정확도를 달성했습니다.

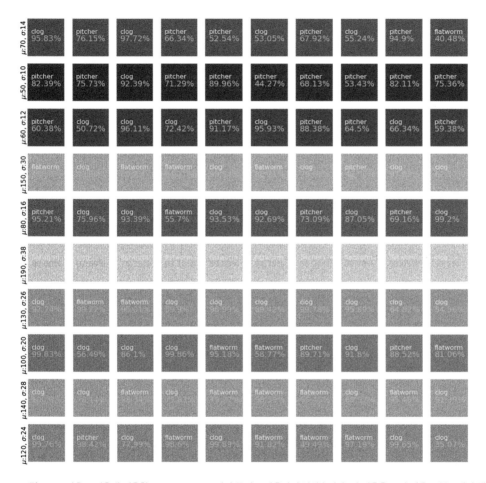

그림 10-8 가우스 잡음에 적용한 Inception V3. 어떤 공격도 사용하지 않았습니다. 이 잡음은 그냥 가우스 분포에서 샘플링한 것입니다.

아마 독자들도 직접 확인하고 싶을지 모릅니다. 이 그림을 재현해볼 수 있는 코드가 주피터 노트북에 있습니다. 코드가 비슷하므로 중복을 피해^{don't repeat yourself} (DRY) 하나만 싣겠습니다.

코드 10-4 가우스 잡음

```
fig = plt.figure(figsize=(20,20))

sigma_list = list(max_vals.sigma)      ←┤ 평균과 분산 실수 값 리스트
mu_list = list(max_vals.mu)
conf_list = []
                              [그림 10-8]을 생성하는 핵심 함수
def make_subplot(x, y, z, new_row=False): ←      주어진 평균과 분산에서 잡음을 샘플링합니다.
    rand_noise = np.random.normal(loc=mu, scale=sigma, size=(224,224, 3)) ←
    rand_noise = np.clip(rand_noise, 0, 255.)   ←┤ 0~255 사이 픽셀 값만 허용됩니다.
    noise_preds = kmodel.predict(np.expand_dims(rand_noise, axis=0))
    prediction, num = decode_predictions(noise_preds, top=20)[0][0][1:3] ←
    num = round(num * 100, 2)                        예측 클래스와 신뢰도를 얻습니다.
    conf_list.append(num)
    ax = fig.add_subplot(x,y,z)    ←┤ [그림 10-8]을 위한 주석을 추가합니다.
    ax.annotate(prediction, xy=(0.1, 0.6),
            xycoords=ax.transAxes, fontsize=16, color='yellow')
    ax.annotate(f'{num}%' , xy=(0.1, 0.4),
            xycoords=ax.transAxes, fontsize=20, color='orange')
    if new_row:
        ax.annotate(f'$\mu$:{mu}, $\sigma$:{sigma}' , xy=(-.2, 0.8),
                    xycoords=ax.transAxes,
                    rotation=90, fontsize=16, color='black')
    ax.imshow(rand_noise / 255)    ←┤ [0, 255]를 255로 나누어 [0, 1]로 바꿉니다.
    ax.axis('off')
```

첫 번째 예측을 만듭니다. (→ noise_preds)

```
for i in range(1,101):      ◄── 부분 그림을 만드는 반복문
    if (i-1) % 10==0:
        mu = mu_list.pop(0)
        sigma = sigma_list.pop(0)
        make_subplot(10,10, i, new_row=True)
    else:
        make_subplot(10,10, i)


plt.show()
```

10.5 새로운 희망

보안에 대한 적대 샘플의 영향을 걱정하는 사람들이 생겨나기 시작했습니다. 하지만 적대 샘플을 가상의 공격자로 생각하는 것이 중요합니다. 공격자가 픽셀을 조금 바꿀 수 있다면 왜 전체 이미지를 바꾸지 않을까요?[11] 왜 전혀 다른 이미지를 주입하지 않을까요? 눈에 띄지 않을 만큼 조금 다른 이미지를 전달하지 않을까요?

자율 주행 자동차에 적대적으로 조작한 정지 신호를 사용한 사례가 있습니다. 이런 것이 가능하다면, 왜 공격자가 완전히 정지 신호를 스프레이로 지워버리거나 잠시 동안 속도 제한 표시로 가리지 않을까요? 적대 샘플과 달리 이런 '전통적인 공격'은 항상 100% 통하기 때문입니다. 적대 샘플을 사용한 공격은 전처리로 걸러지지 않고 그대로 전달될 때만 성공합니다.

그렇다고 중요한 임무를 가진 머신러닝 애플리케이션이 이런 문제를 무시할 수 있다는 의미는 아닙니다. 하지만 대부분의 경우 적대 샘플을 사용한 공격은 일반적인 공격보다 훨씬 많은 노력이 필요합니다. 이 점을 꼭 기억하세요.

다른 많은 보안에 대한 영향처럼 적대 공격은 다양한 종류의 공격을 방어하려는 적대 방어를 만듭니다. 이 장에서 다루는 공격은 쉬운 것이지만 MNIST에 한 줄을 추가하는 것처럼 더 쉬운 것도 있습니다. 이것만으로도 대부분의 분류기를 속이기에 충분합니다.

---

[11] "Motivating the Rules of the Game for Adversarial Example Research," by Justin Gilmer et al., 2018, http://arxiv.org/abs/1807.06732.

적대 방어는 끊임없이 진화하는 싸움입니다. 일부 공격에 대해 사용할 수 있는 방어 방법이 많이 있지만 모든 공격을 방어할 수는 없습니다. 〈ICLR 2018〉 논문 제출이 마감된 뒤 불과 3일 만에 제출된 논문 8개 중에 7개의 방어가 깨질 정도로 변화가 빠릅니다.[12]

10.6 적대 샘플에서 GAN으로

GAN과의 연관성을 명확하게 하기 위해 적대 샘플을 생성하는 시스템과 적대 샘플이 이 시스템을 속이는지 아닌지에 따라 얼마나 좋은지 평가하는 시스템을 상상해보세요. 생성자(적대 샘플 생성기adversary)와 판별자(분류 알고리즘)가 떠오르지 않나요? 이 두 알고리즘이 여기에서도 경쟁합니다. 적대 샘플 생성기는 이미지를 조금 수정하여 분류기를 속이려 하고 분류기는 속지 않으려 노력합니다. 실제로 GAN을 이미지 적대 샘플을 만드는 머신러닝으로 생각할 수 있습니다.

한편으로는 반복적인 적대 공격을 진짜 같은 샘플을 생성하는 목적이 아니라 분류기를 속이는 샘플을 생성하는 목적을 GAN에 지정하는 것으로 생각할 수 있습니다. 물론 중요한 차이점이 있다는 것을 항상 기억해야 합니다. 일반적으로 배포되어 있는 시스템에서는 분류기가 고정되어 있습니다. 하지만 그렇다고 이 아이디어를 **적대 훈련**adversarial training에 사용하지 못하는 것은 아닙니다. 적대 샘플을 사용해 분류기를 반복하여 재훈련하는 구현도 있습니다. 이런 기법은 전형적인 GAN 구조에 더 가까워지고 있습니다.

예를 들기 위해 한동안 방어에 잘 사용된 한 기술을 살펴보죠. 탄탄한 매니폴드 방어robust manifold defense에서는 적대 샘플에 대해 다음 단계로 방어를 합니다.[13]

이미지 x(적대 샘플 또는 일반 샘플)를

1 잠재 공간 z로 투영합니다.
2 G를 사용해 x와 비슷한 샘플 $x*$을 $G(z)$로 생성합니다.

---

12 〈ICLR(International Conference on Learning Representations)〉은 작지만 훌륭한 머신러닝 콘퍼런스 중 하나입니다. 2018년 애니시 아탈리(Anish Athalye)의 트윗을 보세요(http://mng.bz/ad77). 하지만 저자가 평가하지 않은 방어책이 3개가 더 있었습니다.

13 "The Robust Manifold Defense: Adversarial Training Using Generative Models," by Ajil Jalal et al., 2019, https://arxiv.org/pdf/1712.09196.pdf.

분류기 C를 사용해 샘플 $C(x*)$를 분류합니다. 이 샘플은 직접 x를 분류하는 것보다 잘못 분류될 경향이 적습니다.

하지만 이 방어를 제안한 저자들은 분류기가 작은 변경에도 속는 애매한 경우가 여전히 있다는 사실을 알았습니다. 논문을 한번 확인해보세요. 이런 경우는 사람이 볼 때에도 명확하지 않기 때문에 안정된 모델이라는 증거입니다. 이를 해결하기 위해 매니폴드에 적대 훈련을 적용합니다. 즉 일부 적대 샘플을 훈련 세트에 넣어서, 분류기가 실제 훈련 데이터에서 이런 샘플을 구분하도록 학습합니다.

논문은 GAN을 사용해 작은 조작이나 일부 고급 방법에 대해서도 분류기가 완전히 망가지지 않는다는 것을 보여줍니다. 이어지는 분류기의 성능은 이런 방어 때문에 줄어듭니다. 이 분류기는 암묵적으로 이런 적대 샘플을 다룰 수 있도록 훈련했기 때문입니다. 하지만 이런 비용에도 불구하고 보편적인 방어 방법은 아닙니다.

물론 적대 훈련을 사용하는 흥미로운 애플리케이션이 있습니다. 예를 들면 적대 학습이 잠시 동안 준지도 학습에서 최고 수준의 성능을 달성했었습니다.[14] 이후 GAN(7장을 기억하세요)과 다른 방법에 의해 도전을 받았지만, 여러분이 이 글을 읽는 시점에 적대 훈련이 다시 최고가 되지 말란 법은 없습니다.

이것이 GAN과 적대 샘플을 공부할 또 다른 이유가 되기를 바랍니다. 앞으로 중요한 분류 작업에서 GAN이 최선의 방어책이 되어서 일 수도 있고 이 책의 범위를 넘어선 다른 애플리케이션 때문일 수 있습니다.[15] 이는 '적대 샘플 인 액션'을 위해 남겨 놓겠습니다.

지금까지 적대 샘플의 개념과 구체적으로 GAN과의 연관성을 설명했습니다. 이런 연관성이 널리 인정받는 것은 아니지만, 어려운 이 분야를 이해하는 데 도움이 됩니다. 또한 적대 샘플에 대한 방어 중 하나가 GAN 자체입니다![16] 따라서 GAN은 아마 태생적으로 존재했던 이 간격을 좁힐 수 있는 잠재력도 가지고 있습니다.

---

14 "Virtual Adversarial Training: A Regularization Method for Supervised and Semi-Supervised Learning," by Takeru Miyato et al., 2018. https://arxiv.org/pdf/1704.03976.pdf.

15 이는 〈ICLR 2019〉에서 뜨거운 논의 주제였습니다. 대부분 비공식 대화였지만 (의사(pseudo)) 가역(invertible) 생성 모델을 한 이미지가 표본 외 샘플이라고 분류하는 방법으로 사용하는 것이 도움이 될 것 같습니다.

16 Jalal et al., 2019. https://arxiv.org/pdf/1712.09196.pdf.

10.7 결론

적대 샘플은 중요한 분야입니다. 상업적인 컴퓨터 비전 제품도 적대 샘플에 취약하다는 단점이 있어서 학계에서 쉽게 속일 수 있기 때문입니다.[17] 보안이나 설명 가능한 머신러닝 애플리케이션을 넘어서 공정성과 안정성 부분에 실용적인 많은 사례가 있습니다.

또한 딥러닝과 GAN을 잘 이해하는 데 적대 샘플은 아주 좋은 방법입니다. 적대 샘플의 장점은 일반적으로 분류기를 훈련하는 것이 어렵지만, 특정한 한 가지 경우에 분류기를 속이는 것이 비교적 쉽다는 것입니다. 분류기는 많은 이미지를 예측해야 합니다. 자유도가 높기 때문에 분류기를 완전히 속이기 위해 이미지를 조작하는 것은 쉽습니다. 결과적으로 이미지를 눈에 띄게 바꾸지 않고도 레이블을 바꿔버리는 적대 잡음을 쉽게 얻을 수 있습니다.

적대 샘플은 딥러닝이나 컴퓨터 비전뿐만 아니라 많은 다른 영역과 AI 분야에서 찾을 수 있습니다. 하지만 코드에서 보았듯이 컴퓨터 비전의 적대 샘플은 어렵지 않게 만들 수 있습니다. 이런 샘플을 방어하는 방법이 있고 GAN을 사용하는 경우를 보았습니다. 하지만 적대 샘플을 완전히 해결하기는 아직 요원합니다.

10.8 마치며

- 문제 공간의 차원을 남용하여 발생하는 적대 샘플은 머신러닝의 중요한 한 부분입니다. 왜 GAN이 작동하는지 왜 분류기가 쉽게 망가지는지 알 수 있기 때문입니다.
- 진짜 이미지와 잡음으로 적대 샘플을 쉽게 생성할 수 있습니다.
- 적대 샘플로 사용할 수 있는 의미 있는 공격 도구는 거의 없습니다.
- 적대 샘플의 애플리케이션에는 사이버 보안과 머신러닝 공정성이 있고 GAN을 사용해 적대 샘플을 방어할 수 있습니다.

---

17 "Black-Box Adversarial Attacks with Limited Queries and Information," by Andrew Ilyas et al., 2018, https://arxiv.org/abs/1804.08598.

CHAPTER 11

실용적인 GAN 애플리케이션

이 장에서는 다음 내용을 다룹니다.

• 의료 분야에서의 GAN 활용

• 패션 분야에서의 GAN 활용

손글씨 숫자를 생성하거나 사과를 오렌지로 바꾸는 일이 신기하긴 하지만, 더 많은 곳에 GAN을 사용할 수 있습니다. 이제 실용적인 GAN 애플리케이션을 살펴보겠습니다. 이 장에서는 GAN을 실용적인 용도로 사용하는 영역에만 초점을 맞춥니다. 현재까지의 GAN의 업적을 소개하는 것뿐만 아니라 새로운 애플리케이션을 고를 수 있는 능력을 기르게 해주는 것이 이 책의 주요 목표 중 하나입니다. 이를 위해 성공적인 GAN 애플리케이션 사례를 둘러보는 것보다 더 좋은 출발점은 없습니다.

GAN을 사용한 몇 가지 혁신적인 사례를 이미 보았습니다. 6장에서 본 ProGAN은 진짜 사진 같은 얼굴뿐만 아니라 실제로 매우 중요도가 높은 유방조영상의 샘플을 생성할 수 있습니다. 9장의 CycleGAN은 비디오 게임 클립을 영화 같은 장면으로 변환해 가상 환경을 시뮬레이션할 수 있습니다. 자율 주행 자동차를 훈련하는 데에도 이를 사용할 수 있습니다.

이 장에서는 GAN 애플리케이션을 자세히 살펴봅니다. 애플리케이션의 동기가 무엇이고, GAN의 최신 기술 중에서 어떤 것을 잘 활용했는지, 어떻게 구현했는지 살펴봅니다. 구체적으로 의료 및 패션 분야에서 활용하는 GAN 애플리케이션을 알아봅니다. 의료와 패션 분야를 선택한 이유와 조건은 다음과 같습니다.

• GAN의 가치를 학술적인 면에서만 아니라 비즈니스적인 면에서도 잘 보여줍니다. 학계에서 GAN 연구진들이 낸 성과를 실제 문제를 푸는 데 어떻게 적용할 수 있는지 보여줍니다.

- 이 책에서 설명한 도구와 기술로 이해할 수 있는 GAN 모델을 사용합니다. 새로운 개념을 소개하는 대신에 앞서 구현했던 모델을 MNIST 말고 다른 곳에 어떻게 적용할 수 있는지 알아보겠습니다.
- 이런 애플리케이션들은 특별한 도메인 지식이 없어도 이해할 수 있습니다. 만약 화학과 물리 분야의 GAN 애플리케이션이라면 분야 배경지식이 없이는 이해하기 힘들 것입니다.

또한 이 두 분야와 예시가 GAN의 다재다능함을 잘 보여줄 것입니다. 의료 분야에서는 데이터가 제한된 상황에서 어떻게 GAN을 사용할 수 있는지 볼 수 있습니다. 반대로 패션 분야에서는 방대한 데이터셋이 있는 경우에 어떻게 GAN 애플리케이션을 활용하는지 살펴봅니다. 의료나 패션에 관심이 없더라도 이 장에서 배울 도구와 방법들을 다른 많은 애플리케이션에 적용할 수 있습니다.

너무 자주 있는 일이지만, 슬프게도 여기서 리뷰할 실용적인 애플리케이션은 코드 예제로 재현하기가 사실상 불가능합니다. 훈련 데이터를 누군가가 독점으로 소유하고 있거나, 구하기 어렵기 때문입니다. 그래서 여기서는 완전한 코드 예제 대신 자세한 GAN 모델 설명과 구현 방법을 제공하겠습니다. 이 장 끝에 다다르면 앞서 구현한 GAN 모델을 조금 고치고 해당 데이터셋이나 비슷한 데이터에 적용하여 애플리케이션을 구현하는 방법을 터득할 수 있을 것입니다. 그럼 시작해보죠.

11.1 의료 분야의 GAN

이 절은 의료 분야에서의 GAN 애플리케이션을 소개합니다. 즉, GAN이 생성한 합성 데이터로 훈련 데이터셋을 확대하여 진단 정확도를 향상하는 방법을 알아봅니다.

11.1.1 GAN을 사용해 진단 정확도 향상하기

의료 분야의 머신러닝 애플리케이션은 다양한 문제에 직면해 있습니다. GAN의 장점을 어떤 부분에 활용할 수 있을까요? 아마도 가장 중요한 것은 지도 학습 머신러닝 알고리즘을 위한 충분한 훈련 데이터를 모으는 것일 겁니다. 의료 데이터는 수집하기가 유난히 까다로우니까요.[1]

---

1 "Synthetic Data Augmentation Using GAN for Improved Liver Lesion Classification," by Maayan Frid-Adar et al., 2018. http://mng.bz/rPBg.

질병 데이터를 구하는 것은 매우 어렵고 비싸거나 불가능한 경우가 많습니다.

광학 문자 인식^{optical character recognition}(OCR)을 위한 손글씨 숫자나 자율 주행 자동차를 위한 도로 화면 데이터셋은 누구나 쉽게 수집할 수 있습니다. 이와 달리 질병 데이터는 구하기 어렵고 특별한 장치가 필요합니다. 환자의 개인 정보 보호가 매우 중요하기 때문에 의료 데이터 수집과 사용이 제약된다는 것은 굳이 자세히 설명할 필요가 없습니다.

의료 데이터셋을 구하기 어려울 뿐만 아니라 적절히 데이터에 레이블을 부여하는 것도 어렵습니다. 질병 상태에 대한 전문적인 지식을 가진 사람이 레이블을 부여해야 하기 때문입니다.[2] 결국 많은 의료 애플리케이션은 딥러닝과 AI 발전의 혜택을 누리지 못해 왔습니다.

적은 수의 레이블된 데이터셋을 가진 문제를 해결하기 위한 기술이 많이 개발되었습니다. 7장에서 GAN이 준지도 학습의 분류 알고리즘의 성능을 어떻게 향상할 수 있는지 다루었습니다. 레이블된 훈련 데이터셋의 일부만 사용해서 SGAN이 탁월한 정확도를 달성했습니다. 하지만 이는 의료 분야 연구가 직면한 문제의 절반 정도만 해결합니다. 준지도 학습은 대규모 데이터셋이 있고 레이블된 양이 적은 경우에 도움이 됩니다. 많은 의료 애플리케이션에서 데이터셋의 일부에만 레이블이 있는 것은 문제의 일부에 지나지 않습니다. 레이블이 있는 일부 데이터가 가지고 있는 전부일 때가 오히려 많습니다! 다른 말로 하면, 같은 도메인에서 레이블을 달거나 준지도 학습에 사용할 수 있는 수천 개의 샘플을 가지는 것은 사치입니다.

의료 분야 연구진들은 데이터 증식^{augmentation} 기법을 사용해 부족한 데이터셋 문제를 극복하려고 노력합니다. 이미지의 경우 스케일링(줌인^{zoom-in}이나 줌아웃^{zoom-out}), 이동(왼쪽/오른쪽, 위/아래 이동), 회전 등과 같은 약간의 변환을 적용합니다.[3] 이런 방법으로 하나의 샘플을 사용해 여러 개의 이미지를 만들 수 있습니다. [그림 11-1]은 컴퓨터 비전에서 자주 사용하는 데이터 증식의 예입니다.

---

2   이전 출처와 동일
3   이전 출처와 동일

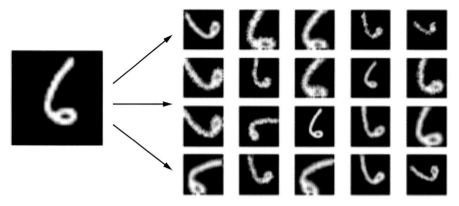

그림 11-1 스케일링(줌인이나 줌아웃), 이동(왼쪽/오른쪽, 위/아래 이동), 회전 등으로 기존 데이터를 변환하여 데이터셋을 확대하는 기법. 데이터셋 크기를 증가하는 데 효과적이지만 전통적인 데이터 증식 기법은 데이터의 다양성을 늘리는 데 제한적입니다.[4]

짐작할 수 있듯이 기본적인 데이터 증식에는 제약이 많습니다. 예를 들어 수정을 조금하면 원본 이미지에서 크게 벗어난 이미지를 만들지 못합니다. 결국 알고리즘이 추가된 샘플에서 일반화에 도움이 되는 다양성을 학습하지 못합니다.[5] 손글씨 숫자의 경우에서라면 원본 이미지를 조작한 것이 아니라 아예 다른 스타일로 쓰인 숫자 6이 필요합니다.

의료 진단의 경우 같은 병의 다른 사례가 필요합니다. GAN으로 생성한 합성 샘플을 데이터셋에 추가하면 전통적인 증식 기법보다 훨씬 풍부한 데이터를 만들 수 있는 가능성이 있습니다. 이스라엘 연구원 마안 프리드-아다르[Maayan Frid-Adar], 이얄 클랑[Eyal Klang], 미할 아미타이[Michal Amitai], 야코브 골드버거[Jacob Goldberger], 하이트 그린스펀[Hayit Greenspan]이 조사한 것입니다.

프리드-아다르와 연구진은 어떤 도메인든지 고품질 이미지를 생성할 수 있는 GAN의 능력에 고무되어, 의료 데이터 증식에 GAN을 사용하기로 결정했습니다. 이 연구진은 간 질환의 분류 성능을 향상하는 데 초점을 맞추었습니다. 간 질병에 초점을 둔 주요 동기 중 하나는 간이 전이성 암이 가장 많이 발병되는 세 가지 기관 중 하나이기 때문입니다. 2012년에만 간암으로 745,000명 이상이 사망했습니다.[6] 따라서 위험한 환자를 진단하는 데 도움이 되는 도구나 머

---

4 "Data Augmentation: How to Use Deep Learning When You Have Limited Data," by Bharath Raj, 2018, http://mng.bz/dxPD.

5 1번 주석 참조.

6 "Cancer Incidence and Mortality Worldwide: Sources, Methods, and Major Patterns in GLOBOCAN 2012," by J. Ferlay et al., 2015, International Journal of Cancer, https://www.ncbi.nlm.nih.gov/pubmed/25220842.

신러닝 모델이 있다면 수많은 환자의 생명을 구할 수 있을 것입니다.

11.1.2 방법

프리드–아다르와 연구진은 딜레마에 빠졌습니다. GAN을 훈련하여 작은 데이터셋을 증식하려는 것인데, GAN을 훈련하려면 먼저 많은 데이터가 필요하기 때문입니다. 아이러니한 상황이죠.

이들이 찾은 해결책은 기발합니다. 첫째, 기본적인 데이터 증식 기법으로 대규모 데이터셋을 만듭니다. 둘째, 이 데이터셋으로 합성 샘플을 생성하는 GAN을 훈련합니다. 셋째, 1단계에서 증식된 데이터셋과 2단계에서 GAN이 만든 샘플을 합쳐 간 질환 분류기를 훈련합니다.

연구진이 사용한 GAN 모델은 4장에서 다룬 DCGAN의 변종입니다. 다양한 데이터셋과 시나리오에 GAN을 적용할 수 있다는 것을 입증하려고 DCGAN을 약간만 변형했습니다. [그림 11-2]에서 볼 수 있듯이 모델에서 수정이 필요한 부분은 은닉층의 차원과 판별자로 들어가는 생성자의 출력 차원입니다.

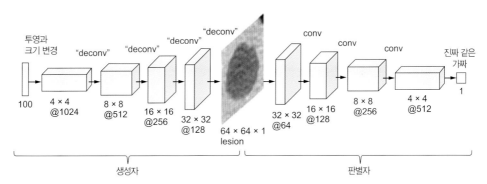

그림 11-2 프리드–아다르와 연구진이 분류 정확도를 높일 목적으로 데이터셋을 증식하기 위해 간 질환 합성 이미지 생성에 사용한 DCGAN 모델 구조. 이 모델의 구조는 4장의 DCGAN과 비슷합니다. 다양한 데이터셋과 시나리오에 GAN을 적용할 수 있다는 것을 잘 보여줍니다(이 그림은 가짜 샘플에 대한 GAN 흐름입니다).[7]

---

7 Frid–Adar et al., 2018, http://mng.bz/rPBg.

이 GAN은 MNIST 데이터셋처럼 28 × 28 × 1 크기 이미지가 아니라, 64 × 64 × 1 크기 이미지를 다룹니다. 논문에 언급되어 있듯이 프리드–아다르와 연구진은 5 × 5 합성곱 커널을 사용했지만 신경망 하이퍼파라미터는 조금만 바꾸었습니다. 이미지 크기를 제외하고 다른 조정은 모두 시행착오를 통해 결정했습니다. 연구원들은 모델이 만족스러운 이미지를 만들 때까지 하이퍼파라미터를 조정했습니다.

프리드–아다르와 연구진이 만든 이 모델이 얼마나 잘 작동하는지 알아보기 전에 잠시 멈춰봅시다. 그리고 GAN에 대한 이해가 얼마나 늘었는지 생각보세요. 앞서 4장에서 〈ISBI 2018International Symposium on Biomedical Imaging〉에 제출된 논문[8]에 실린 실전 시나리오에 적용한 GAN에 대해 다룬 것이 기억나나요?

11.1.3 결과

프리드–아다르와 연구진은 데이터 증식에 DCGAN을 사용하여 (기본 데이터 증식만 사용한) 기준 모델과 비교해 분류 정확도에서 놀라운 성과를 달성했습니다.[9] [그림 11-3]에 요약한 결과가 있습니다. 이 그림을 보면 훈련 샘플(x축)이 늘어남에 따라 분류 정확도(y축)가 증가합니다.

점선은 기본 데이터 증식의 분류 성능을 보여줍니다. 새로운 (증식된) 훈련 샘플의 양이 증가할수록 성능이 향상됩니다. 하지만 정확도 80% 근방에서 성능 곡선은 평탄해지고 샘플을 추가해도 성능이 더는 향상되지 않습니다.

파선은 GAN이 합성한 샘플을 사용하여 데이터셋을 증식했을 때 달성한 정확도 향상을 보여줍니다. 프리드–아다르와 연구진은 기본 증식 방법의 성능이 더 향상되지 않는 지점부터 DCGAN이 만든 합성 데이터를 추가했습니다. 그 결과 분류 성능이 80%에서 85%로 향상되었습니다. GAN의 유용성을 잘 보여주는 결과입니다.

---

8 Frid–Adar et al., 2018, http://mng.bz/rPBg.

9 6번 주석 참조.

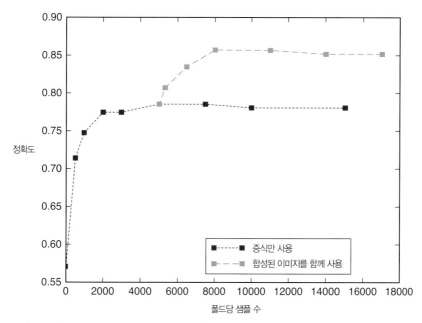

그림 11-3 이 그래프는 두 개의 데이터 증식 전략(기본 데이터 증식과 DCGAN의 합성 샘플로 증식)을 사용해 새로운 샘플을 추가함에 따른 분류 정확도를 보여줍니다. 기본 데이터 증식을 사용하면(점선) 분류 성능은 80%에서 최고입니다. GAN이 생성한 샘플을 사용하면(파선) 85%까지 성능이 올라갑니다.[10]

간 질환의 분류 성능 향상은 GAN이 합성 샘플로 데이터를 증식할 때 도움을 받는 (데이터가 부족한) 여러 의료 분야 사례 중 하나일 뿐입니다. 다른 예로 임페리얼 칼리지 런던^{Imperial College London}의 크리스토퍼 볼스^{Christopher Bowles}가 이끄는 영국 연구팀은 GAN(특히 6장에서 소개한 ProGAN)을 사용해 뇌 질환 분할 작업의 성능을 크게 올렸습니다.[11] 성능 향상은 실전에서 모델의 활용도를 결정적으로 크게 높일 수 있습니다. 정확도가 생사를 결정하는 의료 분야에서 특히 그렇습니다.

이제 방향을 바꿔 위험도가 훨씬 낮고, 고려할 점과 어려운 점이 완전히 다른 패션 GAN 애플리케이션을 살펴보겠습니다.

---

10 Frid-Adar et al., 2018, `http://mng.bz/rPBg`.

11 "GAN Augmentation: Augmenting Training Data Using Generative Adversarial Networks," by Christopher Bowles et al., 2018, `https://arxiv.org/abs/1810.10863`.

11.2 패션 분야의 GAN

데이터를 얻기 힘든 의료 분야와 달리 패션 분야에는 마음껏 쓸 수 있는 대규모 데이터셋이 있습니다. 인스타그램과 핀터레스트 같은 사이트에는 셀 수 없을 만큼 많은 옷과 의류 아이템의 데이터가 있습니다. 아마존과 이베이 같은 거대 온라인 쇼핑몰은 양말에서 드레스까지 수백만 건의 구매 데이터를 가지고 있습니다.

데이터가 풍부한 것 외에도 패션 분야에는 AI 애플리케이션에 잘 맞는 특징이 많습니다. 패션 취향은 사람마다 매우 다르기 때문에, 콘텐츠 개인화 능력은 사업의 수익을 크게 늘릴 수 있습니다. 또한 패션 트렌드는 자주 바뀝니다. 변화하는 고객의 기호에 빠르게 반응하고 적응하는 것은 의류 브랜드와 쇼핑몰에 매우 중요합니다.

이 절에서 패션 분야에 혁신적으로 사용한 GAN에 대해 살펴보겠습니다.

11.2.1 GAN을 사용한 패션 디자인

드론 배달에서 무인 식료품 매장까지 아마존의 신기술은 뉴스 머리기사에 자주 등장합니다. 2017년 아마존은 또 하나의 뉴스거리를 만들었습니다. 아마존이 GAN 외에 다른 기술을 전혀 사용하지 않고 AI 패션 디자이너를 개발하겠다는 목표를 발표한 것입니다.[12] 『MIT 테크놀로지 리뷰』에 실린 이 기사는 불행하게도 GAN을 사용해 특정 스타일에 맞는 새로운 제품을 디자인한다는 것 외에는 자세한 내용이 부족합니다.

다행히 어도비와 캘리포니아 대학교 샌디에고의 연구원들은 동일한 목표를 달성했다는 논문을 발표했습니다.[13] 이 논문에 쓰인 방법을 통해, 아마존 AI 연구원들이 패션을 재발명하기 위해 연구소 비밀 장막 뒤에서 어떤 일을 하고 있는지 힌트를 얻을 수 있습니다. 아마존에서 스크레이핑한 수십만 개의 사용자, 아이템, 리뷰 데이터셋을 사용해 왕청 캉Wang-Cheng Kang과 연구진은 모델 두 개를 훈련했습니다. 한 모델은 패션 아이템을 추천하고 다른 한 모델은 이 아이템을 생

---

12 "Amazon Has Developed an AI Fashion Designer," by Will Knight, 2017, MIT Technology Review, `http://mng.bz/VPqX`.

13 "This AI Learns Your Fashion Sense and Invents Your Next Outfit," by Jackie Snow, 2017, MIT Technology Review, `http://mng.bz/xlJ8`.

성합니다.[14]

일부러 추천 모델을 블랙박스처럼 다룰 수 있습니다. 이 모델에 대해 아는 것은 모델이 수행하는 일뿐입니다. 사람–아이템 쌍에 대해 선호도 점수를 반환합니다. 점수가 높을수록 그 사람의 취향에 잘 맞는 아이템입니다. 여기에 특별한 점은 없습니다.

두 번째 모델은 새롭고 매우 흥미롭습니다. GAN을 사용한 것뿐만 아니라 캉과 연구진이 만든 두 가지 창의적인 애플리케이션 때문입니다.

- 특정 개인의 패션 취향에 맞는 새로운 패션 아이템을 만듭니다.
- 개인의 패션 기호에 기반하여 기존 아이템을 각 개인에 맞게 수정합니다.

이 절에서 캉과 연구진이 어떻게 이런 목표를 달성했는지 알아보겠습니다.

11.2.2 방법

모델부터 시작해보죠. 캉과 연구진들은 CGAN을 사용합니다. 조건 레이블로 상품의 카테고리를 사용했습니다. 6개의 카테고리가 있는 데이터셋을 사용했습니다. (남녀) 상의, (남녀) 하의, (남녀) 신발입니다.

8장에서 MNIST 레이블을 사용해 원하는 손글씨 숫자를 생성하도록 CGAN을 훈련했습니다. 비슷한 방식으로 캉과 연구진은 카테고리 레이블을 사용해 특정 카테고리에 속한 패션 아이템을 생성하는 CGAN을 훈련했습니다. 3이나 4 대신 셔츠와 바지를 다루지만, CGAN 모델 설정은 8장에서 구현한 것과 거의 동일합니다. 생성자는 랜덤한 잡음 z와 조건 정보(레이블/카테고리 c)를 사용해 이미지를 합성합니다. 판별자는 특정 이미지–카테고리 쌍이 가짜가 아니라 진짜일 확률을 출력합니다. [그림 11–4]는 연구진들이 사용한 상세 신경망 구조입니다.

---

14 "Visually–Aware Fashion Recommendation and Design with Generative Image Models," by Wang–Cheng Kang et al., 2017, https://arxiv.org/abs/1711.02231.

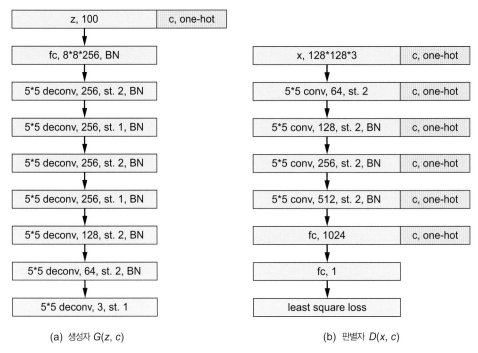

z, 100	c, one-hot
fc, 8*8*256, BN	
5*5 deconv, 256, st. 2, BN	
5*5 deconv, 256, st. 1, BN	
5*5 deconv, 256, st. 2, BN	
5*5 deconv, 256, st. 1, BN	
5*5 deconv, 128, st. 2, BN	
5*5 deconv, 64, st. 2, BN	
5*5 deconv, 3, st. 1	

(a) 생성자 $G(z, c)$

x, 128*128*3	c, one-hot
5*5 conv, 64, st. 2	c, one-hot
5*5 conv, 128, st. 2, BN	c, one-hot
5*5 conv, 256, st. 2, BN	c, one-hot
5*5 conv, 512, st. 2, BN	c, one-hot
fc, 1024	c, one-hot
fc, 1	
least square loss	

(b) 판별자 $D(x, c)$

그림 11-4 연구에 사용한 CGAN 생성자와 판별자 네트워크의 구조. 레이블 c는 의류 카테고리를 나타냅니다. 연구진은 이 카테고리를 조건 레이블로 사용해 생성자가 주어진 카테고리에 맞는 이미지를 합성하고 판별자는 이미지-카테고리 쌍을 구분하도록 가이드합니다.[15]

네모 상자는 층을 나타냅니다. **fc**는 **완전 연결 층**fully connected layer를 의미하고, **st**는 합성곱 커널의 **스트라이드**stride를 나타냅니다. 합성곱 커널의 차원(너비 × 높이)은 conv/deconv 층의 처음 두 숫자입니다. deconv와 conv는 각각 **전치 합성곱**transposed convolution과 **일반 합성곱**regular convolution을 사용한다는 의미입니다. conv와 deconv 바로 뒤의 숫자는 층의 깊이 또는 합성곱 필터의 개수입니다. BN은 층의 출력에 배치 정규화를 적용한다는 뜻입니다. 또한 캉의 팀은 교차 엔트로피 손실 대신 최소 제곱 손실을 사용했습니다.

캉과 연구진은 데이터셋의 최상위 카테고리 맞는 실제 같은 의류 아이템을 만드는 CGAN의 능력을 실용적인 잠재력이 매우 높은 두 개의 애플리케이션에서 테스트했습니다. 개인화된 새 아이템을 만드는 것과 기존 아이템을 개인에 맞게 변경하는 애플리케이션입니다.

---

15 Kang et al., 2017, https://arxiv.org/abs/1711.02231.

11.2.3 개인 취향에 맞는 새로운 아이템 생성하기

캉과 연구진은 개인 패션 취향에 맞춘 이미지를 생성하기 위해 아주 독창적인 방법을 제안했습니다. 먼저 다음과 같은 통찰에서 시작했습니다. 추천 모델은 개인이 주어진 아이템을 얼마나 좋아할지를 기반으로 하여 기존 아이템에 점수를 매깁니다. 따라서 이 점수를 최대화하도록 새로운 아이템을 생성할 수 있다면 개인 스타일과 취향에 맞는 아이템을 만들게 될 것입니다.[16]

캉과 연구진은 경제학과 선택 이론choice theory[17]의 용어를 빌려 이 과정을 선호도 최대화preference maximization라고 부릅니다. 연구진이 사용한 방법에서 독창적인 점은, 만들 수 있는 아이템의 범위가 훈련 데이터나 심지어 아마존 전체 상품 카탈로그에 국한되지 않는다는 것입니다. CGAN 덕분에 아주 세세한 새로운 아이템을 끝없이 생성하도록 튜닝할 수 있습니다.

캉과 연구진이 푼 다음 문제는 CGAN 생성자가 개인 선호도를 최대화하는 패션 아이템을 생성하도록 만드는 것입니다. 이 CGAN을 주어진 카테고리에 맞는, 실제처럼 보이는 이미지를 생성하도록 훈련했지 개인화한 것은 아닙니다. 한 가지 방법은 선호도 점수가 충분히 높은 아이템을 얻을 때까지 이미지를 계속 생성하여 점수를 체크하는 것입니다. 하지만 실제로 생성할 수 있는 이미지는 무한하기 때문에 이 방법은 시간이 많이 소비되고 매우 비효율적입니다.

캉과 연구진은 이 이슈를 최적화 문제로 정의하여 해결했습니다. 특히 제약이 있는 최대화 문제constraint maximization로 만들었습니다. 제약(알고리즘이 동작할 범위)은 잠재 공간의 크기로 벡터 z의 크기입니다. 기본 크기(100 차원 벡터)와 [−1, 1] 범위의 값을 사용했습니다. 최적화 알고리즘을 사용하기 위해서는 미분가능한 값이 필요한데, 이 값은 벡터 z의 각 원소를 랜덤하게 초기화한 tanh 함수를 통해 만들었습니다.[18]

그다음 경사 상승법gradient ascent을 사용합니다. 경사 상승법은 사실 경사 하강법과 동일합니다. 다만 가장 가파르게 감소하는 방향으로 반복적으로 이동하여 손실 함수를 최소화하는 대신에, 가장 가파르게 증가하는 방향으로 반복적으로 이동하여 보상 함수(이 경우 추천 모델이 출력하는 점수)를 최대화합니다.

캉과 연구진이 만든 결과가 [그림 11-5]에 나와 있습니다. 6명을 위해 생성된 최상위 이미지 3개와 데이터셋에서 가져온 최상위 이미지 3개를 비교해보세요. 생성된 샘플의 선호도 점수가

---

16 11번 주석 참조

17 "Introduction to Choice Theory," by Jonathan Levin and Paul Milgrom, 2004, http://mng.bz/AN2p.

18 Kang et al., 2017, https://arxiv.org/abs/1711.02231.

더 높은 것으로 보아 연구진의 솔루션이 독창적이라는 알 수 있습니다. 고객의 스타일과 선호도에 더 잘 맞는다는 것을 의미합니다.

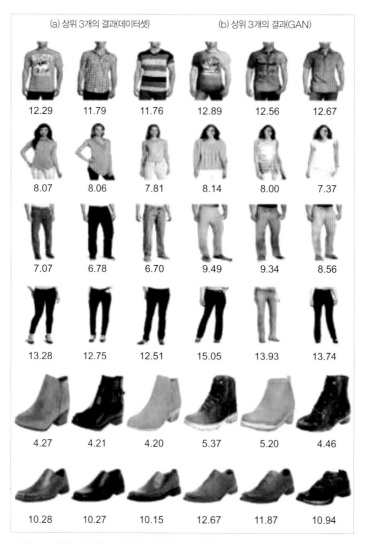

그림 11-5 캉과 연구진이 논문에서 제시한 결과에 있는 모든 이미지에 선호도 점수가 기록되어 있습니다. 행마다 다른 고객과 상품 카테고리(남녀 상의, 남녀 하의, 남녀 신발)에 대한 결과가 나타나 있습니다.[19]

---

19 Kang et al., 2017, https://arxiv.org/abs/1711.02231.

왼쪽의 3개 열은 데이터셋에서 가장 높은 점수를 가진 아이템입니다. 오른쪽의 3개 열은 가장 높은 점수를 가진 생성된 이미지입니다. 선호도 점수를 보면 생성된 이미지가 고객의 기호에 더 잘 맞습니다.

연구진은 여기서 멈추지 않았습니다. 새로운 아이템을 만드는 것에 그치지 않고 이 모델이 개인의 스타일에 맞춰 기존의 아이템을 바꿀 수 있는지 살펴보았습니다. 패션 쇼핑은 매우 주관적이기 때문에 딱 맞을 때까지 옷을 바꿀 수 있다면 잠재적으로 사업 이익을 크게 높일 수 있습니다. 어떻게 이 문제를 해결했는지 알아보죠.

11.2.4 개인 기호에 더 잘 맞도록 기존 아이템 수정하기

잠재 공간에 있는 (입력 벡터 z로 표현되는) 숫자는 실제 의미를 가집니다. 수학적으로 (고차원 공간에서 거리를 측정하여) 다른 숫자와 가까운 벡터는 내용과 스타일이 비슷한 이미지를 만드는 경향이 있습니다. 따라서 캉과 연구진은 다양한 변형 이미지를 만들기 위해 필요한 것은 생성자가 이미지를 생성하기 위해 사용하는 잠재 벡터 z를 찾는 것이 전부라고 지적했습니다. 그다음 이웃한 벡터로 비슷한 이미지를 생성할 수 있습니다.

조금 더 구체적으로 MNIST 데이터셋을 사용한 예제를 살펴보겠습니다. 생성자에 주입될 때 숫자 9 이미지를 만드는 입력 벡터 z'를 생각해보죠. 수학적으로 말해서 이 벡터가 존재하는 100 차원 잠재 공간에서 z'에 아주 가까운 벡터 z''를 주입하면 z''는 조금 다른 숫자 8의 이미지를 생성할 것입니다. [그림 11-6]을 참고하세요. 2장에서 비슷한 것을 보았습니다. 변이형 오토인코더에서 압축된 중간 표현은 GAN의 z같이 동작합니다.

그림 11-6 잠재 공간에서 숫자 9 주변의 이미지(2장에서 만든 이미지입니다). 이웃한 벡터는 같은 숫자이지만 조금 다른 이미지를 만듭니다. 예를 들어 첫 번째 행에서 숫자 9가 조금 오른쪽으로 기울어져서 시작했지만, 왼쪽에서 오른쪽으로 이동하며 마지막에는 똑바로 섭니다. 너무 멀리 이동하면 숫자 9가 비슷한 다른 숫자로 변형됩니다. 이런 점진적인 변형을 더 복잡한 데이터셋에 동일하게 적용할 수 있습니다. 복잡한 데이터셋에서는 변형이 더 미묘한 경향이 있습니다.

물론 패션은 더 미묘합니다. 드레스 사진은 흑백 숫자 이미지와는 비교할 수 없을 정도로 훨씬 복잡합니다. 티셔츠를 만드는 벡터 주위의 잠재 공간을 이동하면 다른 색깔, 패턴, 스타일(예를 들면 라운드넥 대신 브이넥)의 티셔츠를 만들 수 있습니다. 이는 훈련하는 동안 생성자가 학습한 인코딩과 의미에 따라 결정됩니다. 직접 확인하는 것이 가장 좋은 방법입니다.

여기에 연구진이 극복한 과제가 또 있습니다. 앞선 방식이 작동하려면 변경하고 싶은 이미지의 벡터 z가 필요합니다. 합성 이미지를 수정한다면 간단합니다. 이미지를 생성할 때 벡터 z를 저장할 수 있고 나중에 이를 사용하면 됩니다. 하지만 이 문제가 복잡한 이유는 진짜 이미지를 수정해야 하기 때문입니다.

말 그대로 진짜 이미지는 생성자가 만들 수 없습니다. 따라서 벡터 z가 없습니다. 최선의 방법은 수정하려는 이미지와 가능한 한 가까운 합성 이미지의 잠재 공간 표현을 찾는 것입니다. 다르게 말하면 진짜 이미지와 비슷한 이미지를 합성하기 위해 생성자가 사용하는 벡터 z를 찾아야 합니다. 그리고 이 벡터를 진짜 이미지를 생성하는 가상의 z를 대신하여 사용합니다.

이것이 바로 연구진이 사용한 방법입니다. 앞에서와 같이 먼저 이 문제를 최적화 문제로 정의했습니다. **재구성 손실**reconstruction loss(두 이미지의 차이를 측정합니다. 손실이 클수록 두 이미지는 서로 많이 다릅니다)이라 부르는 용어로 손실 함수를 정의합니다.[20] 이런 식으로 문제를 정의한 다음 캉과 연구진은 (재구성 손실을 최소화하기 위해) 반복적으로 경사 하강법을 사용해 진짜 이미지와 가장 가까운 합성 이미지를 찾았습니다. 진짜 이미지와 비슷한 가짜 이미지를 찾으면 (그리고 이 가짜 이미지를 만들기 위해 사용한 벡터 z를 찾으면) 잠재 공간 조작을 통해 이 이미지를 수정할 수 있습니다.

여기에서 새로 고안한 방법이 최대의 잠재력을 보여줍니다. 수정하고 싶은 이미지와 비슷한 합성 이미지의 잠재 공간 주변을 탐색하여 고객의 기호도를 최적화할 수 있습니다. [그림 11-7]에 이 과정이 나타나 있습니다. 각 행의 왼쪽에서 오른쪽으로 이동하면서 셔츠와 바지는 점차 맞춤형이 됩니다.

예를 들어 연구진이 관찰한 것처럼 첫 번째 행의 고객은 다른 색깔을 찾고, 다섯 번째 행의 고객은 밝은 색과 해진 느낌의 옷을 좋아하는 것 같습니다. 마지막 사람은 바지보다는 치마를 좋아하는 것으로 보입니다. 이는 최고의 개인화입니다. 아마존이 관심을 가지는 것은 당연합니다.

맨 왼쪽의 사진은 훈련 데이터셋에 있는 진짜 이미지입니다. 왼쪽에서 두번째 사진은 진짜 이미지와 가장 가까운 합성 이미지입니다. 이 이미지를 개인화 과정의 시작 포인트로 사용합니다. 각 이미지에는 선호도 점수가 나타나 있습니다. 왼쪽에서 오른쪽으로 갈수록 점차 아이템이 각 개인에게 최적화됩니다. 점수가 증가하는 것으로 보아 이 개인화 과정은 아이템이 고객의 스타일과 취향에 맞을 가능성을 향상시킵니다.

---

20 14번 주석 참조

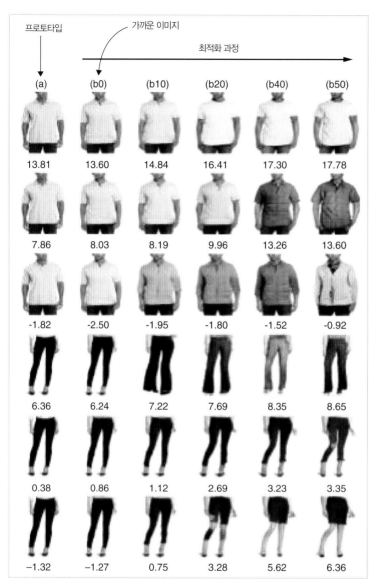

그림 11-7 남자는 같은 폴로 셔츠에서, 여자는 같은 바지 이미지에서 시작한 고객 6명(3명은 남자, 3명은 여자)의 개인화 과정.[21]

---

21 Kang et al., 2017, https://arxiv.org/abs/1711.02231.

11.3 결론

이 장에서 다룬 애플리케이션은 GAN으로 가능한 일 전체의 겉부분만 핥은 것입니다. 다른 분야는 말할 것도 없고 의료와 패션 분야에만 셀 수 없을 정도로 많은 사례가 있습니다. GAN이 학계를 뛰어넘어 실제와 같은 데이터를 합성하는 능력을 사용하는 무수한 애플리케이션으로 확장되었다는 것이 확실합니다.

11.4 마치며

- GAN은 그 다재다능함 때문에 다양한 애플리케이션에 적용할 수 있고 MNIST보다 훨씬 복잡한 문제에 사용할 수 있습니다.
- 의료 분야에서는 GAN이 합성 샘플을 생성하여 기본 데이터 증식 전략을 사용한 것보다 분류 정확도를 향상시킬 수 있습니다.
- 패션 분야에서는 GAN이 개인 스타일에 잘 맞는 새로운 아이템을 생성하거나 기존의 아이템을 수정할 수 있습니다. 이를 달성하기 위해 추천 알고리즘이 계산하는 기호도 점수를 최대화하는 이미지를 생성합니다.

CHAPTER 12

향후 전망

이 장에서는 다음 내용을 다룹니다.

- 생성 모델의 윤리
- 향후 몇 년 간 각광받을 것으로 기대되는 최신 모델 세 가지
- RGAN
- SAGAN

- BigGAN
- 추가적인 최신 기술 세 가지
- 이 책에서 배운 것과 핵심 주제 요약

마지막 장에서 GAN의 윤리에 대해 간단한 의견을 제시합니다. 그다음 앞으로 더 중요해질 것으로 기대되는 혁신적인 모델들을 소개합니다. 이 장에서는 미래의 GAN에 대해 기대하는 것을 거시적으로 설명하되, 코드는 작성하지 않습니다. GAN과 함께 앞으로의 환상적인 여행을 준비하세요. 이글을 쓰는 시점에 아직 발표되지 않은 기술들이 많습니다. 마지막으로 배운 것을 정리하고 아쉬운 작별 인사를 하겠습니다.

12.1 윤리

세상은 GAN을 포함해 AI 윤리가 중요한 이슈라는 것을 자각하기 시작했습니다. 어떤 연구 기관은 많은 비용을 들여 사전 훈련한 모델이 가짜 뉴스를 생성하는 도구로 남용될까 두려워 공개하지 않겠다고 결정했습니다.[1] 많은 기사에서 GAN이 악용될 가능성이 높다고 기술합니다.[2]

---

1 "An AI That Writes Convincing Prose Risks Mass-Producing Fake News," by Will Knight, MIT Technology Review, 2019, http://mng.bz/RPGj.

2 "Inside the World of AI that Forges Beautiful Art and Terrifying Deepfakes," by Karen Hao, MIT Technology Review, 2019, http://mng.bz/2JA8. See also "AI Gets Creative Thanks to GANs Innovations," by Jakub Langr, Forbes, 2019, http://mng.bz/1w71.

우리는 모두 잘못된 정보가 큰 문제를 일으킬 수 있고 실제 사진과 같은 합성 이미지를 만드는 GAN이 위험이 될 수 있다는 것을 이해합니다. 어느 지도자가 다른 나라에 군사 공격을 단행하겠다고 말하는 영상이 합성되었다고 상상해보세요. 올바른 정보가 충분히 빠르게 전파되어 대중의 혼돈을 막을 수 있을까요?

이 책은 AI 윤리에 대한 책이 아닙니다. 따라서 이 주제에 대해서 간단히만 다룹니다. 하지만 우리가 하고 있는 일의 윤리와 그 일로 인해 발생할 수 있는 위험과 의도치 않은 결과에 대해 생각하는 것이 아주 중요하다고 믿습니다. AI는 확장성이 좋은 기술이기 때문에 살기 좋은 세상을 만드는 데 정말 도움이 되는 것인지 생각해봐야 합니다.

원칙에 대해 생각해야 하고 적어도 더 발전된 윤리 체계를 갖춰야 합니다. 여기에서 어느 것이 더 나은지 논의하지는 않겠습니다. 사람들은 훨씬 더 일상적인 것들에 대한 도덕적 가치관에도 아직 합의하지 못했으니까요. 혹시 AI 윤리와 관련된 자료를 아직 읽어보지 못했다면 책을 내려 놓고 아래 목록 중 적어도 하나를 읽어보길 바랍니다.

> **NOTE_ 참고 자료**
> - 구글 AI 원칙: https://ai.google/principles
> - The Institute for Ethical AI & ML의 원칙: https://ethical.institute/principles.html
> - 2017년 래리 디그넌Larry Dignan이 쓴 IBM's Rometty Lays Out AI Considerations, Ethical Principles: http://mng.bz/ZeZm

예를 들어 **딥페이크**DeepFake로 알려진 기술은 원래 GAN을 기반으로 하지는 않지만 우려의 대상으로 많이 언급됩니다.[3] 딥러닝과 가짜 이미지를 합친 딥페이크는 정치인의 가짜 동영상을 생성하고 포르노 콘텐츠를 합성하여 이미 논란이 된 적이 있습니다. 아마 조만간 이 기술은 비디오나 이미지가 진짜인지 구분할 수 없는 지경에 이를 것입니다. 새로운 이미지를 합성하는 GAN의 능력이 곧 이 분야를 지배할 것입니다.

모든 사람이 자신의 연구와 코드의 결과에 대해 생각해야 한다고 주장하는 것만으로는 충분하지 않습니다. 하지만 현실 세계에는 간단하고 완벽한 해결책이 없습니다. 우리가 어떤 연구나

---

3 "The Liar's Dividend, and Other Challenges of Deep-Fake News," by Paul Chadwick, The Guardian, 2018, http://mng.bz/6wN5. See also "If You Thought Fake News Was a Problem, Wait for DeepFakes," by Roula Khalaf, 2018, Financial Times, http://mng.bz/PO8Y.

산업 분야에서 일을 하는지와 상관없이 처음부터 온전히 윤리적인 측면에 초점을 맞추었다고 하더라도 늘 좋은 결과가 나오리라는 보장은 없습니다. 따분한 강의나 근거 없는 뉴스 기사를 소개하고 싶지 않지만 이 문제는 심도 있게 생각해봐야 합니다.

AI 윤리는 이미 실제 문제입니다. 여기에서 세 가지 현실의 문제를 소개하겠습니다. AI가 생성한 가짜 뉴스, 합성된 가짜 정치적 선언, 당사자 모르게 얼굴이 합성된 포르노입니다. 하지만 더 많은 문제가 존재합니다. 아마존이 사용하는 AI 고용 프로그램은 여성 지원자에게 부정적인 경향을 보입니다.[4] 하지만 상황은 복잡합니다. GAN이 얼굴 생성에서는 여성 이미지를 선호하는 경향이 있다고 하니까요. 다른 측면에서 보면 GAN은 더 윤리적인 AI를 만드는 데 도움을 줄 수도 있습니다. 예를 들어 얼굴 인식 문제에서 대표 샘플이 부족한 클래스의 데이터를 합성하여 소수 커뮤니티에 대한 분류 품질을 높일 수 있습니다.

필자들은 모든 사람이 GAN의 가능성과 남용에 대해 이해할 수 있도록 이 책을 썼습니다. 미래에 나올 학술적, 실용적 GAN 애플리케이션과 지속적인 연구에 대한 기대가 많지만, 일부 애플리케이션은 악의적인 용도로 사용될 수 있다는 것을 알아야 합니다. 기술이 발전하지 못하도록 막는 것은 불가능하기 때문에, 우리는 기술의 능력을 먼저 이해하고 있어야 합니다. GAN이 없는 세상이 더 좋은 세상일 거라 말하는 것이 아닙니다. GAN은 도구이고, 늘 그렇듯 도구는 잘못 사용될 수 있습니다.

도덕적인 측면에서 이 기술의 전망과 위험에 대해 논의해야 합니다. 그렇지 않으면 기술을 먼저 습득한 소수의 사람들이 초기에 이를 악용하는 것이 더 쉬워집니다. 이 책은 일반 대중을 위해 쓴 것은 아니지만, 이 책의 내용이 지금까지 GAN 분야를 지배해온 학계를 넘어 넓은 세상에서 더 넓은 사고를 위한 디딤돌이 되기를 바랍니다. 또한 필자가 하는 많은 공적 활동이 이 주제에 대한 지식과 토론을 증대하는 데 도움이 되기를 바랍니다.

GAN을 아는 사람이 많아지고 있기 때문에 기존에 이를 악의적으로 사용하던 사람들도 더는 다른 사람을 쉽게 속일 수 없게 됐습니다. GAN이 나쁘게 사용되지 않기만을 바라는 것은 너무 이상적일 수 있습니다. 차선책은 학계나 악의적인 행동을 하는 사람들뿐만 아니라 모든 사람이 GAN에 대해 아는 것입니다. 또한 GAN이 예술, 과학, 공학 분야 전반에서 긍정적인 기여하기를 바라는 것입니다(이것이 현실이 될 거라는 증거가 많습니다). 많은 사람이 GAN과 적대 샘

4　"Amazon Scraps Secret AI Recruiting Tool That Showed Bias Against Women," by Jeffrey Dastin, 2018, Reuters, http://mng.bz/Jz8K.

플의 아이디어를 결합하여 딥페이크를 감지하기 위해 노력하고 있습니다. 하지만 주의해야 합니다. 어느 정도 정확도로 딥페이크를 감지할 수 있는 모든 분류기는 속이려는 샘플에 많은 점수를 주기 때문입니다.

다양한 방법으로 조금 더 진지한 대화가 시작되길 희망합니다. 이 책의 포럼이나 트위터로 연락해주세요. 도덕적 가치관을 계속 점검하기 위해 다양한 관점이 필요합니다. 시간이 지나고 명확한 사례들이 등장함에 따라 도덕적 가치관도 발전하고 있습니다. a16z의 베네딕트 에번스$^{\text{Benedict Evans}}$ 같은 사람들은 AI 윤리에 대해 이야기하거나 규제하는 것이 데이터베이스 윤리에 대해 이야기하는 것보다 합리적이지 않다고 주장합니다. 하지만 중요한 것은 기술이 아니라 사례입니다.

12.2 세 가지 혁신 GAN

사례에 대해 이야기하면서 GAN은 계속 발전하는 분야라는 것을 알았습니다. 이 절에서 이전 장에서 다룬 것처럼 커뮤니티에서 지지받지는 않지만 앞으로 중요해질 것으로 기대되는 것을 간단히 소개하겠습니다. 실용적인 측면에서 흥미로운 애플리케이션을 가진 세 가지 GAN 혁신을 선택했습니다. 실용적인 논문(RGAN), 깃허브 프로젝트(SAGAN), 예술적 애플리케이션(BigGAN)입니다.

12.2.1 RGAN

너무 간단하고 우아해서 원본 논문에 있을 것 같은 개선이면서도 최고의 알고리즘을 이길 만큼 강력한 사례는 흔하지 않습니다. **RGAN**$^{\text{relativistic generative adversarial network}}$이 그런 경우입니다. RGAN의 핵심 아이디어는 원시 GAN(5장에서 소개한 NSGAN)의 생성자에 진짜 샘플보다 더 진짜처럼 보이는 샘플을 생성하도록 만드는 항을 추가하는 것입니다.

다른 말로 하면 생성자는 진짜처럼 보이는 가짜 데이터를 만드는 것 외에 진짜 데이터를 덜 진짜처럼 보이게 만들어야 합니다. 따라서 훈련 세트의 안정성이 더 증가됩니다. 물론 생성자가 제어할 수 있는 것은 합성 데이터뿐입니다. 따라서 생성자는 상대적으로만 이를 달성할 수 있습니다.

RGAN의 저자는 이전에 소개한 WGAN의 일반화 버전으로 이를 기술했습니다. 먼저 5장의 [표 5-1]의 손실 함수를 간단히 요약해보겠습니다.

식 12-1

$$L_D = -(E[D(x)] - E[D(G(z))])$$

식 12-2

$$L_G = -E[D(G(z))]$$

[식 12-1]은 진짜 데이터($D(x)$)와 생성된 데이터($D(G(z))$)간의 차이를 측정하는 판별자의 손실 함수입니다. [식 12-2]는 판별자가 생성한 샘플을 진짜라고 믿게 만드는 생성자의 손실 함수입니다.

이전에 보았던 모델 중 가장 가까운 것을 찾아보면 WGAN은 생성된 분포를 진짜 분포처럼 보이기 위해 이동해야 할 확률 질량의 양을 최소화합니다. 이런 면에서 RGAN과 유사한 점이 많습니다(예를 들어 판별자를 비평자라고 부릅니다. 논문에서는 WGAN을 RGAN의 특별한 경우라고 말합니다). 궁극적으로 둘 다 현재 게임의 상태를 하나의 숫자로 측정합니다. EM 거리를 기억하시죠?

RGAN의 혁신은 이전에 생성자가 늘 따라잡아야 했던 도움이 되지 않는 경쟁 구도가 없다는 것입니다. 다르게 말해서 생성자는 실제 데이터보다 더 실제 같은 데이터를 생성하기 때문에 늘 방어적이지 않습니다. 결과적으로 $D(x)$를 실제 데이터가 생성된 데이터보다 더 실제와 같을 확률로 해석할 수 있습니다.

고수준에서 차이점을 살펴보기 전에 논문에 사용된 표기와 거의 비슷하지만 단순하게 만든 조금 다른 표기법을 소개하겠습니다. [식 12-3]과 [식 12-4]에서 $C(x)$는 WGAN의 비평자와 비슷하게 동작합니다.[5] 이를 판별자로 생각할 수 있습니다. 또한 $a()$는 $\log(\text{sigmoid}())$로 정의합니다. 논문에서 $G(z)$는 가짜 샘플에 대해 x_f로 썼습니다. 진짜 이미지에 대해서는 x_r이라 썼지만 여기에서는 이전 장과 비슷하게 간단한 표기법을 사용하겠습니다.

식 12-3

$$L_D = -E[a(C(x) - C(G(z)))]$$

---

5   상세 내용을 건너뛰었으므로 고수준의 아이디어를 제공하고 독자들이 직접 궁금증을 채울 수 있도록 일관된 표기법을 사용합니다.

식 12-4

$$L_G = -E[a(C(G(z)) - C(x))]$$

생성자 식에서 중요한 차이점이 있습니다. 생성자의 손실 함수에 진짜 데이터가 포함됩니다. 겉보기에 간단해 보이는 이 트릭은 생성자가 항상 불리한 입장에 있지 않도록 인센티브를 줍니다. 이상적인 설정에서 이것과 다른 두 가지 관점을 이해하기 위해 [그림 12-1]에 서로 다른 판별자를 나타냈습니다.

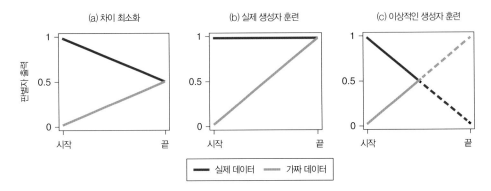

그림 12-1 (a) 차이를 최소화하는 경우 생성자는 항상 판별자를 따라잡으려 합니다(차이는 항상 0보다 크거나 같기 때문입니다). (b)에서 '좋은' NSGAN 훈련이 무엇인지 볼 수 있습니다. 여기에서도 생성자가 판별자를 앞서지 못합니다. (c)에서는 생성자가 판별자를 이길 수 있습니다. 더 중요한 점은 훈련 단계에 상관없이 생성자가 항상 얻으려는 무언가가 있다는 (따라서 유용한 그레이디언트를 얻을 수 있는) 것입니다.[6]

왜 이 항을 추가하는 것이 중요한지 궁금할 것입니다. 간단하게 이 항을 추가하면 계산 비용을 조금만 더 들이고 훈련을 크게 안정시킬 수 있습니다. 이는 중요합니다. 5장에서 논문 「Are GANs Created Equal?」의 저자들은 지금까지 모든 주요 GAN 구조는 필요한 처리를 추가했을 때 원시 GAN을 제한적으로만 향상시킨다고 주장합니다. 새로운 많은 GAN 구조는 대규모 계산 비용을 들여야 향상되기 때문입니다. 이는 유용성을 감소시킵니다. 하지만 RGAN은 GAN 구조를 전반적으로 바꿀 수 있습니다.

어떤 방법이 정말 가치 있는지 항상 주의하세요. 어떤 방법은 업데이트 스텝이 적더라도 추가 계산 때문에 한 스텝에 걸리는 시간이 두 배 더 많을 수 있기 때문입니다. 콘퍼런스의 동료 평

---

6 "The Relativistic Discriminator: A Key Element Missing from Standard GAN," by Alexia Jolicoeur-Martineau, 2018, `http://arxiv.org/abs/1807.00734`.

가 과정에서는 대부분 이런 문제가 걸러지지 않기 때문에 주의해야 합니다.

애플리케이션

실전에서 이 모델이 왜 중요할까요? 1년도 지나지 않아 이 논문[7]은 50번도 넘게 인용되었습니다. 이전에 알려지지 않았던 저자의 논문치고는 많은 수치입니다. 또한 사람들은 벌써 RGAN을 사용해 논문을 썼습니다. 예를 들어 음성 향상$^{speech\ enhancement}$ 분야에서 다른 GAN 기반의 방법이나 GAN을 기반으로 하지 않은 방법을 모두 뛰어넘는 최고 수준을 달성했습니다.[8]

여러분이 이 책을 읽을 때는 논문이 공개되어 있을 것이므로 한번 읽어보세요. 하지만 필수적인 배경지식과 함께 이 논문을 설명하는 것은 이 책의 범위를 벗어납니다.

12.2.2 SAGAN

이 분야를 바꿀 것이라 믿는 다음 혁신은 **SAGAN**$^{self-attention\ generative\ adversarial\ network}$입니다. 어텐션^{attention}은 사람이 한 번에 조금씩 집중하여 세상을 바라보는 방식에 바탕을 두고 있습니다.[9] GAN의 어텐션도 비슷하게 동작합니다. 사람의 마음은 테이블의 작은 부분에만 집중할 수 있지만 사람의 뇌는 한 번에 이미지의 일부분에만 초점을 맞추면서 **단속운동**^{saccade}라 부르는 빠르고 작은 안구 운동을 통해 전체 테이블을 구성할 수 있습니다.

동일한 컴퓨터 시스템이 자연어 처리$^{natural\ language\ processing}$(NLP)와 컴퓨터 비전을 포함해 여러 분야에 사용되어 왔습니다. 예를 들어 어텐션은 CNN이 사진의 많은 부분을 무시하는 문제를 해결하는 데 활용할 수 있습니다. 이미 알고 있듯이 CNN은 작은 수용장에 의지합니다. 수용장은 합성곱의 크기로 결정됩니다. 하지만 5장에서 보았듯이 GAN에서 수용장의 크기는 (여러 개의 머리나 몸이 있는 소와 같은) 문제를 일으킬 수 있습니다. GAN은 이를 이상하게 여기지 않을 것입니다.

이는 이미지 일부를 생성하거나 평가할 때, 다리 한 쪽이 한 수용장에 나타나더라도 다른 다리가 다른 수용장에 이미 나타났는지 알지 못하기 때문입니다. 이는 합성곱이 물체의 구조를 무

---

7 다음 링크는 RGAN 논문을 인용한 모든 논문을 보여줍니다. http://mng.bz/omGj.

8 "SERGAN: Speech Enhancement Using Relativistic Generative Adversarial Networks with Gradient Penalty," by Deepak Baby and Sarah Verhulst, 2019, IEEE-ICASSP, https://ieeexplore.ieee.org/document/8683799.

9 The Mind Is Flat: The Illusion of Mental Depth and the Improvised Mind by Nick Chater (Penguin, 2018).

시하기 때문입니다. 또는 다리가 하나인지 둘인지는 고수준의 다른 뉴런에 의해 표현되기 때문입니다. 이 뉴런들은 서로 소통하지 않습니다. 경험 많은 데이터 과학자들은 힌턴^{Hinton}의 CapsuleNet이 해결하고자 했던 것을 기억할 것입니다. 하지만 실제로 성공하지는 못했습니다. 짧고 쉽게 설명해볼까요? 어텐션이 왜 이 문제를 해결하는지 아무도 확신을 가지고 이야기할 수 없지만, 이에 대해 생각하는 좋은 방법은 유연한 수용장(모양)으로 주어진 사진의 몇 가지 핵심 요소에 초점을 맞추는 특성 추출기를 만들 수 있다는 것입니다(그림 12-2).

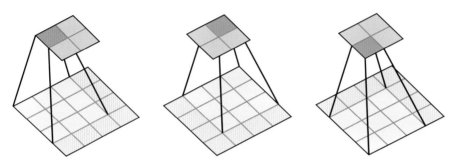

그림 12-2 출력 픽셀(2 × 2 패치)은 강조된 작은 영역을 제외하고 모든 것을 무시합니다. 어텐션을 이 문제를 해결하는 데 도움이 됩니다.[10]

예를 들어 이미지가 512 × 512라면 널리 사용하는 가장 큰 합성곱 크기는 7이므로 무시된 특성이 많습니다! 상위 층의 뉴런에서도 (예를 들면) 머리가 올바른 위치에 있는지 적절하게 확인할 수 없습니다. 결국 소 몸통에 머리가 하나 붙어 있다면 신경망이 다른 머리에 대해서는 관심을 두지 않을 것입니다. 하지만 이것은 잘못되었습니다.

이런 고수준의 표현은 추론하기가 어렵습니다. 연구자들도 정확한 발생 이유에 합의하지 못합니다. 하지만 경험적으로 봤을 때 신경망이 이를 감지하지 못하는 것 같습니다. 어텐션은 모양이나 크기에 상관없이 관련된 영역을 선택해서 적절히 다루도록 도와줍니다. 어텐션이 유연하게 초점을 맞춘 여러 종류의 영역이 [그림 12-3]에 나타나 있습니다.

---

10 "Convolution Arithmetic," by vdmoulin, 2016, https://github.com/vdumoulin/conv_arithmetic.

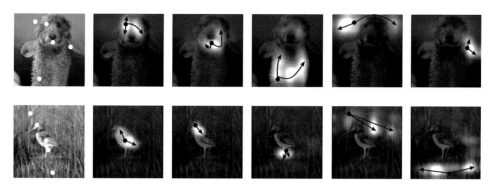

그림 12-3 쿼리(query) 표현이 주어졌을 때 어텐션 메커니즘이 가장 주의를 기울이는 이미지 영역을 볼 수 있습니다. 어텐션 메커니즘은 일반적으로 다른 모양과 크기의 영역을 다룰 수 있습니다. 물체의 종류가 드러나는 이미지 영역을 선택해야 하기 때문에 이는 좋은 특징입니다.[11]

애플리케이션

DeOldify(https://github.com/jantic/DeOldify)는 인기 있는 SAGAN 애플리케이션 중 하나로, 제러미 하워드의 fast.ai 과정 학생인 제이슨 앤틱Jason Antic이 만들었습니다. DeOldify는 SAGAN을 사용해 오래된 이미지에 놀라운 수준의 정확도로 색을 입힙니다. [그림 12-4]에서 볼 수 있듯이 유명한 오래된 사진이나 그림을 컬러 버전으로 바꿀 수 있습니다.

그림 12-4 Deadwood, South Dakota, 1877. 오른쪽 이미지가 컬러로 바꾼 버전입니다.

---

11 "Self-Attention Generative Adversarial Networks," by Han Zhang, 2018, http://arxiv.org/abs/1805.08318.

12.2.3 BigGAN

세상을 강타한 또 다른 구조는 **BigGAN**입니다.[12] BigGAN은 이미지넷의 클래스 1,000개 모두에서 매우 실제와 같은 512 × 512 이미지를 만들었습니다. 현재 GAN으로는 거의 불가능해 보이는 성과입니다. BigGAN은 이전보다 3배 높은 인셉션 점수를 달성했습니다. 간단히 말하면 BigGAN은 SAGAN, **스펙트럴 정규화**spectral normalization를 기반으로 만들었으며 다섯 가지의 혁신을 이루었습니다.

- 이전에는 믿을 수 없을 정도의 계산 규모로 GAN을 확장합니다. BigGAN 저자들의 성공 중 하나는 8배 큰 배치 크기로 훈련하여 인셉션 점수를 46% 향상시킨 것입니다. 이론적으로 BigGAN 훈련에 필요한 자원은 59,000달러만큼의 계산 비용을 추가합니다.[13]
- BigGAN은 SAGAN보다 각 층에 있는 채널(특성 맵) 개수가 1.5배 많습니다. 이는 복잡한 데이터셋을 사용했기 때문입니다.
- 적대적인 과정을 제어하여 생성자와 판별자의 안정성을 향상시켜 전체적인 결과를 높였습니다. 이면에 있는 수학은 이 책의 범위를 넘어서지만 관심 있다면 스펙트럴 정규화를 이해하는 것부터 시작해보세요. 이렇게 못한다면 저자들도 훈련 후반부에는 계산 비용 때문에 이 전략을 포기하고 모드 붕괴를 내버려둔다는 사실에 위안을 삼으세요.
- **절단 기법**truncation trick을 사용해 다양성과 신뢰도 사이의 트레이드오프를 조절합니다. 절단 기법으로 (잘린 분포로) 중앙 가까운데서 샘플링하면 만들어진 결과가 더 비슷해집니다. 이 위치가 BigGAN이 가장 경험치가 많이 쌓인 곳이기 때문에 더 나은 샘플을 만들어집니다.
- 저자들은 이론적인 3개의 발전에 대해 소개했습니다. 하지만 저자들의 성능 표를 보면 점수에 영향이 적고 종종 안정성을 약화시키는 것으로 보입니다. 계산 효율성에는 좋지만 여기에 대해서는 논의하지 않겠습니다.

애플리케이션

예술 분야에서 BigGAN의 멋진 애플리케이션으로 Ganbreeder가 있습니다. 사전 훈련된 모델에 조엘 사이먼Joel Simon이 엄청난 노력을 들여 만들었습니다. Ganbreeder는 BigGAN의 잠재 공간을 탐색하는 인터렉티브한 웹 애플리케이션입니다(무료입니다!).[14] 새로운 이미지를 만들기 위해 수많은 예술 분야 애플리케이션에 사용됩니다.

인접한 잠재 공간을 탐색하거나 두 이미지의 샘플 사이를 선형 보간하여 새로운 이미지를 만들

---

12 "Large Scale GAN Training for High Fidelity Natural Image Synthesis," by Andrew Brock et al., 2019, `https://arxiv.org/pdf/1809.11096.pdf`.

13 Mario Klingemann's Twitter post at `http://mng.bz/wll2`.

14 옮긴이_ Ganbreeder는 Airbreeder로 이름을 바꾸었습니다. `www.artbreeder.com`

수 있습니다. [그림 12-5]는 Ganbreeder의 자식 샘플을 만드는 예입니다.

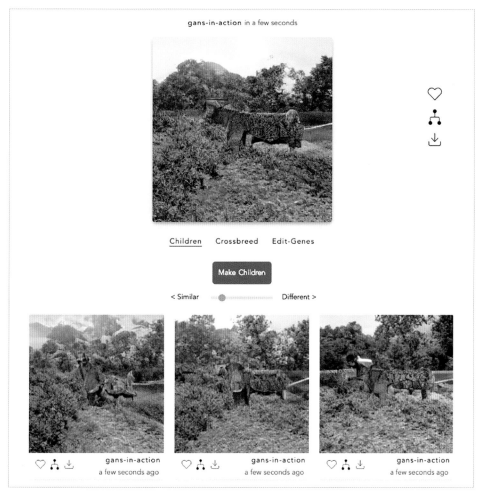

그림 12-5 'Make Children' 버튼을 클릭할 때마다 Ganbreeder는 인접한 잠재 공간에서 변형된 이미지 3개를 골라 아래에 보여줍니다. 내 사진 또는 다른 사람의 사진으로 시작하거나 두 이미지를 같이 사용할 수도 있습니다. Crossbreed 섹션에서 잠재 공간의 다른 영역에 있는 흥미로운 샘플을 선택하거나 두 개의 샘플을 섞을 수 있습니다. 마지막으로 'Edit-Genes'에서 (여기에서는 Castle and Stone Wall과 같은) 파라미터를 조정하고 그림에 나타난 특징을 늘리거나 줄일 수 있습니다.[15]

---

15 Ganbreeder, http://mng.bz/nv28.

딥마인드가 6장에서 사용한 머신러닝 모델 저장소인 텐서플로 허브에 사전 훈련된 BigGAN 모델을 제공하여 더 유명해졌습니다.

12.3 더 읽을거리

학계와 기술자들에게 인기를 끌고 있는 기술이 많습니다. 여기에서는 관심 있는 독자들을 위해 그중 세 가지를 소개합니다. 이 분야가 빠르게 변하기 때문에 3개만 선택했습니다. 이 논문들을 이해하는 데 필요한 모든 내용에 익숙해졌기를 바랍니다.

StyleGAN[16]

GAN과 전통적인 스타일 트랜스퍼의 아이디어를 합쳐서 출력에 대한 제어를 훨씬 더 많이 할 수 있습니다. 엔비디아의 CGAN은 세부 사항에서 전체 이미지까지 몇 단계의 제어 수준으로 놀라운 풀 HD 급의 결과를 만듭니다. 이 모델은 6장을 기반으로 합니다. 따라서 이 논문을 읽기 전에 6장을 다시 읽어보는 것이 좋습니다.

스펙트럴 정규화[17]

복잡한 정규화 기법이고 고급 선형대수학이 필요합니다. 여기에서는 간단히 방식 정도만 기억하세요. (5장에서 다루었던) WGAN에서도 필요한 특별한 성질을 만족하도록 네트워크의 가중치를 정규화하여 훈련을 안정화합니다. 스펙트럴 정규화는 그레이디언트 페널티와 조금 비슷하게 동작합니다.

SPADE 또는 GauGAN[18]

2019년에 발표된 최신 기술입니다. 9장의 서두에 나오는 이미지의 시맨틱 맵을 기반으로 실제와 같은 이미지를 합성합니다. 이 이미지는 512×256 해상도까지 가능하지만 엔비디아라면 올해가 끝나기 전에 더 증가시킬 수 있습니다. 셋 중에 가장 어려운 기술이지만 가장

---

16 http://arxiv.org/abs/1812.04948

17 http://arxiv.org/abs/1802.05957

18 https://arxiv.org/pdf/1903.07291.pdf

많은 언론의 관심을 끌었습니다. 아마도 기술에 대한 인상적인 시연 때문일 것입니다!

GAN 분야에서는 많은 일이 진행 중이라 최신 정보를 유지하는 것이 불가능합니다. 하지만 윤리적 측면과 흥미로운 논문이라는 측면에서 끊임없이 발전하는 이 분야의 문제를 바라보기 위해 필요한 자료를 제공했기를 바랍니다. 사실 이것의 우리의 바람입니다. 이 장에 소개된 GAN 이면의 기술도 마찬가지입니다. 이런 모든 것들이 사람들이 일상적으로 사용하는 기술의 일부가 될지는 모르지만 가능성이 있다고 생각합니다. 이 절에 나열된 가장 최신 기술들에 대해서는 그렇게 되리라고 희망합니다.

12.4 정리

여기에서 언급한 최신 기술들이 GAN에 대해 계속 탐험할 수 있는 충분한 자료가 되었기를 바랍니다. 마치기 전에 이 책에서 배운 것들을 돌아보고 정리해보겠습니다.

GAN이 무엇인지 어떻게 동작하는지 기본적인 설명으로 시작했습니다(1장). 그리고 간단한 버전을 구현했습니다(3장). 비교적 간단한 오토인코더를 사용해 생성 모델을 소개했습니다(2장). GAN의 이론(3장과 5장)과 단점 및 극복하는 방법(5장)을 다루었습니다. 이를 통해 고급 모델을 다루는 장을 위한 기초 지식과 도구를 갖출 수 있습니다.

가장 표준적이고 영향력이 큰 GAN 모델인 DCGAN(4장)과 CGAN(8장) 또한 가장 복잡하고 고급 모델 중 하나인 ProGAN(6장)과 CycleGAN(9장)을 구현했습니다. 머신러닝에서 가장 큰 약점 중 하나인 대량의 레이블된 데이터셋이 부족한 문제를 해결하기 위해 고안된 GAN 모델인 SGAN(8장)을 구현했습니다. 또한 실용적이고 혁신적인 여러 GAN 애플리케이션을 살펴보았습니다(11장). 모든 머신러닝 분야에서 문제가 되는 적대 샘플을 다루었습니다(10장).

이 과정에서 이론과 실용적인 도구를 확장했습니다. 인셉션 점수와 프레셰 인셉션 거리(5장)에서 픽셀별 특성 정규화(6장), 배치 정규화(4장), 드롭아웃(7장)까지 GAN 훈련을 위한 개념과 기술을 배웠습니다.

GAN을 살펴보면서 반복해서 만난 몇 가지 주제를 강조하려고 합니다.

GAN은 실용적 사례 및 이론적 요구 사항과 제약에 대한 복원력 측면에서 매우 다재다능합니다. 아마 9장의 CycleGAN의 경우가 가장 뚜렷할 것입니다. 이 기술은 이전과 달리 데이터 쌍이 필요하지 않을 뿐만 아니라 사실 어떤 도메인이라도 샘플 간의 변환을 수행할 수 있습니다. 사과와 오렌지에서 말과 얼룩말까지 가능합니다. GAN의 다재다능함은 6장에서도 드러납니다. ProGAN은 사람 얼굴과 유방조영상같이 다른 종류의 이미지도 동일하게 잘 생성합니다. 7장에서는 모델에 조금만 변경을 가하여 판별자를 다중 분류기로 바꿉니다.

GAN은 과학만큼 예술적입니다. 일반적으로 딥러닝이 그렇듯이 GAN의 아름다움과 어려움은 실전에서 왜 잘 동작하는지 이해하기 어렵다는 것입니다. 수학적인 증명이 일부 알려져 있지만 대부분의 성과는 실험적입니다. 그래서 GAN 훈련에는 5장에서 소개한 모드 붕괴와 같은 많은 함정이 있습니다. 다행히 연구자들은 이런 어려움을 완화시키는 여러 가지 노하우와 기법을 찾았습니다. 입력 전처리에서 옵티마이저와 활성화 함수 선택까지 다양합니다. 이들 중 많은 것들을 책의 코드 예제에서 직접 살펴봤습니다. 실제로 이 장에서 다룬 GAN 모델이 보여준 것처럼 GAN을 향상시키는 기술은 계속 진화합니다.

훈련이 어려운 것 외에도 GAN처럼 강력하고 다재다능한 기술에 중요한 다른 제약이 있다는 것을 꼭 기억하세요. 많은 사람이 GAN을 기계에게 창조성을 부여하는 기술로 묘사했습니다. 이는 어느 정도 사실입니다. GAN은 몇 년 만에 가짜 데이터를 합성하는 최고의 기술이 되었습니다. 이 사실에는 논란의 여지가 없습니다. 하지만 사람의 창조성에 다다르려면 아직 부족합니다.

사실 이 책에 여러 번 언급되었듯이 GAN은 기존의 거의 모든 데이터셋의 특징을 흉내 내어 이 데이터셋에서 꺼낸 것처럼 보이는 샘플을 만들 수 있습니다. 하지만 타고난 성질 때문에 훈련 데이터에서 멀리 벗어나지 못할 것입니다. 예를 들어 고전 명화들로 이루어진 훈련 데이터가 있다면 GAN이 만드는 샘플은 잭슨 폴록Jackson Pollock[19]의 그림이 아니라 미켈란젤로의 그림과 비슷할 것입니다. 기계에게 진정한 자율성을 부여하는 새로운 AI 패러다임이 등장하기 전까지 GAN이 우리가 원하는 최종 목표를 달성하도록 안내하는 것은 (사람) 연구자에게 달려 있습니다.

GAN과 GAN 애플리케이션을 실험할 때 이 책에서 다룬 실용적인 기술, 팁, 기법뿐만 아니라 이 장에서 논의한 윤리적 고찰에 대해서도 유념해주세요. 이들과 함께 환상적인 GAN 여행을 하기를 바랍니다.

– 야쿠프와 블라디미르

12.5 마치며

- AI와 GAN 윤리에 대해 다루었고 도덕적 가치관과 인식의 필요성, 토론의 개방성에 대해 논의했습니다.
- 미래 GAN을 선도할 것이라 믿는 혁신을 설명하고 다음 기술의 이면에 있는 고수준 아이디어를 전달했습니다.
  - RGAN에서는 생성자가 진짜 데이터와 생성된 데이터의 상대적인 가능성에 대해 고려합니다.
  - SAGAN은 사람의 지각과 비슷하게 동작하는 어텐션 메커니즘을 사용합니다.
  - BigGAN을 사용해 이미지넷 전체 클래스 1,000개에 대해 전례없는 품질의 샘플을 만들 수 있습니다.
- 이 책에서 반복되는 두 개의 주요 주제에 대해 강조했습니다. GAN의 다재다능함과 실험의 필요성입니다. 딥러닝 분야가 그렇듯이 GAN은 과학보다는 예술에 가깝기 때문입니다.

INDEX